国家骨干高职院校项目建设成果

Luji Gongcheng Shigong

路基工程施工

周　娟　主　编
聂　堃　李　央　副主编
刘　武　主　审

人民交通出版社股份有限公司
China Communications Press Co.,Ltd.

内 容 提 要

本书为道路桥梁工程技术专业职业岗位核心能力课程教材，是在各高等职业院校积极践行先进职业教育思想和理念，深入推进"校企合作、工学结合"人才培养模式的大背景下，根据新的教学标准和课程标准组织编写而成。

本书以路基施工项目为导向，主要内容包括一般路基施工、特殊路基施工、路基排水工程施工、路基防护工程施工等；共有4个学习情境，26个工作任务。

本书主要供高职高专院校道路与桥梁工程技术、公路与城市道路、公路监理、高等级公路维护与管理等专业教学使用，也可作为相关工程技术人员的学习参考书。

图书在版编目(CIP)数据

路基工程施工 / 周娟主编. —北京：人民交通出版社股份有限公司，2015.1

国家骨干高职院校项目建设成果

ISBN 978-7-114-12346-7

Ⅰ.①路… Ⅱ.①周… Ⅲ.①公路路基—工程施工—高等职业教育—教材 Ⅳ.①U416.104

中国版本图书馆CIP数据核字(2015)第181399号

国家骨干高职院校项目建设成果

书　　名：路基工程施工
著 作 者：周　娟
责任编辑：袁　方　刘　倩
出版发行：人民交通出版社股份有限公司
地　　址：(100011)北京市朝阳区安定门外外馆斜街3号
网　　址：http://www.ccpress.com.cn
销售电话：(010)59757973
总 经 销：人民交通出版社股份有限公司发行部
经　　销：各地新华书店
印　　刷：北京虎彩文化传播有限公司
开　　本：787×1092　1/16
印　　张：14
字　　数：350千
版　　次：2015年1月　第1版
印　　次：2021年4月　第4次印刷
书　　号：ISBN 978-7-114-12346-7
定　　价：42.00元

江西交通职业技术学院
优质核心课程系列教材编审委员会

序

PREFACE

为配合国家骨干高职院校建设，推进教育教学改革，重构教学内容，改进教学方法，在多年课程改革的基础上，江西交通职业技术学院组织相关专业教师和行业企业技术人员共同编写了“国家骨干高职院校重点建设专业人才培养方案和优质核心课程系列教材”。经过三年的试用与修改，本套丛书在人民交通出版社股份有限公司的支持下正式出版发行。在此，向本套丛书的编审人员、人民交通出版社股份有限公司及提供帮助的企业表示衷心感谢！

人才培养方案和教材是教师教学的重要资源和辅助工具，其优劣对教与学的质量有着重要的影响。好的人才培养方案和教材能够提纲挈领，举一反三，而差的则照搬照抄，不知所云。在当前阶段，人才培养方案和教材仍然是教师以育人为目标，服务学生不可或缺的载体和媒介。

基于上述认识，本套丛书以适应高职教育教学改革需要、体现高职教材“理论够用、突出能力”的特色为出发点和目标，努力从内容到形式上有所突破和创新。在人才培养方案设计时，依据企业岗位的需求，构建了以岗位需求为导向，融教学生产于一体的工学结合人才培养模式；在教学内容取舍上，坚持实用性和针对性相结合的原则，根据高职院校学生到工作岗位所需的职业技能进行选择。并且，从分析典型工作任务入手，由易到难设置学习情境，寓知识、能力、情感培养于学生的学习过程中，力求为教学组织与实施提供一种可以借鉴的模式。

本套丛书共涉及汽车运用技术、道路桥梁工程技术、物流管理和交通安全与智能控制等27个专业的人才培养方案，24门核心课程教材。希望本套丛书能具有学校特色和专业特色，适应行业企业需求、高职学生特点和经济社会发展要求。我们期待它能够成为交通运输行业高素质技术技能人才培养中有力的助推器。

用心用功用情唯求致用，耗时耗力耗资应有所值。如此，方为此套丛书的最大幸事！

江西省交通运输厅总工程师 胡钊芳

2014年12月

前 言

FOREWORD

为落实《国家中长期教育改革和发展规划纲要(2010—2020)》精神,深化职业教育教学改革,积极推进课程改革和教材建设,满足职业教育发展的新需求,为此,我们根据工学结合理实一体化课程开发程序和方法,编写了一套供高职高专院校道路与桥梁工程技术专业及其相关专业教学使用的教材。

本套教材在启动之时,充分考虑了目前高等职业教育的特点以及公路施工行业对人才的需求,坚持面向市场、面向社会,以能力为本位,以职业发展为导向,以经济结构调整和科技进步服务为原则;注重理论知识与实践技能的有机结合,实践内容与现行行业标准紧密结合。

本书具有如下特点:

(1)整合学习体系。将路基施工内容分成四个学习情境,保证每个学习情境的完整性与独立性,融"教、学、做"为一体,构建以行动导向为主要特点的理论、实践一体化教学模式。

(2)理论、实践一体化。本书将理论学习与实践学习融为一体,使读者能够全面掌握相关知识,更有利于提高其实际操作能力。

本书由江西交通职业技术学院周娟担任主编,江西交通职业技术学院聂堃、李央担任副主编,江西省交通工程集团公司高级工程师刘武担任主审。其编写分工为:周娟、聂堃编写学习情境一,聂堃编写学习情境三,李央编写学习情境二、四。全书由周娟统稿。在编写过程中,江西交通职业技术学院刘文灵、傅鹏斌、朱学坤、李慧英等教师也参与了本书的修改,给予了无私的奉献,同时也引用了大量的著作和文献资料,在此一并向有关作者、编者表示真诚的感谢。

由于时间仓促,水平有限,书中难免存在不足和错误之处,敬请读者批评指正,联系邮箱:170240666@qq.com。

作 者

2014 年 12 月

目录

CONTENTS

学习情境一　一般路基施工

学习情境概述

本学习情境主要讲授一般路基的施工准备工作、路基填料的选择、基底处理方法、各种路堤施工方法、路基压实方法、路堑施工方法、路基整修及交工验收程序等。根据岗位职业能力的要求，本情境共安排了13个真实的工作任务。

一、职业能力分析

通过本情境的学习，期望达到下列目标：

1. 专业能力

(1)能了解路基施工准备工作的内容和方法；
(2)能了解路基施工组织设计的内容；
(3)能熟悉路基施工的试验项目和检测项目；
(4)能掌握路基填料的性质及应用；
(5)能掌握一般基底(地基)的处理方法；
(6)能掌握土质路堤填筑施工方法和工艺流程；
(7)能掌握石质路堤填筑施工方法和工艺流程；
(8)能了解构造物的回填方法；
(9)能了解高填方路基施工方法和工艺流程；
(10)能掌握路基压实的原理及施工要点；
(11)能了解路堑开挖的施工方法和工艺流程；
(12)能了解路基整修的内容；
(13)能熟悉交工验收报告的内容与验收程序。

2. 社会能力

(1)通过分组活动，培养团队协作能力；
(2)通过规范文明操作，培养良好的职业道德和安全环保意识；
(3)通过小组讨论、上台演讲评述，培养与他人的沟通能力。

3. 方法能力

(1)通过查阅资料、文献，培养个人自学能力和获取信息能力；
(2)通过情境化的工作任务活动，掌握解决实际问题的能力；
(3)填写任务工作单，制订工作计划，培养工作方法能力；
(4)能独立使用各种媒体完成学习任务。

二、学习情境描述

一般路基施工主要包括准备阶段、施工阶段和整修验收阶段，本情境主要介绍一般路基施工的基本常识、工艺流程及施工方法。

三、教学环境要求

将整个学习内容划分成若干个工作任务，每个工作任务利用多媒体教学设备、课件和视频教学资料，按照“资讯→计划→决策→实施→检查→评估”的六步教学法开展教学，学生在教师指导下制订方案、实施方案，最终评估学习效果。

工作任务一　施 工 准 备

任务概述

1. 应知应会

通过本工作任务的学习与具体实施，学生应学会下列知识：

(1) 熟悉施工准备的内容；

(2) 了解项目经理部的功能；

(3) 了解项目经理部的机构设置；

(4) 了解驻地建设的内容；

(5) 了解路基施工机械设备。

应掌握下列技能：

(1) 会对路基工程进行放样；

(2) 会编写路基工程施工调查资料。

2. 学习要求

(1) 研读教材内容；

(2) 查阅某一公路项目施工准备相关资料；

(3) 重视理论联系实际。

相关知识

施工准备是工程顺利实施的基础和保证。施工单位接受施工任务后，即可着手进行施工前的准备工作。该工作涉及面广，必须有计划、按步骤、分阶段地进行。才能在较短的时间内为工程开工创造必要的条件。随着工程的进展，在各分部、分项、工序工程施工之前，都要做好施工准备工作。

准备工作的基本任务是根据道路工程的特点、进度要求，摸清施工的客观条件，合理安排施工力量，从技术、物资、人力和组织等方面为工程施工创造一切必要的条件。

路基施工前应做好组织、物质、技术和现场等准备工作，见图 1-1-1。

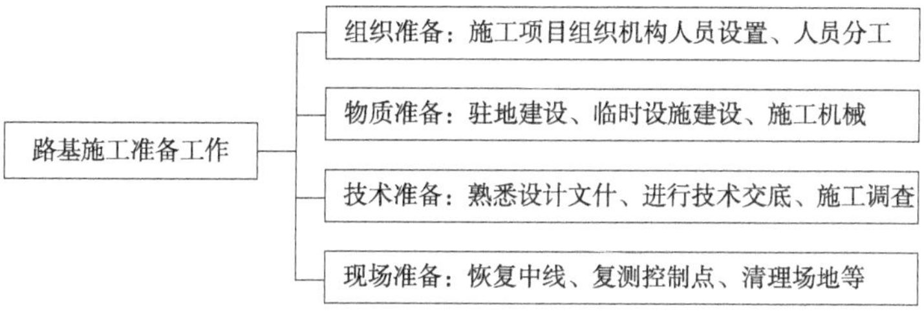

图 1-1-1　路基施工准备工作

一、组织准备

开工前的组织准备工作主要是建立健全工程管理机构和施工队伍，明确各自的施工任务，制定施工过程中必要的规章制度，确定工程应达到的目标等，组织准备是其他准备工作的开始。

1. 项目经理部

在启动项目实施之前，首先要建立一个能完成管理任务、项目经理指挥灵便、运转自如、效率很高的项目组织机构——项目经理部，其目的就是为了提供进行施工项目管理的组织保证。一个好的组织机构，可以有效地完成施工项目管理目标，有效地应对环境的变化，有效地供给组织成员生理、心理和社会需要，形成组织力，使组织系统正常运转，产生集体思想和集体意识，完成项目管理任务。

(1)项目经理部人员设置的原则

施工项目组织机构的人员设置，以能实现施工项目所要求的工作任务为原则，尽量简化机构，做到精干高效。人员配置要从严控制，力求一专多能，一人多职。同时还要增加项目管理班子人员的知识含量，着眼于使用和学习锻炼相结合，以提高人员素质。

(2)项目经理部的机构设置

根据工程的大小，一般项目经理部的机构设置是以项目经理为工程的项目负责人，负责全面管理工作；项目总工程师负责工程的质量与技术管理工作；项目经理部下设质检、工程技术、机械管理、生产材料、财务等管理部门。项目经理部机构配置如图 1-1-2 所示。

项目经理部的人数视工程规模的大小、难易程度而定，路桥专业技术人员平均每人按一般公路管理 3～5km，高速公路、一级公路管理 1km 配置。

(3)项目经理部各主要职能部门及主要岗位人员的职责(表 1-1-1)

项目经理部各主要职能部门及主要岗位人员的职责　　表 1-1-1

主要职能部门	职　　责
经理办公室	负责项目行政公文、信函、电传的编号、打印、传阅、登记、分发和催办工作； 在项目经理的主管下，负责项目生产、生活用房的计划、建造、维修和项目完工后的处理工作； 负责水、电、行政车辆、电话、通信、生活设施、办公设施、行政财产、办公用品、办公用具的管理； 负责项目的治安保卫、防火工作，组织处理违法案件和火灾事故； 负责文明施工规章制度的制定和广告宣传工作，树立企业形象； 负责经理部的后勤保障和对外接待工作； 负责与指挥部办公室和协调处的联系和与之有关的工作； 做好本项目进场人员的户籍管理，办理有关证件

续上表

主要职能部门	职　　责
财务部	贯彻执行国家财政方针和法规及财会制度，遵守会计准则； 负责编制项目财务计划，下达成本控制目标计划； 负责编报财务报告，开展经济活动分析（含成本分析）； 按照国家、地方的政策法规和上级机关的规定，管好、用好工程资金，做到专款专用； 做好项目竣工工程的结算工作
生产材料部	负责本项目生产安排，并提出解决生产中出现矛盾的方案； 负责各队的工作计划，安排、协助生产经理制订生产进度计划和措施； 根据施工组织设计和生产进度计划，负责编制本项目年度、季度和每月的物资采购计划； 组织签订采购合同和按合同进行采购； 建立健全物资账目，定期对物资进行清查盘点，做到账目清楚，账、卡、物相符； 负责材料的内部往来和结算工作
机械管理部	负责监督、检查、指导施工机械设备的使用、维修、保养和节能管理工作，检查驾驶人员、指挥人员的有效证件； 负责建立健全机械账目，定期对机械进行清查盘点，做到账目清楚，账、卡、物相符； 负责本项目安全生产管理，监督检查安全设施和用品的落实，监督检查执行安全生产责任制，安全操作规程和各级人员安全岗位责任制的落实。检查特殊工种人员操作证件，严禁无证上岗
质检部	监督和督促各作业队贯彻执行合同条款，贯彻执行国家、业主、监理与企业发布的工程质量的规定、规程、制度和措施，并检查落实； 深入施工现场了解掌握工程质量动态，协助各作业队处理施工中存在的质量问题； 负责全路段工程的自检和报验工作； 及时向各级领导汇报全路段的工程质量情况； 检查进入工地的各种原材料、成品、半成品的质量检查验收情况； 记录历次质量检查、各种验收检查的情况，记录质量事故的调查处理情况，记录机械设备、计量测试仪、人员素质等其他影响工程质量的调查处理情况； 及时了解和掌握各方面的工程质量动态，推广好的工程质量管理经验
经营部	按照合同管理办法负责对本项目的合同进行管理； 办理工程的中期计量支付及追加索赔工作，参与项目的竣工结算； 负责工程统计，按时做好统计报表上报工作，进行预算成本分析和计划完成情况分析； 负责本项目的合同交底工作，做好交底记录，确保本项目合同实施的能力
工程技术部	负责图纸审核及编制实施施工组织设计； 深入施工现场，指导施工、监督施工，及时解决现场施工难题，并对重要工序作全过程旁站； 积极推广新技术、新工艺，以确保质量、提高工效、节约成本； 认真做好施工日记，并做好施工总结； 负责试验路段的试验及试验数据的整理总结工作； 负责项目部检验、试验、设备的管理，包括计划购置、建账登记、调配、校准、使用； 负责从业主单位接收控制点桩位及有关资料，接桩后进行全面复测，并向各作业队进行交桩； 负责编制大中型构筑物控制测量方案，实施控制网的外业观测和平差计算，负责全线主要点位的定位放线； 配合驻地监理工程师、技术质量部门进行检查验收，对重点部位进行变形和沉降观测；检查指导各作业队的测量工作，组织并实施全线的竣工测量

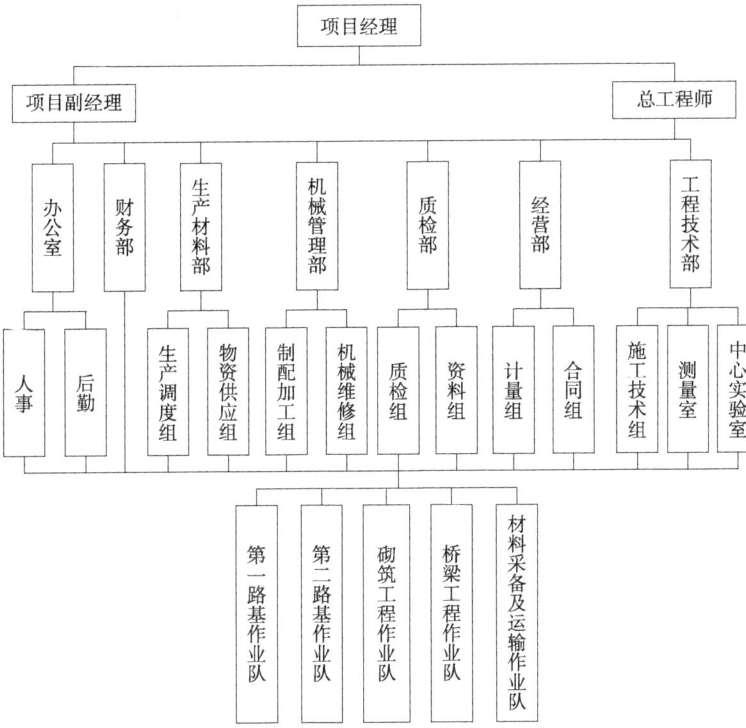

图 1-1-2　项目经理部机构配置图

2. 组建专业施工班组

(1)选择施工班组

根据所承担的工程量的大小和工期要求,安排出总进度计划网络图,并进一步估算出全部工程用工工日数,平均日出工人数,施工高峰期日出工人数,以及技术工种、机械操作工种、普通工种等用工比例,选择能够适应其工程质量、工期进度要求的作业队伍,并与施工劳动作业单位签订《劳务合同》,实行合同管理。

考虑到所担负工程的具体情况,结合施工队伍施工特点、技术装备情况、技术熟练程度和施工能力,施工队伍应进行适当的培训,以满足工程施工的要求。

(2)劳动力的调配

劳动力的调配一般应遵循这样的规律:开始时调少量工人进入工地做准备工作,随着工程的开展,陆续增加工作人员;工程全面展开时,可将工人人数增加量加上计划需要量的最高额,然后尽可能保持人数稳定,直到工程部分完成后,逐步分批减少人员,最后由少量工人完成收尾工作。尽可能避免工人数量骤增、骤减现象的发生。

二、物质准备

物质准备主要包括驻地建设、路基施工机械设备及试验设备,具体内容如图 1-1-3 所示。

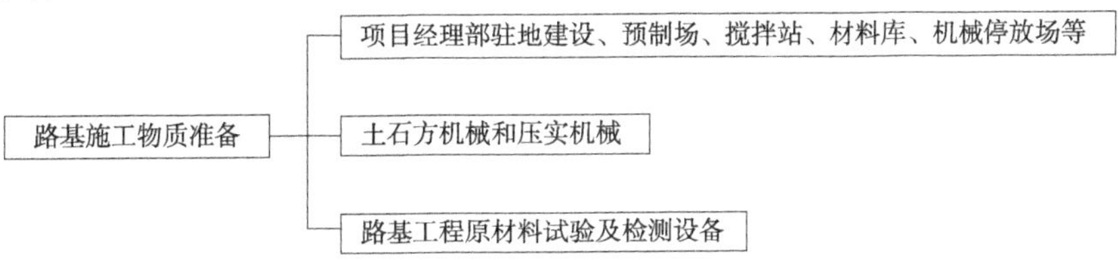

图 1-1-3　物质准备

1. 驻地建设

(1)驻地建设应设有职工宿舍、会议室、试验及测量用房、项目经理部各机构办公室、食堂等,如图1-1-4所示。

(2)根据工程规模可设置一个或多个预制场、搅拌站、材料库房等,如图1-1-5~图1-1-7所示。

(3)驻地建设应满足消防安全的要求,并做好消防培训工作。

图1-1-4　经理部驻地

图1-1-5　预制场

图1-1-6　拌和站

图1-1-7　材料库

2. 路基施工机械设备

路基施工机械包括土石方机械和压实机械。主要是指推土机、装载机、挖掘机、平地机、自卸汽车、压路机等,在路基土石方施工时,施工机械的合理配套是工程能否按时完成及经济效益的保障,如图1-1-8~图1-1-17所示。

图1-1-8　推土机

图1-1-9　装载机

图 1-1-10　挖掘机

图 1-1-11　平地机

图 1-1-12　自卸汽车

图 1-1-13　光轮压路机

图 1-1-14　轮胎式压路机

图 1-1-15　羊角式压路机

图 1-1-16　冲击压路机

图 1-1-17　松土器

路基施工机械担负着开挖、铲装、运输、整平、压实的任务。石质路堑施工机械还包括各种型号的松土器、凿岩机等。路基施工机械设备配套是根据土质、工程数量、工期和运距等因素来确定。

根据工程需要、工程量大小及施工进度，配备足够数量且有效的施工机械、设备及工具，机械设备要配套选择，充分发挥机械设备的性能，保证机械设备的正常操作使用。

常用土方机械及适用性如表1-1-2所示。

常用土方机械及适用性 表1-1-2

序号	机械名称	适用性
1	挖掘机	软石以下硬度的各类土、石
2	装载机	挖普通土、装料
3	推土机	推软石以下硬度的各类土、石，100m推、运土
4	平地机	平整土石方
5	松土机	翻松土石方、清除树根、灌木丛

3. 试验设备

工地实验室是为施工现场提供数据服务，配合路基施工，检测工地所用的各种原材料、加工材料及结构性材料的物理力学性能，以及施工结构物的几何尺寸。图1-1-18为工地实验室。

图1-1-18 工地实验室

路基工程工地实验室进行的试验和检测项目见表1-1-3、表1-1-4。

路基土石方工程主要材料试验项目 表1-1-3

序号	试验项目	序号	试验项目
1	土的颗粒分析试验	4	击实试验
2	密度、含水率试验	5	回弹模量试验
3	液塑限试验	6	CBR试验

路基工程主要检测项目 表1-1-4

序号	检测项目	序号	检测项目
1	压实度检测	3	平整度检测
2	弯沉检测	4	外形尺寸、坡度、高程检测

工地实验室所购置的各种重要试验、检测设备，应通过计量部门标定、交通质量监督部门认证合格后才能投入使用。工地实验室认证工作应在接到中标通知书后立即开始申办，在工程开工前办理完毕各种证件。

三、技术准备

技术准备工作的主要内容就是熟悉设计文件、进行技术交底和实施施工调查。

1. 熟悉设计文件及技术交底

设计文件是工程施工最重要的依据，熟悉、审核施工图纸是领会设计意图、明确工程内容、掌握工程特点的重要环节。施工单位在接到施工设计文件后，应立即组织有关技术人员对施工设计文件进行审核，充分领会设计意图，核对地形和地质资料。

图纸会审着重解决以下几个问题：

(1)核对设计是否符合施工条件；

(2)设计中提出的工程材料、工艺要求，施工单位能否实现和解决；

(3)设计能否满足工程质量及安全要求，是否符合国家有关规范和标准；

(4)设计图纸及说明是否齐全；

(5)设计图纸上的尺寸、高程、工程数量的计算有无差、错、漏、碰现象。

在施工人员熟悉设计文件和充分准备的基础上，参加由业主召集设计、监理、施工单位组织的设计交底和图纸会审。设计人员向施工单位讲清设计意图和对施工的主要要求，施工人员应对图纸和有关问题提出质询，并由设计单位进行逐条答复，对合理化建议按程序进行变更设计或补充设计。

设计图纸是施工的依据，施工单位和全体施工人员必须按图施工，未经业主和监理工程师同意，施工单位和施工人员无权修改设计图纸，更不能没有设计图纸就擅自施工。

技术交底通常包括施工图纸交底、施工技术交底以及安全技术交底等。这项交底工作分别由高一级技术负责人、单位工程负责人、施工队长、作业班组逐级组织进行。

2. 施工调查

路基施工准备阶段的施工调查，目的是为做好土石方调配和施工组织设计，它主要包括的内容见表 1-1-5 所示。

施工调查的内容 表 1-1-5

序　号	调查内容	序　号	调查内容
1	施工现场的供水、供电、施工便道的调查	4	路基周边已有的排水设施调查
2	已有管线、建筑物的调查	5	工区划分、队伍部署、驻地选择
3	取土、弃土调查		

四、现场准备

路基施工的现场准备工作包括：土石方施工前的复测、路基放样、清理场地。

1. 土石方施工前的复测

路基土石方施工前复测的主要任务是复核设计文件所提供资料的准确性，尤其是工程量的误差百分比。

1)复测的项目

复测的项目有：导线点复测、水准点复测与加密、路线中桩位置(坐标)及高程复测、横断面地面线的复测，如图 1-1-19 所示。

2)复测的步骤

复测步骤见图 1-1-20 所示。

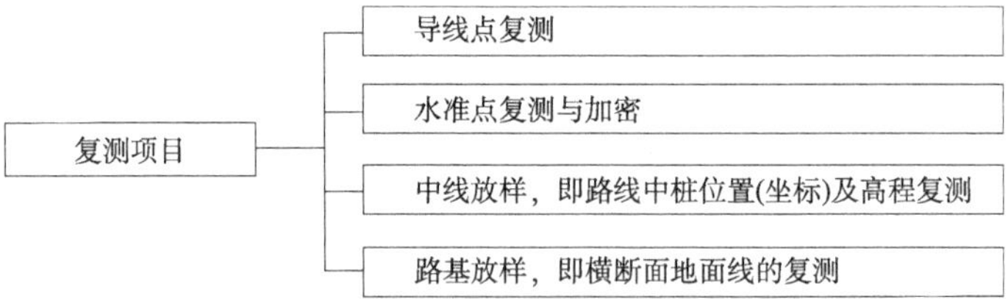

图 1-1-19　施工前复测的项目

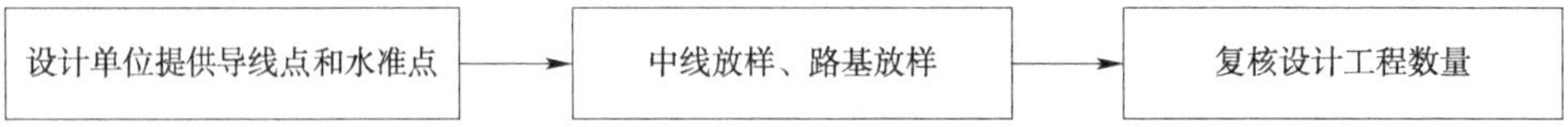

图 1-1-20　复测的步骤

复测结果与设计文件相差超过允许误差时，应及时向业主和监理报告，提出相应的处理措施。测量精度应满足公路勘测规范，土石方数量相差 10% 以上时，应向业主提出变更要求。

有关导线点、水准点、中线放样、路基放样的测量方法及规定已在相关书籍有详细论述，在此不重复讲述。路基施工技术人员还应注意以下几个问题：

(1)导线复测

①导线测量精度应符合表 1-1-6 ~ 表 1-1-9 的规定。

②原有导线点不能满足施工需要时，可增设满足相应精度要求的附合导线点。

③同一建设项目内相邻施工段的导线应闭合，并满足同等级精度要求。

④对可能受施工影响的导线点，施工前应加以固定或改移，从开工至竣工验收的时间段内应保证其精度。

平面控制测量等级　　表 1-1-6

公 路 等 级	平面控制网等级
高速公路、一级公路	一级小三角、一级导线、四级 GPS 控制网
二级公路	二级小三角、二级导线
三级公路及以下公路	三级导线

导线测量技术要求　　表 1-1-7

等 级	附合导线长度(km)	平均边长(m)	每边测距中误差(m)	测角中误差(″)	导线全长相对闭合差	方位角闭合差(″)	测回数	
							DJ_2	DJ_6
一级	10	500	17	5.0	1/15000	$\pm 10\sqrt{n}$	2	4
二级	6	300	30	8.0	1/10000	$\pm 16\sqrt{n}$	1	3
三级	—	—	—	20.0	1/2000	$\pm 30\sqrt{n}$	1	2

三角测量技术要求　　表 1-1-8

等级	平均边长(m)	测角中误差(″)	起始边边长相对中误差	最弱边边长相对中误差	三角形闭合差(″)	测回数	
						DJ_2	DJ_6
一级小三角	500	±5.0	1/40000	1/20000	±15.0	3	4
二级小三角	300	±10.0	1/20000	1/10000	±30.0	1	3

四级 GPS 控制网技术参数要求　　表 1-1-9

级　别	每对相邻点平均距离 d(m)	固定误差 a (mm)	比例误差系数 b (ppm)	最弱相邻点点位中误差 m (mm)
四级	500	≤10	≤20	50

注：每对相邻点间最小距离应不小于平均距离的 1/2，最大距离不宜大于平均距离的 2 倍。

(2)水准点复测与加密

水准点精度应符合表 1-1-10、表 1-1-11 的规定。

水准测量等级　　表 1-1-10

公路等级	水准测量等级	水准路线最大长度(km)
高速公路、一级公路	四等	16
二级及以下公路	五等	10

水准测量精度要求　　表 1-1-11

等级	每千米高差中数中误差(mm)		往返较差、附合或环线闭合差(mm)		检测已测测段高差之差(mm)
	偶然中误差 M_Δ	全中误差 M_W	平原微丘区	山岭重丘区	
三等	±3	±6	$\pm 12\sqrt{L}$	$\pm 3.5\sqrt{n}$ 或 $\pm 15\sqrt{L}$	$\pm 20\sqrt{L_i}$
四等	±5	±10	$\pm 20\sqrt{L}$	$\pm 6.0\sqrt{n}$ 或 $\pm 25\sqrt{L}$	$\pm 30\sqrt{L_i}$
五等	±8	±16	$\pm 30\sqrt{L}$	$\pm 45\sqrt{L}$	$\pm 40\sqrt{L_i}$

注：①计算往返较差时，L 为水准点间的路线长度(km)。

②计算附合或环线闭合差时，L 为附合或环线的路线长度(km)。

③n 为测站数，L_i 为检测测段长度(km)。

沿路线每 500m 宜有一个水准点。在结构物附近、高填深挖路段、工程量集中及地形复杂路段，宜增设水准点。临时水准点应符合相应等级的精度要求，并与相邻水准点闭合。当水准点有可能受到施工影响时，应进行处理。

(3)中线放样

①路基开工前，应进行全段中线放样并固定路线主要控制桩，高速公路、一级公路宜采用坐标法进行测量放样。

②中线放样时，应注意路线中线与结构物中心、相邻施工段的中线闭合，发现问题应及时查明原因后进行处理。

③设计图纸和实际放样不符时，应查明原因后进行处理。

④对高速公路和一级公路，要熟悉和掌握"逐桩坐标表"、"导线成果表"，因为它们是恢复中线的依据。

2. 路基放样

路基施工前，应根据路基横断面设计图和路基设计表进行放样工作。路基放样的目的是在原地面上标示出路基的轮廓，作为施工的依据，其主要工作内容如表 1-1-12。

路基放样工作内容　　表 1-1-12

序　号	工 作 内 容
1	在路中线各桩位处标定填挖高度
2	确定横断面方向
3	按设计图纸在地面上定出横断面上的各主要点的位置，如路堤坡脚、路堑坡顶等

路基放样主要是路基边桩和边坡的放样。

1)路基边桩放样

路基边桩放样是在地面上将每一个横断面的道路边坡线与地面的交点,用木桩标定出来。边桩的位置由两侧边桩至中桩的水平距离来确定。常用的边桩放样方法如下:

(1)图解法

图解法即直接在横断面图上量取中桩至边桩的平距,然后在实地用钢尺沿横断面方向将边桩丈量并标定出来。在填挖土石方不大时,使用此法较多。

(2)解析法

解析法即根据路基填挖高度、边坡率、路基宽度和横断面地形情况,先计算出路基中心桩至边桩的距离,然后在实地沿横断面方向按距离将边桩放出来。具体方法按下述两种情况进行:

①平坦地段的边桩放样:如图1-1-21为填土路基,坡脚桩至中桩的距离 D 按式(1-1-1)计算:

$$D=\frac{B}{2}+m\cdot H \tag{1-1-1}$$

如图1-1-22为挖方路基,坡顶桩至中桩的距离 D 按式(1-1-2)计算:

$$D=\frac{B}{2}+s+m\cdot H \tag{1-1-2}$$

式中:B——路基宽度;

m——边坡率;

H——填挖高度;

s——路堑边沟顶宽。

以上是断面位于直线段时求算 D 值的方法。若断面位于弯道上有加宽时,按上述方法求出 D 值后,还应在加宽一侧的 D 值中加上加宽值。

沿横断面方向放出求得的坡脚(或坡顶)至中桩的距离,定出路基边坡。

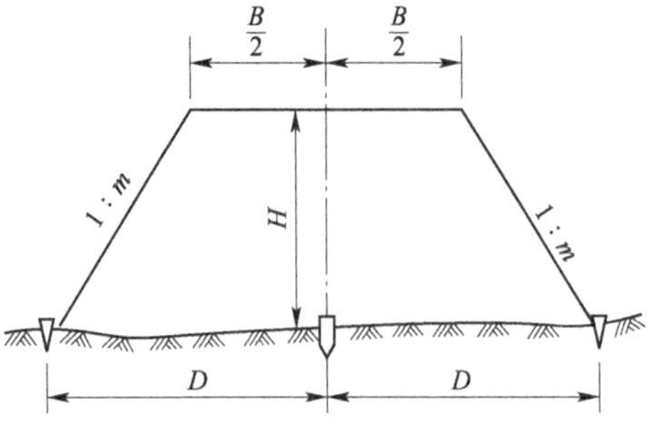

图1-1-21　填土路基

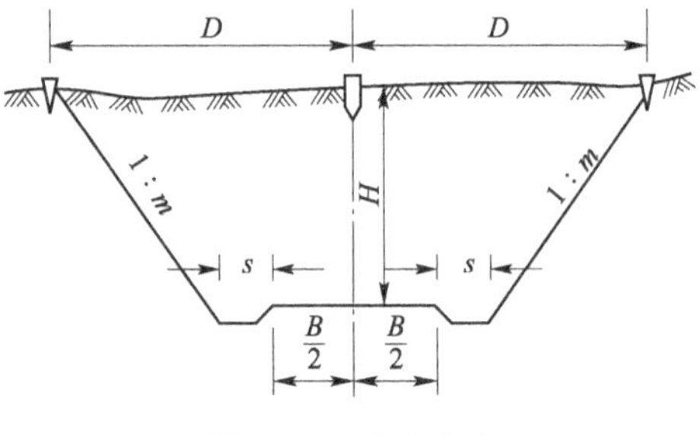

图1-1-22　挖方路基

②倾斜地段的边坡放样:在倾斜地段,边桩至中桩的平距随着地面坡度的变化而变化。如图1-1-23,填方路基坡脚桩至中桩的距离 $D_{上}$、$D_{下}$分别为:

$$D_{上}=\frac{B}{2}+m(H-h_{上}) \tag{1-1-3}$$

$$D_{下}=\frac{B}{2}+m(H-h_{下}) \tag{1-1-4}$$

如图1-1-24所示,挖方路基坡顶至中桩的距离 $D_{上}$、$D_{下}$分别为:

$$D_{上}=\frac{B}{2}+s+m(H-h_{上}) \tag{1-1-5}$$

$$D_{下} = \frac{B}{2} + s + m(H - h_{下}) \qquad (1\text{-}1\text{-}6)$$

两式中：$h_{上}$、$h_{下}$分别为上、下侧坡脚（或坡顶）至中桩的高差。其中 B、s 和 m 为已知，故 $D_{上}$、$D_{下}$随 $h_{上}$、$h_{下}$变化而变化。由于边桩未定，所以 $h_{上}$、$h_{下}$ 均为未知数。实际工作中，采用“逐点趋近法”，在现场边测边标定。如果结合图解法，则更为简便。

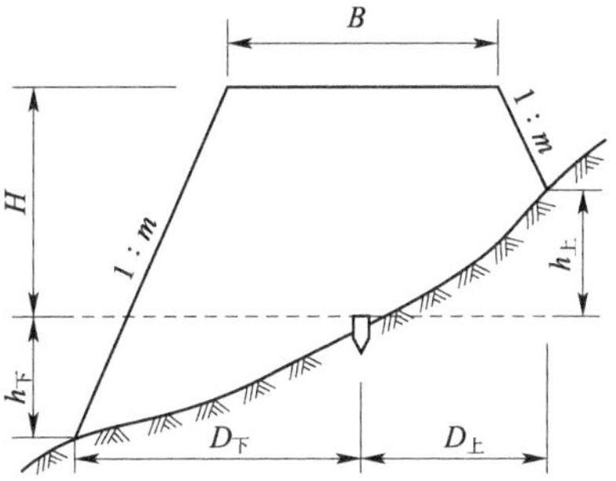

图 1-1-23　斜坡上填方路基

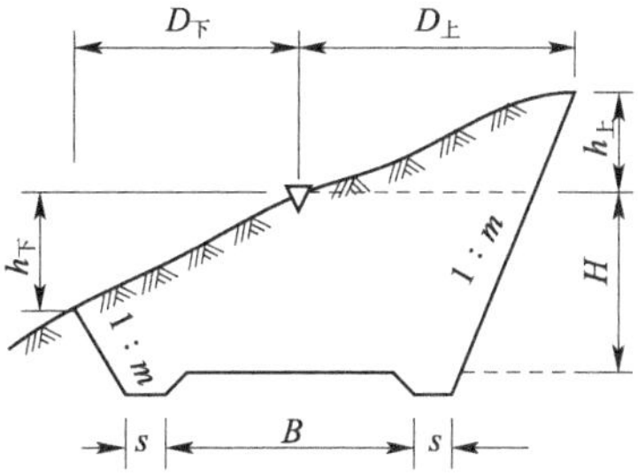

图 1-1-24　斜坡上挖方路基

2）路基边坡的放样

在放样出边桩后，为了保证填、挖的边坡达到设计要求，还应把设计的边坡在实地标定出来，以方便施工。

（1）用竹竿、绳索放样边坡：如图 1-1-25 所示，O 为中桩，A、B 为边坡，CD 为路基宽度。放样时在 C、D 处竖立竹竿，于高度等于中桩填土高度 H 处 C'、D'两点用绳索连接，同时由 C'、D'用绳索连接到边桩 A、B 上。

当路堤填土不高时，可一次挂线。当填土较高时，如图 1-1-26 时可分层挂线。

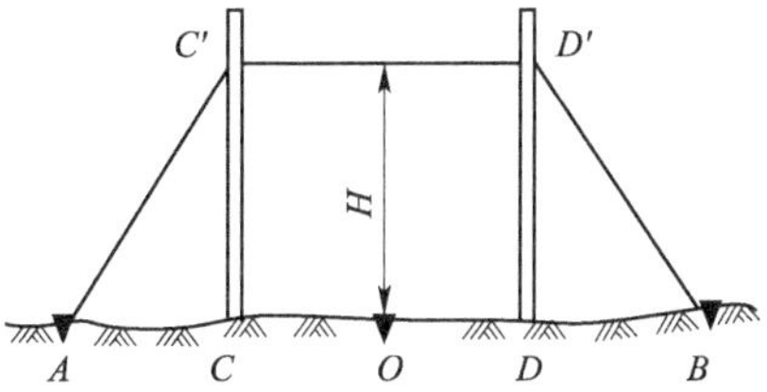

图 1-1-25　用竹竿、绳索放边坡示意图

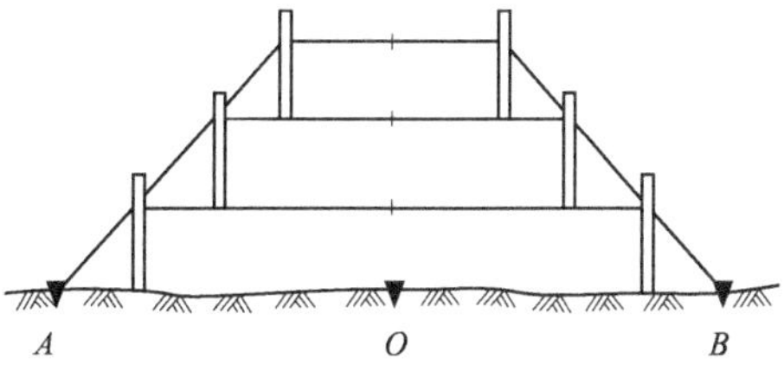

图 1-1-26　分层挂线放边坡示意图

（2）用边坡样板放样边坡：施工前按照设计边坡制作好边坡样板，施工时，按照边坡样板进行放样。

①用活动边坡尺放样边坡：如图 1-1-27 所示，当水准器气泡居中时，边坡尺的斜边所指示的坡度正好为设计边坡坡度，可依此来指示与检核路堤的填筑和路堑的开挖。

②用固定边坡样板放样边坡：如图 1-1-28 所示，在开挖路堑时，于坡顶桩外侧按设计坡度设立固定样板，施工时可随时指示并检核开挖和修筑情况。

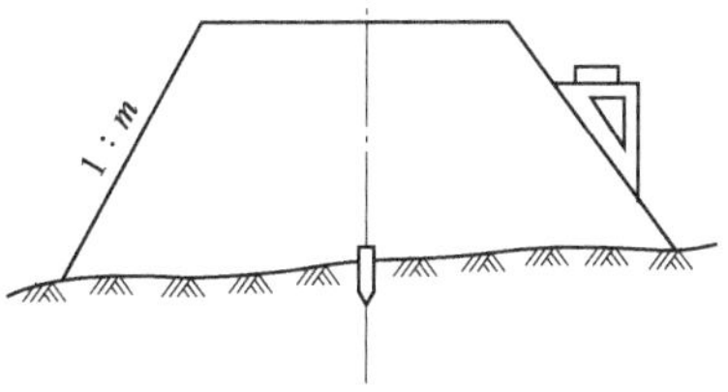

图 1-1-27　活动样板放边坡

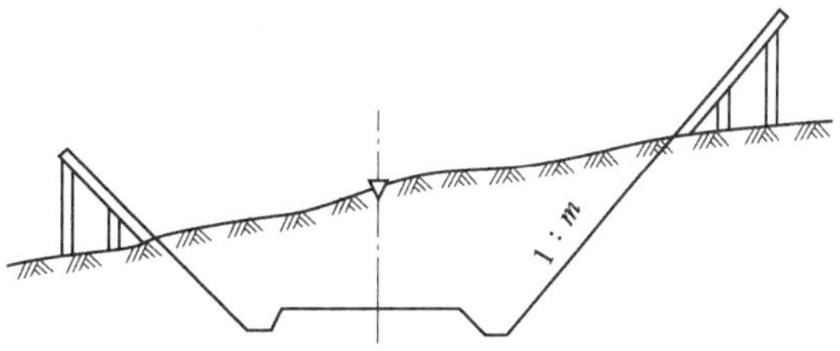

图 1-1-28　固定样板放边坡

3. 场地清理

施工前应清除施工现场范围内所有阻碍或影响工程质量的障碍物，其具体工作内容如下：

1)用地划界及房屋和其他建筑物的拆除

(1)公路用地的划界工作一般由建设单位(业主)完成。个别地段尚未划定的，施工单位应立即报告监理工程师，并会同建设单位尽快解决。

(2)施工单位在施工前对路基范围内已有的垃圾堆、有机杂质、淤泥、软土、草丛、各类溶穴、池塘应妥善处理。路基施工范围内的已有房屋、道路、河沟、通信电力设施、坟墓及其他建筑物，均应会同有关部门事先拆迁或改移。

2)清除树木和灌木丛

在路基施工范围内，对妨碍视线和影响行车的树木和灌木丛，均应在施工前进行砍伐或移栽。砍伐后的树木应堆放在不妨碍施工的地方。二级及二级以上公路路堤和填土高度小于1m的公路路堤，应将路基基底范围内的树根全部挖除并将坑穴填平夯实。填方高度大于1m的二级以下公路路堤，可保留树根，但根部不能露出地面。取土坑范围内的树根应全部挖除。采用机械化施工的路堑，均应将树根全部挖除(图1-1-29)。在填方和取土的地段应进行表面清理，清理的深度应根据种植土的厚度决定，清除的种植土应集中堆放，填方地段在清理完地表后，应整平压实到规定的要求后，方可进行填方作业。

图1-1-29　清除树木和灌木丛

3)施工场地排水

施工场地排水是指疏干、排除场地上所积的地面水，保持施工场地干燥，为施工提供正常的条件，通常采用设置纵、横排水沟，形成排水系统，将水引至附近沟渠、低洼处予以排出。

任务实施

一、项目经理部的建立

(1)根据企业批准的“项目管理规划大纲”，确定项目经理部的管理任务和组织形式。

(2)确定项目经理部的层次，设立职能部门与工作岗位。

(3)确定人员、职责、权限。

(4)由项目经理根据“项目管理目标责任书”进行目标分解。

(5)组织有关人员制定规章制度和目标责任考核、奖惩制度。

二、路基放样

(1)路基施工前，应对原地面进行复测，核对或补充横断面，发现问题时应进行处理。

(2)路基施工前，应设置标识桩，对路基用地界、路堤坡脚、路堑坡顶、取土坑、护坡道、弃土堆等的具体位置标识清楚。

(3)对深挖高填路段，每挖填3～5m或者一个边坡平台(碎落台)应复测中线和横断面。

(4)高速公路和一级公路施工中,高程控制桩间距不宜大于200m。

(5)施工过程中,应保护好所有控制桩点,并及时恢复被破坏的桩点。

(6)每项测量成果必须进行复核,原始记录应存档。

任务工作单

<table>
<tr><td rowspan="3">学习情境一　一般路基施工
工作任务一　施工准备</td><td>班级</td><td colspan="3"></td></tr>
<tr><td>姓名</td><td></td><td>学号</td><td></td></tr>
<tr><td>日期</td><td></td><td>评分</td><td></td></tr>
</table>

一、任务内容

分组讨论施工准备工作的内容。

二、基本知识

1. 路基施工准备工作的内容主要包括________、________、________和________四个方面。

2. 施工前的准备工作经________________审核而未达到合同规定的要求,不予批准开工。

3. 下图所示为项目经理部机构配置示意图,请在空框内填写相应的内容。

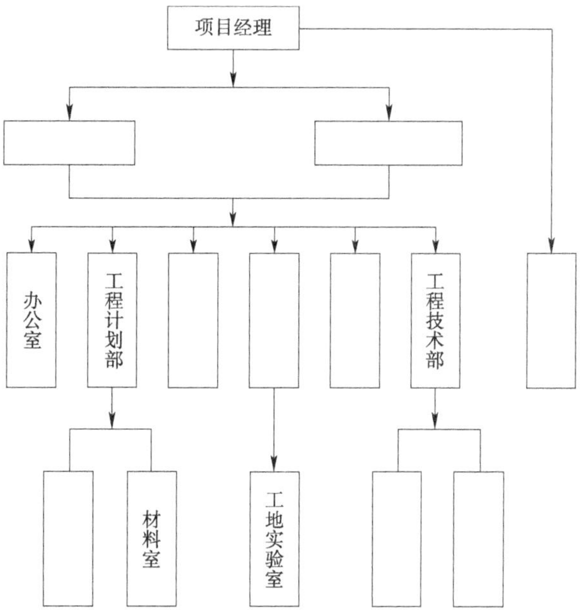

4. 下图所示为路基土石方施工前复测的步骤,请按顺序填写在对应的框线内。

三、任务实施

1. 路基施工准备包括哪些方面?

2. 路基施工准备中组织准备的主要内容有哪些?

3. 路基施工准备中物质准备的主要内容有哪些?

4. 路基施工准备中技术准备的主要内容有哪些?

5. 路基施工准备中现场准备的主要内容有哪些?

四、任务小结

通过此工作任务的实施,各小组集中完成下述工作。

你认为本次任务实施是否达到预期目的? 还有什么意见和建议?

工作任务二　施工组织管理

任务概述

1. 应知应会

通过本工作任务的学习与具体实施,学生应学会下列知识:

熟悉路基工程施工组织设计的内容。

应掌握下列技能:

会编制路基施工组织计划图。

2. 学习要求

(1)研读教材内容;

(2)查阅某一公路项目路基施工组织设计相关资料;

(3)重视理论联系实际。

相关知识

一、概述

路基工程作为建设项目的单位工程,按工程量的大小、工程实体的类型和施工单位的条件可划分为一个或几个施工路段。因此,施工组织管理应根据工程的实际情况而定。

施工组织设计是用来指导施工项目全过程各项活动的技术、经济和组织的综合性文件,是施工技术与施工项目管理有机结合的产物,它能保证工程开工后施工活动有序、高效、科学合理地进行。

1. 编制依据

(1)设计文件及与业主签订的合同、招标文件、投标文件。

(2)施工合同规定的工期,开工日期及竣工日期。

(3)施工技术规范、规程及有关规定。

(4)主要设备和材料的采购合同及供应计划。

(5)施工现场调查资料。

(6)拟采用的新技术、新材料、新工艺、新设备等方案。

(7)已施工过的同类工程的施工进度及经济指标等。

2. 编制原则

施工单位在编制路基施工组织设计过程中,应结合路基施工特点,遵守以下原则:

(1)严格执行工程建设程序和施工程序。施工阶段组织设计属于施工前准备工作的一项重要内容,要严格遵守合同签订的施工期限,按照基建程序和施工程序的要求,保质保量按时完成施工任务。

(2)保证重点、统筹兼顾。要对工程项目的所有内容分清轻重缓急,集中力量对那些在整个工程中起关键和控制作用的作业项目进行施工,避免拉长战线,分散资源,拖延工期。

同时还要有全局观念,一保证工程全线按期完成,迅速发挥投资效益,为后续施工创造良好条件。

(3)遵循工程的客观规律,科学合理安排施工季节、程序和施工顺序。按照路基工程施工的客观规律安排施工顺序,可将整个项目划分为几个阶段,如:施工准备、土石方工程、排水工程、防护工程等。在各施工阶段间合理搭接,在保证质量的基础上,根据当地的气候季节特点,合理安排施工进度计划,充分利用施工时间和保持均衡施工,尽可能缩短工期,加快施工进度。所以,必须处理好以下关系:

①施工准备与正式施工的关系。施工准备之所以重要,是因为它是后续施工能按时开始的重要条件。

②全场性工程与单位工程的关系。在正式施工时,应首先进行全场性工程地施工,然后按照工程的排序,逐个进行单位工程的施工。

③地下与地上的关系。在处理地下工程与地上工程时,应遵循先地下后地上的原则。

④空间顺序与工种顺序的关系。在安排施工顺序时,既要考虑施工组织的空间顺序,又要考虑施工工艺的工种顺序。空间顺序要以工种顺序为基础,工种顺序尽可能为空间顺序提供有利的施工条件。

(4)应用科学的计划方法制订最合理的施工组织方案。根据工程特点和工期要求,尽可能采用平行流水作业施工方法,组织连续、均衡、有节奏地施工,保证人力、物力充分发挥作用。对于复杂工程,应用网络计划技术找出最佳的施工组织方案。

(5)采用先进的施工技术和设备,加强科学管理。在选择施工机械过程中要进行技术经济比较,充分利用现有的机械设备,使大型机械与中、小型机械结合起来,使机械化与半机械化结合起来,尽量扩大机械化施工范围,提高机械化程度。

(6)确保工程质量和施工安全。贯彻施工技术规范、操作规程,提出确保工程质量的技术措施和施工安全措施。

3. 原始资料的调查分析

编制实施性施工组织设计前,应全面收集原始资料,做好以下表1-2-1中的调查工作。

调查项目及内容 表1-2-1

调查项目	调查内容
自然条件	合同段内的地形、地貌、地质、水文、气候等条件
施工资源	筑路材料、运输条件、当地劳动力、电力、供水等
承包人能力	员工数量、类别、素质、施工机械装备等
社会调查	管线、文物古迹等

4. 施工调度

施工调度工作,是组织施工中各个环节、各专业、各工种协调动作的中心。必须随时掌握施工进度,了解施工计划完成情况;了解材料、燃料供应、进场情况和电力供应情况;对停水、停电、停工、断路及工程事故等申请进行审查、批复,把对工程的不利影响降低到最低限度。

5. 施工原始记录

施工单位从事施工活动的原始记录,是各项工程完成情况的文字和数据反映,是鉴定工程质量等级的可靠资料,也是交付使用后进行养护管理、维修的依据。原始记录主要包括:各种原材料、半成品、成品的检验、试验记录;主要测试记录;隐蔽工程检查记录及照片;各种有关质量问题的报告,如变更设计申请、质量事故报告等;工程进度日记、交接检查等。

二、路基施工组织设计编制内容

1. 施工组织总设计内容

(1)工程概况。

(2)施工部署及主要构造物的施工方案。

(3)施工准备工作计划。

(4)施工总进度计划。

(5)各项资源需要量计划。

(6)施工总平面图。

2. 分部、分项工程施工组织设计内容

(1)分部、分项工程施工组织设计内容。

(2)分部、分项工程概况。

(3)施工方法及施工机械的选择。

(4)施工进度计划。

(5)施工安全计划。

(6)人工、材料、机械计划。

(7)施工平面图。

(8)质量保证、安全、环保、文明施工等措施。

3. 施工进度计划内容

施工进度计划是施工组织设计的主要内容。总进度计划应根据施工合同工期、施工组织、施工部署及施工顺序对所有的施工项目作出开工、竣工的时间安排,每项工程开工前应有充分的施工准备时间。其编制步骤如图 1-2-1 所示。

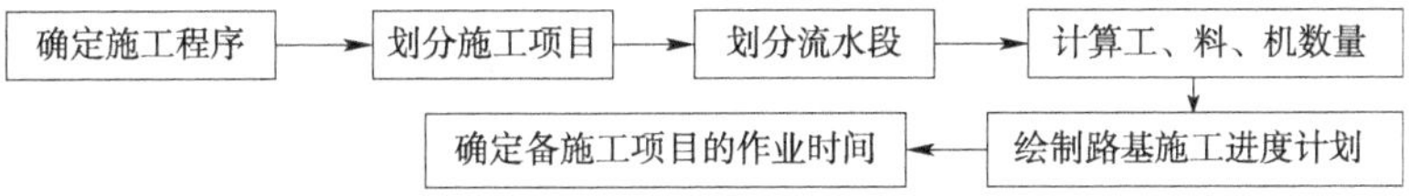

图 1-2-1　施工进度计划编制步骤

编制施工进度计划常用的方法有横道图法和网络图法。这两种方法的原理详见《施工组织与概预算》。

任务实施

公路施工组织设计的编制:

(1)分析设计资料,了解工程概况,进行调查研究;

(2)提出施工整体部署,选择施工方案,确定施工方法;

(3)编制工程进度图;

(4)计算人工、材料、机具、设备需要量,编制人工、主要材料和主要机具计划;

(5)编制临时工程计划;

(6)工地运输组织;

(7)布置施工平面图;

(8)计算技术经济指标;

(9)编写施工组织设计说明书。

任务工作单

<table>
<tr><td rowspan="3">学习情境一　一般路基施工
工作任务二　施工组织管理</td><td>班级</td><td colspan="3"></td></tr>
<tr><td>姓名</td><td></td><td>学号</td><td></td></tr>
<tr><td>日期</td><td></td><td>评分</td><td></td></tr>
</table>

一、任务内容

分组讨论路基施工组织管理内容。

二、基本知识

1. 路基工程施工组织设计重点考虑以下内容：______；______；______；______。

2. 编制实施性施工组织设计前，应全面收集______、______、______、社会调查等原始资料。

三、任务实施

1. 路基施工组织设计的编制依据是什么？

2. 编制施工进度计划常用的方法有横道图法和网格图法，这两种方法的原理各是什么？

四、任务小结

通过此工作任务的实施，各小组集中完成下述工作。

你认为本次任务实施是否达到预期目的？还有什么意见和建议？

工作任务三　路基试验段的选择与实施

任务概述

1. 应知应会

通过本工作任务的学习与具体实施，学生应学会下列知识：

(1)熟悉路基试验段的目的；

(2)掌握路基试验段的选择方法。

应掌握下列技能：

会掌握路基试验段的实施步骤。

2. 学习要求

(1)研读教材内容；

(2)查阅某一公路项目路基试验段相关资料；

(3)重视理论联系实际。

相关知识

在较高等级公路路基施工前，应采用不同的施工方案做试验路段，从中选出最佳的施工方案指导全线施工，在路基工程中需做试验段的工程项目通常有路基填方和地基处理。

试验段必须在开工前编制施工组织设计，制订详细的施工方案。在整个试验段施工时，应加强对有关指标的检测，完工后及时写出试验报告，上报监理工程师审批。

一、试验段的选择

1. 试验段的选择位置

以路基填方为例，试验段的位置应选在地质条件、断面形式及工程要求均具有代表性的地段，长度不宜小于100m，试验场地应尽量选在主线上，且施工方便。在试验段的选择过程中，要注意以下问题：

(1)距驻地近、地势平坦、交通方便，施工条件好的地段；

(2)工程量集中、施工时间较长的地段；

(3)土质较好且对今后施工具有广泛指导意义的地段。

《公路路基施工技术规范》(JTG F10—2006)中规定下列情况下，应进行试验路段施工：

(1)二级及二级以上公路路堤；

(2)填石路堤、土石路堤；

(3)特殊地段路堤；

(4)特殊填料路堤；

(5)拟采用新技术、新工艺、新材料的路基。

2. 试验段的目的

试验段的目的时为了取得施工经验，检验施工机械组合，根据压实机械情况及施工技术规范允许情况下的压实厚度、松铺系数，以确定松铺厚度、最佳含水率、碾压遍数等。将以上资料整理上报，经监理工程师批准后，作为以后施工的经验资料，以指导路基的填方施工。

二、试验路段施工内容

(1)填料试验、检测报告等;

(2)压实工艺主要参数:机械组合;压实机械规格、松铺厚度、碾压遍数、碾压速度;最佳含水率及碾压时含水率允许偏差等;

(3)过程质量控制方法、指标;

(4)质量评价指标、标准;

(5)优化后的施工组织方案及工艺;

(6)原始记录、过程记录;

(7)对施工设计图的修改建议等。

任务实施

试验段的实施,以路基填方试验为例,介绍其施工方案。

试验段的实施步骤见图1-3-1,试验段的实施现场见图1-3-2~图1-3-6。

当第二层填土完成后,按第一层的方法进行总结分析,以确定第三层填土的各项指标。一般情况下,进行两次调整后就不需要再调整了。当填土的摊铺厚度、含水率、碾压遍数等指标稳定后,试验路段的目的就已达到,即可写出试验报告。

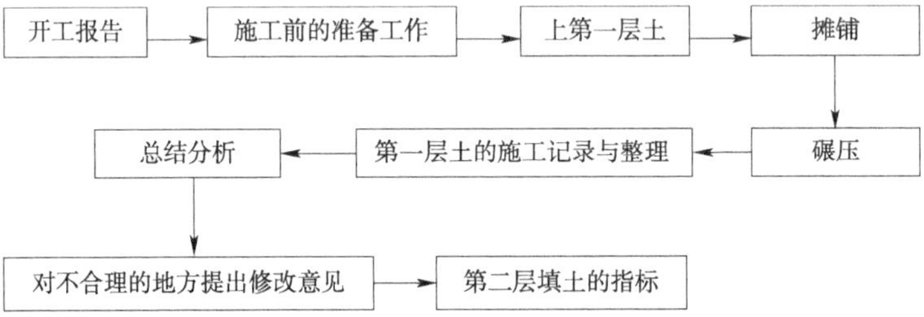

图1-3-1 路基填方试验段实施步骤

图1-3-2 路基填方试验段上料1

图1-3-3 路基填方试验段上料2

图 1-3-4　平地机摊铺

图 1-3-5　压路机碾压

图 1-3-6　挖坑灌砂法测定压实度

任务工作单

学习情境一　一般路基施工 工作任务三　路基试验段的选择与实施	班级			
	姓名		学号	
	日期		评分	

一、任务内容

分组讨论路基试验段总结的内容。

二、基本知识

1. 在高等级公路路基施工前，应采用不同的施工方案做试验路段，从中选出最佳的施工方案指导全线施工。在路基工程中需做试验段的工程项目通常有__________和__________。

2. 试验段必须在开工前编制施工组织设计，制订详细的施工方案。在整个试验段施工中，应加强对有关指标的检测，完工后及时写出____________，上报____________审批。

三、任务实施

1. 路基试验段的实施目的是什么？

2. 路基试验段的选择原则是什么？

3. 简述路基试验段的实施步骤。

4. 路基试验段的施工内容有哪些？

四、任务小结

通过此工作任务的实施，各小组集中完成下述工作。

你认为本次任务实施是否达到预期目的？还有什么意见和建议？

工作任务四　路基类型和填料的选择

任务概述

1. 应知应会

通过本工作任务的学习与具体实施，学生应学会下列知识：

(1)掌握路基的三种典型横断面形式；

(2)了解路基填筑施工的工艺流程图；

(3)了解路基填料最小强度和最大粒径的要求。

应掌握下列技能：

正确完成给定的具体路基工程的横断面形式及填料的选择，并符合标准。

2. 学习要求

(1)研读教材内容；

(2)查阅某一公路项目路基类型和填料相关资料；

(3)重视理论联系实际。

相关知识

路基是在地表按道路的线形(位置)和断面(几何尺寸)的要求开挖或堆填而成的岩土结构物。路基与桥梁、隧道相连，共同构成公路。路基依其所处的地形条件不同，有两种基本形式：路堤和路堑，俗称填方和挖方。建造路基的材料，不论填或挖，主要是土石类散体材料，所以路基是一种土工结构，经常受到地质、水、降雨、气候、地震等自然条件变化的侵袭和破坏，抵抗能力差，因此，路基应具有足够的坚固性、稳定性和耐久性。

一般路基通常是指在良好的地质与水文等条件下，填方高度和挖方深度不大的路基，如图1-4-1所示。通常认为一般路基可以结合当地的地形、地质情况，直接选用典型断面图或设计规定，不必进行个别论证和验算。对于超过规范规定的高填、深挖路基，以及地质和水文等条件特殊的路基，为确保路基具有足够的强度和稳定性，需要进行个别设计和验算。

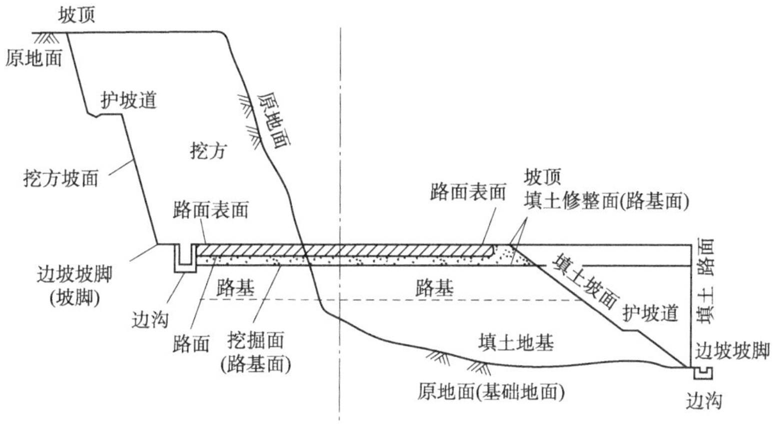

图1-4-1　路基各部分名称

一、路基类型

通常根据公路路线设计确定的路基高程与天然地面高程是不同的，路基设计高程低于天然地面高程时，需进行挖掘；路基设计高程高于天然地面高程时，需进行填筑。由于填挖情况的不同，路基横断面的典型形式可分为路堤、路堑和填挖结合等三种类型，如图1-4-2所示。路堤是指全部用土、石填筑而成的路基，路堑是指全部在天然地面开挖而成的路基，此两者是路基的基本类型。当天然地面横坡大，且路基较宽，需要一侧开挖而另一侧填筑时，为填挖结合路基，也称为半填半挖路基，在丘陵或山区公路上，填挖结合是路基横断面的主要形式。

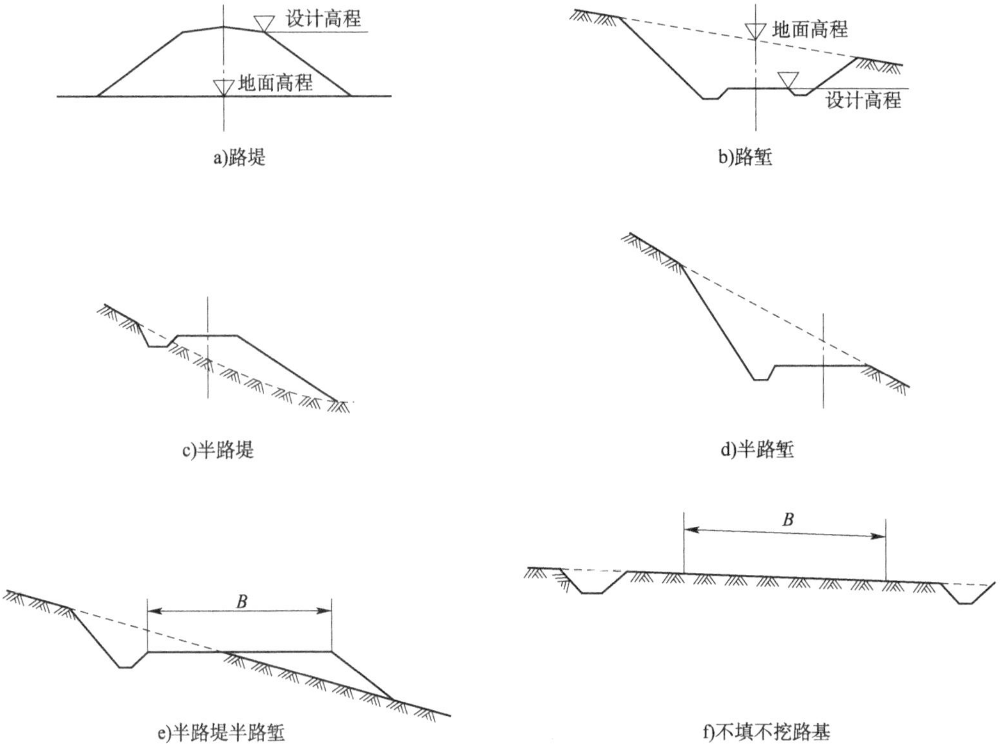

图1-4-2　路基横断面的典型形式

1. 路堤

图1-4-3所示为路堤的几种常见横断面形式。按路堤的填土高度不同，可划分为矮路堤、高路堤和一般路堤。当填土高度小于1.5m时，属于矮路堤；填土高度大于18m（土质）或20m（石质）时，属于高路堤；填土高度在1.5～18m范围内的路堤属于一般路堤。此外，随其所处的条件和加固类型的不同，还有浸水路堤、护脚路堤及挖沟填筑路堤等形式。

矮路堤常在平坦地区取土困难时选用。平坦地区地势低，水文条件较差，易受地面水和地下水的影响，设计时应注意满足最小填土高度的要求。力求不低于规定的临界高度，使路基处于干燥或中湿状态。路基两侧均应设边沟。

矮路堤的高度通常接近或小于路基工作区的深度，除填方路堤本身要求满足规定的施工要求外，天然地面也应按规定进行压实，达到规定的压实度，必要时进行换土或加固处理，以保证路基路面的强度和稳定性。

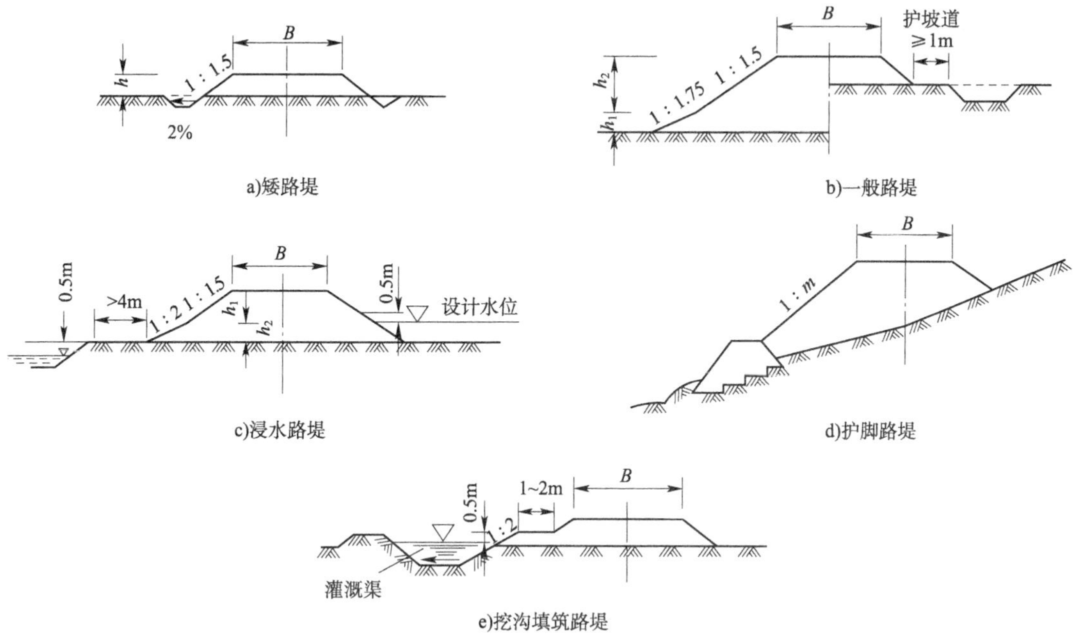

图 1-4-3　路堤的几种常用横断面形式

填方高度不大，$h=2\sim3\text{m}$ 时，填方数量较少，全部或部分填方可以在路基两侧设置取土坑，使之与排水沟渠结合。为保护填方坡脚不受流水侵害，保证边坡稳定，可在坡脚与沟渠之间预留 1 ~2m 甚至大于 4m 宽度的护坡道。地面横坡较陡时，为防止填方路堤沿山坡向下滑动，应将天然地面挖成台阶，或设置石砌护脚。

高路堤的填方数量大，占地多，为使路基稳定和横断面经济合理，需进行个别设计，高路堤和浸水路堤的边坡可采用上陡下缓的折线形式或台阶形式，如在边坡中部设置护坡道。为防止水流侵蚀和冲刷坡面，高路堤和浸水路堤的边坡，需采用适当的坡面防护和加固措施，如铺草皮、砌石等。

2. 路堑

图 1-4-4 所示是路堑的几种常见横断面形式，有全挖路基、台口式路基及半山洞路基。

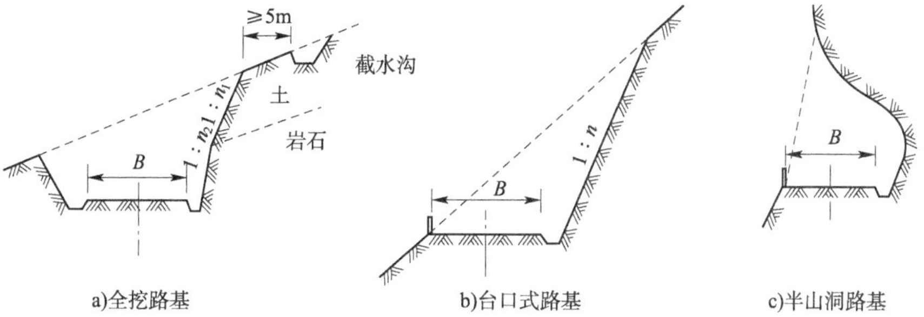

图 1-4-4　路堑的几种常见横断面形式

挖方边坡可视高度和岩土层情况设置成直线或折线。挖方边坡的坡脚处设置边沟，以汇集和排除路基范围内的地表径流。路堑的上方应设置截水沟，以拦截和排除流向路基的地表径流。挖方弃方可堆放在路堑的下方。边坡坡面易风化时，在坡脚处设置 0.5 ~1.0m 的碎落台，坡面可采用防护措施。

陡峻山坡上的半路堑，路中线宜向内侧移，尽量采用台口式路基，避免路基外侧的少量填方。遇有整体性的坚硬岩层,为节省石方工程,可采用半山洞路基。

对于路堑开挖后形成的路基及地基,要求人工压实至规定的压实程度,必要时还应翻开,重新分层填筑分层碾压。当路堑挖方处土质或水文状况不良时,应进行地基加固和设置必要的排水设施。

3. 半填半挖路基

图1-4-5 所示是半填半挖路基的几种常见横断面形式。位于山坡上的路基,通常取路中心的高程接近原地面的高程,以减少土石方数量,保持土石方数量横向平衡,形成半填半挖路基。如果处理得当,路基稳定可靠,是比较经济的断面形式。

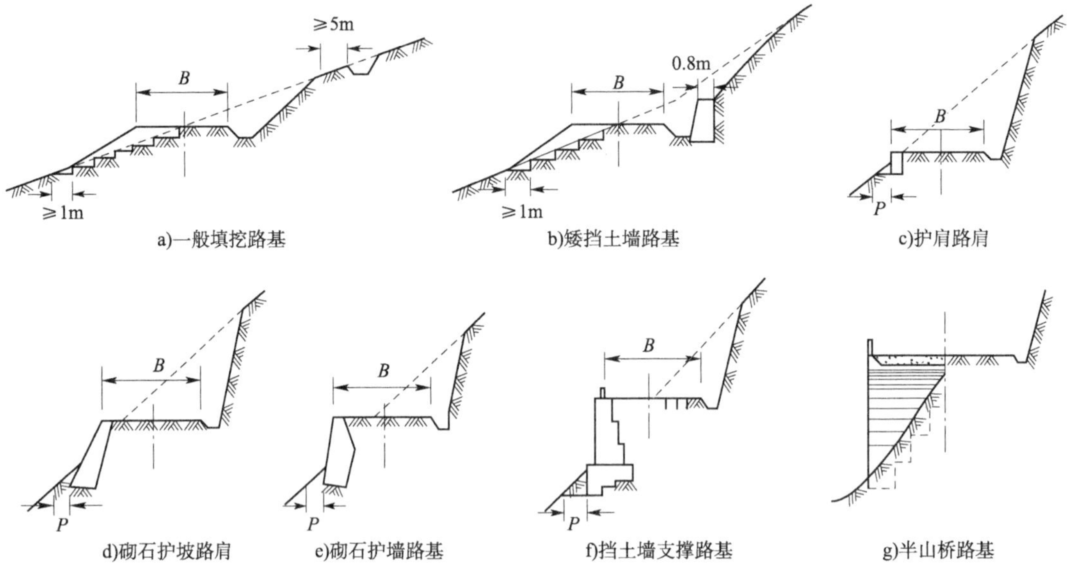

图1-4-5 半填半挖路基的几种常用横断面形式

半填半挖路基兼有路堤和路堑两者的特点,上述对路堤和路堑的要求均应满足。

上述三类路基横断面形式,各具特点,分别在一定条件下使用。由于地形、地质、水文等自然条件差异性很大,且路基位置、横断面尺寸及要求等,亦应服从于路线、路面及沿线结构物的要求。所以路基横断面类型的选择,必须因地制宜,综合设计。

二、路基构造

路基由宽度、高度和边坡坡度等构成。路基宽度取决于公路技术等级;路基高度取决于路线的纵坡设计及地形;路基边坡坡度取决于土质、地质构造、水文条件及边坡高度,并由边坡稳定性和横断面经济性等因素比较确定。下面分别叙述其确定方法。

1. 路基宽度

路基宽度是在一个横断面上两路肩外缘之间的宽度。各级公路路基宽度为车道宽度与路肩宽度之和,当设有中间带、加(减)速车道、爬坡车道、紧急停车带、错车道等时,应计入这些部分的宽度。其相应宽度值的大小详见《公路工程技术标准》(JTG B01—2014)路线设计部分。各级公路路基标准横断面图如图1-4-6a)、b)所示。

高速公路、一级公路的路基横断面分为整体式和分离式两类。整体式断面包括车道、中间带(中央分隔带及左侧路缘带)、路肩(硬路肩及土路肩)以及紧急停车带、爬坡车道、加(减)速车道等;分离式断面包括车道、路肩(硬路肩及土路肩)以及紧急停车带、爬坡车道、加(减)速车道等。

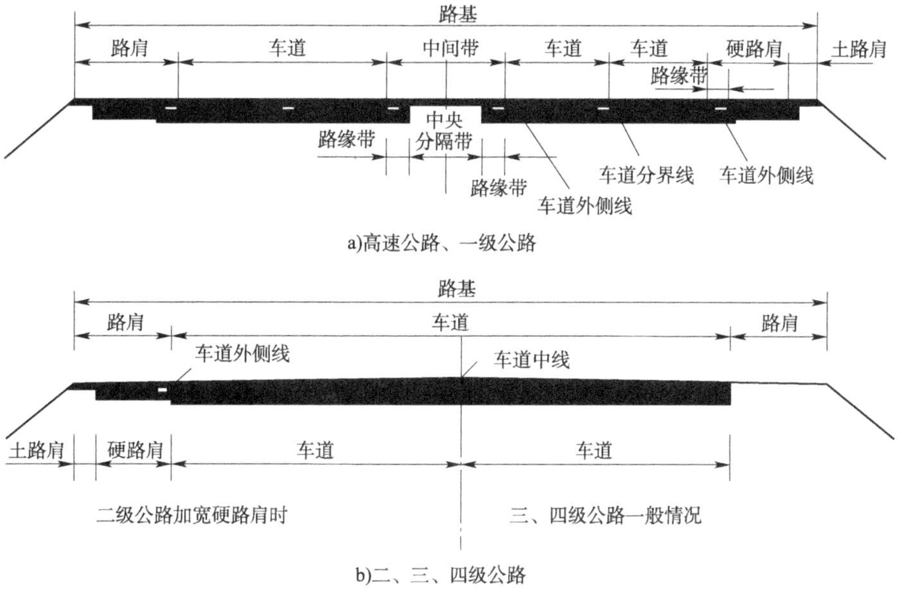

图 1-4-6 路基标准横断面

二、三、四级公路的路基横断面包括车道、路肩以及错车道等。二级公路位于中、小城市城乡接合部、混合交通量大的连接线路段,实行快、慢车道分开行驶时,可根据当地经验设置车道或加宽右侧硬路肩。

各级公路路基宽度应符合《公路工程技术标准》(JTG B01—2014)中规定的宽度值,如表 1-4-1 所示。

各级公路路基宽度 表 1-4-1

公路等级		高速公路、一级公路								
设计速度(km/h)		120			100			80		60
车道数		8	6	4	8	6	4	6	4	4
路基宽度(m)	一般值	45.00	34.50	28.00	44.00	33.50	26.00	32.00	24.50	23.00
	最小值	42.00	—	26.00	41.00	—	24.50	—	21.50	20.00

公路等级		二级公路、三级公路、四级公路					
设计速度(km/h)		80	60	40	30	20	
车道数		2	2	2	2	2 或 1	
路基宽度(m)	一般值	12.00	10.00	8.50	7.50	6.50(双车道)	4.50(单车道)
	最小值	10.00	8.50	—	—	—	

注:①“一般值”为正常情况下的采用值;“最小值”为条件受限制时可采用值。

②八车道高速公路路基宽度“一般值”为设置左侧硬路肩、内侧车道采用 3.50m 时的宽度;

八车道高速公路路基宽度“最小值”为不设置左侧硬路肩、内侧车道采用 3.75m 时的宽度。

2. 路基高度

路基高度与路基强度和稳定性有关,也与工程量的大小密切相关。所以它既是路线纵断面设计的重点,也是路基设计的重点。

路基高度是路基设计高程和中桩地面高程的差值。路堤为填筑高度,路堑为开挖深度。路基设计高程是指:一般公路指路肩外缘的设计高程;高速公路和一级公路指中央分隔带外侧边缘的设计高程。此外,由于除平原区外,路基自然横纵面多为倾斜面,所以路基宽度范围内,两侧的高差有较大差别。而路基两侧边坡高度是指填方坡脚或挖方坡顶与路基边缘的相对高差。这一高差通常称为边坡高度。当地面横坡度较大时,该边坡高度将严重影响路基的稳定,所以在路基设计时应引起重视。

路基高度的确定,是在路线纵断面设计时,综合考虑路线纵坡要求、路基稳定性和工程经济等因素后确定的。从路基的强度和稳定性要求出发,路基上部土层应处于干燥或中湿状态,并满足最小填土高度的要求。在满足上述条件的情况下,尽量满足“浅挖、低填、缓边坡”的标准要求。对于高路堤和深路堑,由于土石方数量大,占地多,施工困难,边坡稳定性差,行车不利,应尽量避免使用。矮路堤和浸水路堤,还要考虑排水和设计洪水频率要求。

3. 路基边坡坡度

确定路基边坡坡率,是路基设计的基本任务。为保证路基稳定,路基两侧应做成具有一定坡度的坡面。公路路基边坡坡率可用边坡高度 H 和边坡宽度 b 之比值表示。习惯将高度定为1,一般写成1:m(路堤),或1:n(路堑)称为边坡坡率。如图1-4-7所示,分别为1:0.5及1:1.5。

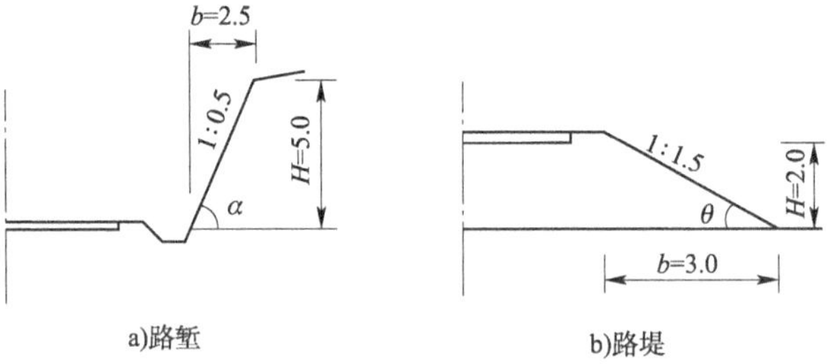

图1-4-7 路基边坡坡度示意图(尺寸单位:m)

路基边坡坡率的大小,关系到边坡稳定和路基工程数量。边坡愈陡,稳定性愈差,若处理不当,易造成坍方等路基病害;边坡过缓,土石方数量增大,裸露面积增大,自然影响面加大,如果不能快速恢复生态,也会影响路基边坡稳定,所以在确定边坡坡率时,要根据实际情况,综合考虑路基边坡稳定,国家及地方环保政策,工程造价等因素后合理确定。

路基边坡坡率的大小,主要取决于地质,土壤与水文等自然因素。影响路基边坡稳定的因素是多方面的,除上述因素外,边坡的高度也是一个重要方面。在陡坡或填挖较大的路段,边坡稳定不仅影响到土石方工程量的大小,也涉及工程施工的难易,是路基整体稳定的关键。一般路基的边坡坡度可根据多年工程实践经验和设计规范推荐的数值采用。

(1)路堤边坡

一般路堤边坡,当地质条件良好,边坡高度不大于20m时,其边坡坡率不宜大于表1-4-2的《公路路基设计规范》(JTG D30—2015)规定。

路堤边坡坡率 表1-4-2

填料种类	边坡坡率	
	上部高度(H≤8m)	下部高度(H≤12m)
细粒土	1:1.5	1:1.75
粗粒土	1:1.5	1:1.75
巨粒土	1:1.3	1:1.5

注:采用台阶式边坡时,下部边坡可采用与上部边坡一致的坡度。

沿河路堤边坡坡度,要求在设计水位以下部分视填料情况,可采用1:1.75~1:2.0;常水位以下部分可采用1:2.0~1:3.0。当公路沿线有大量天然石料或路堑开挖的废石方时,可用于填筑路堤。填石路堤坡面应用由不易风化的较大(大于 25cm)石块砌筑,边坡坡度可用 1:1。

当沿着比较陡峻的山坡填筑路堤时,填方边坡接近平行于山坡,以致填方量过大或占地太宽,甚至无法填筑。此时,可以利用当地石料,分别砌筑护肩、护脚、边坡砌石及挡土墙等路基断面形成。

对边坡高度超过 20m 的路堤或地面斜坡坡率陡于 1:2.5 的路堤,以及不良地质,特殊地段的路堤,应进行个别勘察设计,对重要的路堤应进行稳定性监控。

(2)路堑边坡

路堑边坡根据路堑开挖的岩土性质可分为土质和石质两大类,其边坡形式也因高度和岩性的不同而有所区别,常见形式如图 1-4-8 所示。

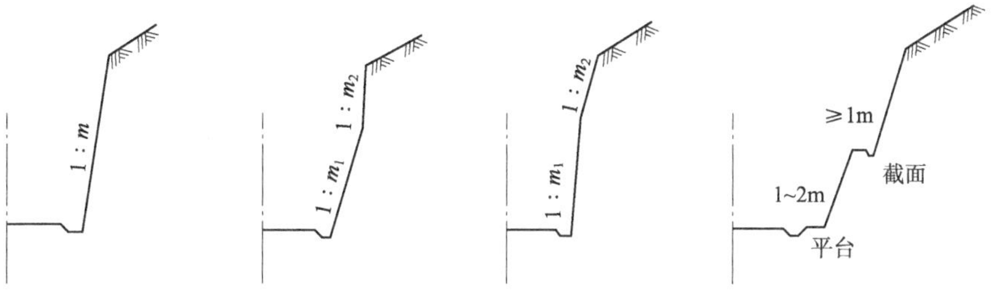

a)直线形　b)上陡下缓折线形　c)上缓下陡折线形　d)台阶形

图 1-4-8　路堑边坡形式

在进行路堑边坡设计时,首先应从地貌和地质构造上判断其整体稳定性。遇到工程地质或水文地质条件不良的地层时,应尽量使路线绕避它;而对于稳定的地层,则应考虑开挖后,土部岩体是否会由于失去了支撑,坡面风化加剧而引起失稳的因素。

影响路堑边坡稳定的因素非常复杂,路堑开挖深度、地质构造、岩性、岩石风化破碎程度、地下水和地表水的影响、土体结合的密实程度、土壤的性质、当地的自然气候、施工方法等因素都会影响路堑边坡的稳定性,所以,在进行路堑边坡设计时必须综合考虑。

凡具有一定黏性的土质路堑,边坡高度小于 20m,其挖方边坡坡度可参照表 1-4-3 所列数值范围,结合当地已建成公路的实践经验选择采用。

土质路堑边坡坡率　　表 1-4-3

土 的 类 别		边 坡 坡 率
黏土、粉质黏土、塑性指数大于 3 的黏土		1:1
中密以上的中砂、粗砂、砂砾		1:1.5
卵石土、碎石土、圆砾土、角砾土	胶结和密实	1:0.75
	中密	1:1

表 1-4-3 中的密实程度,应通过挖坑试验判别。其划分标准如表 1-4-4 所示。黄土、红黏土、高液限黏土、膨胀土等特殊土质的挖方边坡形式及坡率应按《公路路基设计规范》(JTG D30—2015)相关章节规定确定。

土的密实程度划分表　　表 1-4-4

分　级	试坑开挖情况
较松	铁锹很容易铲入土中,试坑坑壁很容易坍塌
中密	天然坡面不易陡立,试坑坑壁有掉块现象,部分需用镐开挖
密实	试坑坑壁稳定,开挖困难,土块用手使力才能破碎,从坑壁取出大颗粒处能保持凹面形状
胶结	细粒土密实度很高,粗颗粒之间呈弱胶结,试坑用镐开挖很困难,天然坡面可以陡立

在确定岩石路堑边坡时,除考虑上述影响路堑边坡稳定性的因素外,由于存在地区自然差异,所以,还要不断积累当地的实践经验,结合施工方法进行综合分析。根据长期的设计经验和部分地区的调整资料,岩石路堑边坡值可参照表 1-4-5,结合当地的工程地质和水文条件,参考当地相应类型稳定的成型边坡度,加以对比选用。同时,还要根据环保设计要求修正边坡值。对于定性比较困难的地段,必要时还要进行个别设计与验算,并结合采用排水、防护与加固等技术措施。

岩质路堑边坡坡率 表 1-4-5

边坡岩体类型	风化程度	边坡坡率	
		$H<15$m	$15\leqslant H<30$m
Ⅰ类	未风化、微风化	1:0.1 ~ 1:0.3	1:0.1 ~ 1:0.3
	弱风化	1:0.1 ~ 1:0.3	1:0.3 ~ 1:0.5
Ⅱ类	未风化、微风化	1:0.1 ~ 1:0.3	1:0.3 ~ 1:0.5
	弱风化	1:0.3 ~ 1:0.5	1:0.5 ~ 1:0.75
Ⅲ类	未风化、微风化	1:0.3 ~ 1:0.5	
	弱风化	1:0.5 ~ 1:0.75	
Ⅳ类	弱风化	1:0.5 ~ 1:1	
	强风化	1:0.75 ~ 1:1	

岩石的风化破碎程度是地质动力作用与长期风化的共同作用结果。表 1-4-6 为岩石风化破碎程度外观特征分级表。

岩石风化破碎程度分级表 表 1-4-6

分级	外观特征				
	颜　色	矿物成分	结构构造	破碎程度	强　度
轻度	较新鲜	无变化	无变化	节理不多、基本上是整体、节理基本不张开	基本上不降低,用锤敲很容易回弹
中等	造岩矿物失去光泽,色变暗	基本不变	无显著变化	开裂成 20 ~ 50cm 的大块状,大多数节理张开较小	有降低,用锤敲声音仍较清脆
严重	显著改变	有次生矿物产生	不清晰	开裂成 5 ~ 20cm 的碎石状,有时节理张开较多	有显著降低,用锤敲声音低沉
极重	变化极重	大部成分已改变	只具外形,矿物间已失去结晶联系	节理极多,爆破以后多呈碎石土状,有时细粒部分已具塑性	极低,用锤敲时不易回弹

土质挖方边坡高度超过 20m,岩质挖方边坡高度超过 30m 以及不良地质,特殊岩土地段的挖方边坡,应进行个别勘察设计。

三、路基填料

路堤一般都是利用当地就近土石作填料修筑而成,而公路沿线土石的类别和性质不同,修筑路基后的稳定性和强度亦有很大差异,应优先选择当地强度高、稳定性好、取土方便、压缩变形小,易于压实的土石作为路基填料。其中强度要求是按 CBR 值确定,应通过取土试验确定填料的最小承载比。路基填料最小承载比的要求见表 1-4-7。

路基填料最小承载比要求　　表 1-4-7

<table>
<tr><td colspan="2" rowspan="2">路基部位</td><td rowspan="2">路面底面以下深度(m)</td><td colspan="3">填料最小强度(CBR)(%)</td></tr>
<tr><td>高速公路、一级公路</td><td>二级公路</td><td>三、四级公路</td></tr>
<tr><td colspan="2">上路床</td><td>0~0.3</td><td>8</td><td>6</td><td>5</td></tr>
<tr><td rowspan="2">下路床</td><td>轻、中等及重交通</td><td>0.3~0.8</td><td>5</td><td>4</td><td>3</td></tr>
<tr><td>特重、极重交通</td><td>0.3~1.28</td><td>5</td><td>4</td><td>—</td></tr>
<tr><td rowspan="2">上路堤</td><td>轻、中等及重交通</td><td>0.8~1.5</td><td>4</td><td>3</td><td>3</td></tr>
<tr><td>特重、极重交通</td><td>1.2~1.9</td><td>4</td><td>3</td><td>—</td></tr>
<tr><td rowspan="2">下路堤</td><td>轻、中等及重交通</td><td>1.5 以下</td><td rowspan="2">3</td><td rowspan="2">2</td><td rowspan="2">2</td></tr>
<tr><td>特重、极重交通</td><td>1.9 以下</td></tr>
</table>

注:①表列 CBR 试验条件应符合现行《公路土工试验规程》(JTG E40—2007)的规定。

②年平均降雨量小于 400mm 地区,路基排水良好的非浸水路基,通过试验论证可采用平衡湿度状态的含水率作为 CBR 试验条件,并结合当地气候条件和汽车荷载等级,确定路基填料 CBR 控制标准。

③当路基填料 CBR 值达不到表列要求时,可掺石灰或其他稳定材料处理。

④当三、四级公路铺筑沥青混凝土和水泥混凝土路面时,应采用二级公路的规定。

在选择填料时,一方面要考虑料源和经济性,另一方面要顾及填料的性质是否合适。当有多种料源可供选择时,可参照相关文件对不同种类路基用土工程性质的描述结合施工具体情况考虑选用。

一般来说,石质土有粒径大于 2mm 的碎(砾)石,其含量有 25% ~50% 及大于 50% 两部分组成。如碎(砾)石土,空隙度大,透水性强,压缩性低,内摩擦角大,强度高,属于较好的路基填料。

砂土没有塑性,但透水性好,毛细水上升高度很小,具有较大的摩擦系数。砂土路基强度高,水稳定性好。但砂土黏性小,易于松散,受水流冲刷和风蚀易损坏,在使用时可掺入黏性大的土改善质量。

砂性土是良好的路基填料,既有足够的内摩擦力,又有一定的黏聚力。一般遇水干得快、不膨胀,易被压实,易构成平整坚实的表面。

粉质土不宜直接填筑于路床,必须掺入较好的土体后才能用作路基填料,且在高等级公路中,只能用于路堤下层(距路槽底 0.8m 以下)。

轻、重黏土不是理想的路基填料,规范规定:液限大于 50%、塑性指数大于 26、含水率不适宜直接压实的细粒土,不得直接作为路基填料,需要使用时,必须采用技术措施进行处理,经检查满足设计要求后方可使用。

黄土、盐渍土、膨胀土等特殊土体不得已必须用作路基填料时,应严格按其特殊的施工要求进行施工。泥炭、淤泥、冻土、有机质土、强膨胀土、含草皮土、生活垃圾、树根和含有腐殖物质的土不得用作路基填料。

满足要求(最小强度 CBR、最大粒径、有害物质含量等)或经过处理之后满足要求的煤渣、高炉矿渣、钢渣、电石渣等工业废渣可以用作路基填料,但在使用过程中应注意避免造成环境污染。

为了节约投资和少占耕地良田,一般应利用附近路堑或附属工程(如排水沟等)的弃方作为填料,或者将取土坑布置在荒地、空地上。

任务实施

路基填料的判断：

(1)含草皮、生活垃圾、树根、腐殖质的土严禁作为填料。

(2)泥炭、淤泥、冻土、强膨胀土、有机质土及易溶盐超过允许含量的土，不得直接用于填筑路基；需要使用时，必须采取技术措施进行处理，经检验满足设计要求后方可使用。

(3)液限大于50%，塑性指数大于26、含水率不适宜直接压实的细粒土，不得直接作为路堤填料；需要使用时，必须采取技术措施进行处理，经检验满足设计要求后方可使用。

(4)粉质土不宜直接填筑于路床；不得直接填筑于冰冻地区的路床及浸水部分的路堤。

(5)CBR 值达到填筑分区填料的要求。

任务工作单

<table>
<tr><td rowspan="3">学习情境一　一般路基施工
工作任务四　路基类型和填料的选择</td><td>班级</td><td colspan="3"></td></tr>
<tr><td>姓名</td><td></td><td>学号</td><td></td></tr>
<tr><td>日期</td><td></td><td>评分</td><td></td></tr>
</table>

一、任务内容

分组讨论路基填料的性质。

二、基本知识

1. 一般路基通常是指在良好的地质与水文等条件下，填方高度和挖方深度不大的路基。由于填挖情况的不同，路基横断面的典型形式，可分为________、________和________等三种类型。

2. 路堤是指全部用土、石填筑而成的路基，按路堤的填土高度不同，可划分为________、________和________。

3. 路堑是指全部在天然地面开挖而成的路基，有____________、____________及____________。

三、任务实施

1. 路基构造包括哪些？

2. 路基填方边坡坡度和挖方边坡坡度取值各要考虑什么？有何不同？

3. 什么是路基填料？

4. 选择路基填料时主要考虑的要求是什么？

四、任务小结

通过此工作任务的实施，各小组集中完成下述工作。

你认为本次任务实施是否达到预期目的？还有什么意见和建议？

工作任务五 基底处理

任务概述

1. 应知应会

通过本工作任务的学习与具体实施,学生应学会下列知识:

(1)了解基底的作用;

(2)了解基底处理的目的;

(3)掌握各类基底处理的基本方法。

应掌握下列技能:

会编写基底处理方案。

2. 学习要求

(1)研读教材内容;

(2)查阅某一公路项目基底处理相关资料;

(3)重视理论联系实际。

相关知识

路基基底是指路基所在的原地面表面部分。路基基底的处理是保证路堤稳定与坚固极为重要的措施。在路堤填筑前进行基底处理,能使填土与原来的表土密切结合;能使初期填土作业顺利进行;能使地基保持稳定,增加承载能力;能防止因草皮、树根腐烂而引起的路堤沉陷。

为使路堤填筑后不致产生过大的沉陷变形,并使路堤与原地面接合紧密,防止路堤沿基底发生滑动,应根据基底的土质、水文、坡度和植被情况及填土高度采取相应措施。

1. 密实土质基底

基底土密实稳定,地面横坡不陡于1:10且路堤填高超过0.5m时,基底可不做处理,路堤直接填筑在天然地面上。路堤高度低于0.5m的地段,应清除原地面的草皮杂物;地面横坡为1:10~1:5时,应清除草皮杂物等再填筑;地面横坡陡于1:5时,在清除草皮杂物后,还应将坡面挖成台阶,台阶宽度不小于2m,高度为0.2~0.3m,台阶顶面做成向内倾斜的斜坡(图1-5-1)。

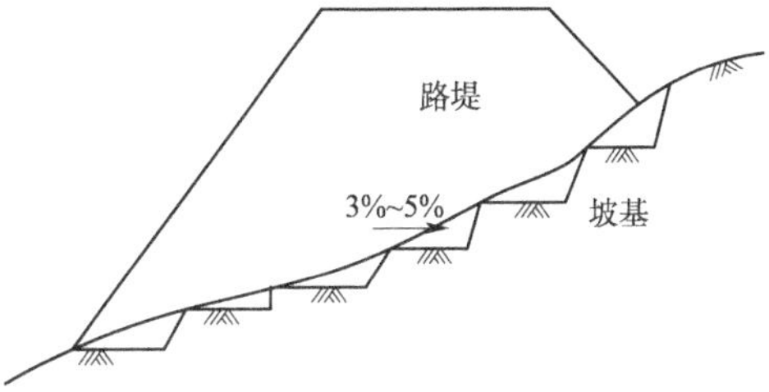

图1-5-1 横坡较大时的台阶形基底

2. 耕地或松土基底

基底为耕地或松土时,应先清除种植有机土,平整后按规定要求压实。若松土厚度较大,应翻挖至紧密土层,将土块打碎,然后分层回填找平、压实。对路线经过水田、池塘或洼地时,应根据具体情况采取排水疏干、挖除淤泥、换土、打砂桩、抛填砂砾石等处理措施,将基底加固后再进行填筑。

3. 倾斜岩石基底

对于覆盖层不厚的岩石基底,当地面横坡为1:5~1:2.5时,需挖除覆盖层,并将基岩挖成台阶或进行凿毛。当地面横坡陡于1:2.5时,应进行个别设计,如设置石砌护脚或护墙。

当路基稳定受到地下水的影响时,应予以拦截或排除,将地下水引至路堤基底范围以外,再进行填方压实。路堤修筑范围内,原地面的坑、洞、墓穴等应用原地的土或砂性土回填,并按规定进行压实。

任务实施

1. 基底检测

路基基底压至规定遍数后,现场负责人员应立即协同测量人员和试验员测出压实完后的原地面高程和土的密实度,并报现场监理。经监理认可后可进行下段路基的基底处理。

2. 基底施工要点

(1)在基底处理前,要明确地下电缆走向、深度、数量,施工中必须保证安全。

(2)施工中设专职防护员,保证行车及人身安全,施工人员应加强安全意识,预防为主。

(3)施工工程中,应保护所有标志,特别是一些原始控制点,如果施工需要移动,则应在工程部的同意下合理放好护桩。

(4)施工过程中,应做好各控制点的原始记录,并上报项目部一份,留存一份。

(5)施工过程中,必须注意沿线农作物,各种设施的保护。

任务工作单

学习情境一 一般路基施工 工作任务五 基底处理	班级			
	姓名		学号	
	日期		评分	

一、任务内容

分组讨论各类基底的处理方法。

二、基本知识

1. 路堤基底是指____________________。路堤基底的处理是保证____________________极为重要的措施。在路堤填筑前进行基底处理,能使填土与原来的表土密切结合;能使初期填土作业顺利进行;能使地基保持稳定,增加承载能力;能防止因草皮、树根腐烂而引起的路堤沉陷。

2. 当地面横坡陡于1:5时,在清除草皮杂物后,还应将坡面挖成__________,宽度不小于__________,高度为__________,顶面做成________________。

三、任务实施

1. 什么是路堤基底?

2. 基底处理的目的是什么?

3. 软土基底的处理方法是什么?

四、任务小结

通过此工作任务的实施,各小组集中完成下述工作。

1. 基底处理时应注意的事项。

2. 你认为本次任务实施是否达到预期目的,还有什么意见和建议?

工作任务六　土质路堤施工

任务概述

1. 应知应会

通过本工作任务的学习与具体实施,学生应学会下列知识:

(1)了解路基施工的重要性;

(2)掌握土质路堤填筑的方法;

(3)了解土质路堤施工质量的控制。

应掌握下列技能:

会编写土质路基工程施工方案。

2. 学习要求

(1)研读教材内容;

(2)查阅某一公路项目路基设计相关资料;

(3)重视理论联系实际。

相关知识

路基填筑方法是把选定的路基填料运送到路基上逐层填起,进行铺平并碾压密实的方法。路基的填筑方法分为水平分层填筑法、纵向分层填筑法、竖向填筑法和混合填筑法。

1. 水平分层填筑法

水平分层填筑法是按照横断面全宽分为若干水平层次,从最低层开始逐层向上填筑,每填一层,经压实达到压实度要求后,再进行下一层填筑。如图 1-6-1 所示。

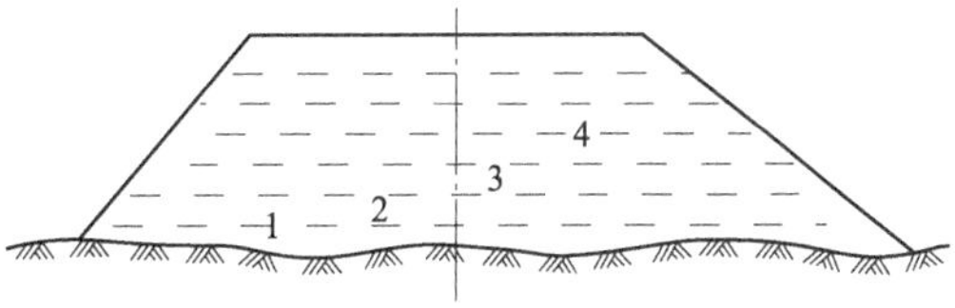

图 1-6-1　水平分层填筑法示意图

图 1-6-2 所示,为不同用土的组合方案,其中正确方案要点是:

(1)性质不同的填料,应水平分层、分段填筑,分层压实。同一水平层路基的全宽应采用同一种填料,不得混合填筑。每种填料的填筑层压实后的连续厚度不宜小于 500mm。填筑路床顶最后一层时,压实后的厚度应不小于 100mm。

(2)对潮湿或冻融敏感性小的填料应填筑在路基上层。强度较小的填料应填筑在下层。在有地下水的路段或临水路基范围内,宜填筑透水性好的填料。

(3)在透水性不好的压实层上填筑透水性较好的填料前,应在其表面设 2% ~4% 的双向横坡,并采取相应的防水措施。不得在由透水性较好的填料所填筑的路堤边坡上覆盖透水性不好的填料。

(4)每种填料的松铺厚度应通过试验确定。

(5)每一填筑层压实后的宽度不得小于设计宽度。

(6)路堤填筑时,应从最低处起分层填筑,逐层压实;当原地面纵坡大于 12% 或横坡陡于 1:5 时,应按设计要求挖台阶,或设置坡度向内并大于 4% 、宽度大于 2m 的台阶。

(7)填方分几个作业段施工时,接头部位如不能交替填筑,则先填路段,应按 1:1 坡度分层留台阶;如能交替填筑,则应分层相互交替搭接,搭接长度不小于2m。

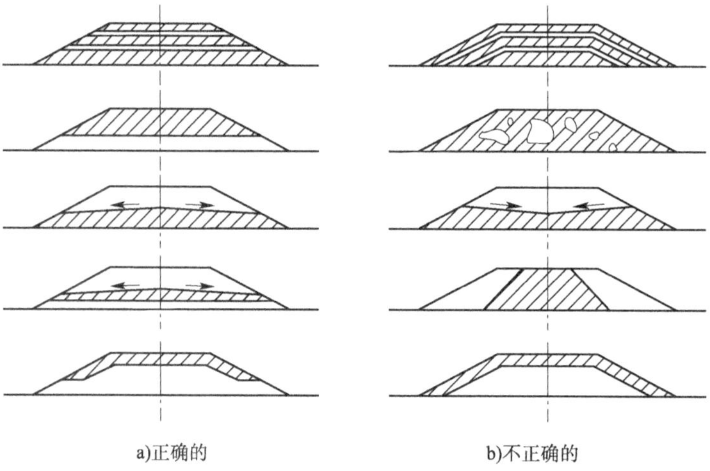

图1-6-2　土路堤填筑方案示意图

2. 纵向分层填筑法

纵向分层填筑法是将填土依纵坡方向分层,逐层向上填筑,如图1-6-3所示。此法较适于利用推土机从路堑取土填筑距离较短的路堤,填方侧可按要求开挖土质台阶,以提高路堤稳定性。

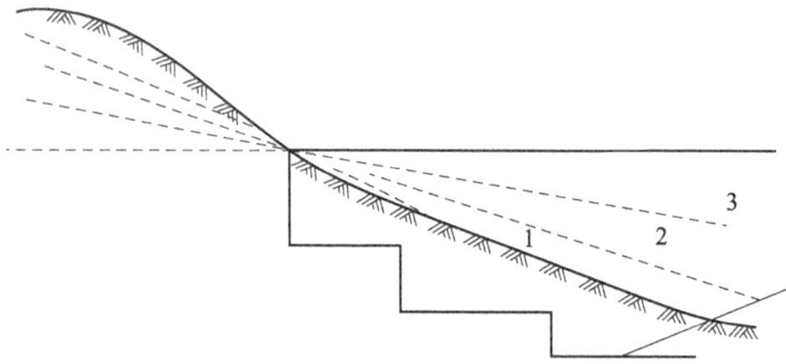

图1-6-3　纵向分层填筑法

3. 竖向填筑法

竖向填筑法是指从路堤的一端或两端按横断面全部高度,逐步推进填筑,如图1-6-4所示。当原地面纵向或横向坡度较大(>12%)、地面高差大,难以采用水平分层填筑的路段施工时,可采用竖向填筑法。

竖向填筑法由于填土过厚而不易压实,施工时需采取下列技术措施:

(1)选用振压式或夯击式压路机压实;

(2)选用沉降量较小及颗粒均匀的砂石等填料填筑;

(3)暂不修建较高级路面,容许路基短期内自然沉落。

4. 混合填筑法

混合填筑法是水平分层填筑法与竖向填筑法的综合使用。即在填筑时路基下层用竖向填筑而上部用水平分层填筑,这样可使上部填土通过分层压实获得足够的压实度,在一定程度上也克服了竖向填筑法的缺点,如图1-6-5所示。该法适用于因地形限制或填筑堤身过高,不宜采用水平分层或竖向填筑自始至终进行填筑的情况。

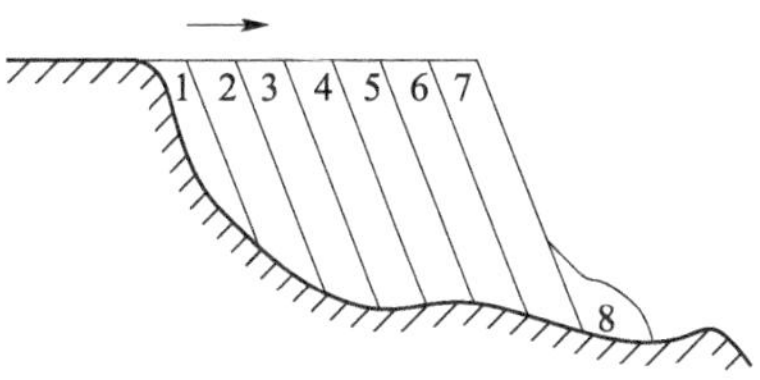

图 1-6-4　竖向填筑法

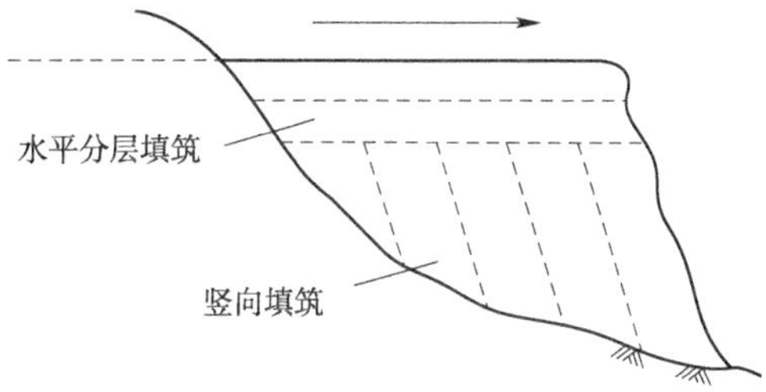

图 1-6-5　混合填筑法

任务实施

土质路基填筑施工工艺流程图如图 1-6-6 所示。

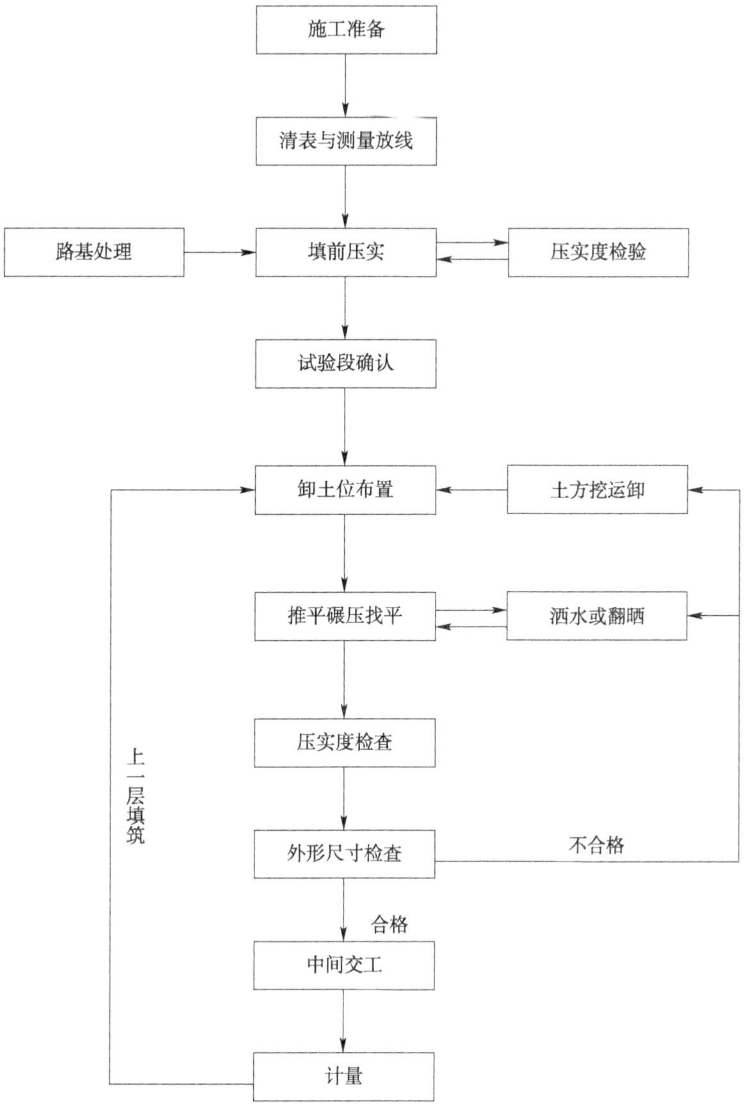

图 1-6-6　土质路基填筑施工工艺流程图

1. 施工准备

熟悉设计文件,组织技术人员学习施工技术规范,编制施工组织设计,做有关土工试验,准备检测设备。

2. 清表和测量放样

开工前按图纸及有关规定进行线路及高程的复测,水准点及控制桩的核对和增设,并对路线横断面进行测量与绘制。填筑前,按规定对基底范围内的地表杂土、树根等进行清除。

3. 填前压实

基底应在填筑前进行压实。

4. 试验段确认

开工前,选择合适的试验路段进行压实试验,以确定正确的压实方法,为达到规定的压实度所需的压实设备的类型及其组合工序,各类压实设备在最佳组合下的各自压实遍数以及能被有效压实的压实层厚度等。

5. 卸土位布置

根据自卸车容量和堆土间距,将路堤划分为若干网格。根据松铺厚度和网格面积,计算上料数量,将土按梅花形均匀堆放在网格中。

6. 推平碾压找平

填筑区段完成一层卸土后,先用推土机进行初平,再用平地机进行终平,做到填铺面在纵向和横向平顺、均匀,控制层面无显著的凹凸。

当填料含水率较低时,应采取洒水措施,使其含水率接近最佳含水率;当填料含水率过大时,应将填料运至路堤上进行翻挖晾晒,使其含水率接近最佳含水率。通常,天然的含水率接近最佳含水率时,在填土后应随即压实。

在机具类型、土层厚度及行程遍数已经选定的条件下,压实操作时宜先轻后重、先慢后快,先边缘后中间(匝道及弯道的超高路段需要时,则从内侧至外侧宜先低后高)。压实时,相邻两次的轮迹应重叠轮宽的1/3,保持压实均匀,不漏压,对于压不到的边角,应辅以人力或小型机具夯实。

7. 压实度检查

路基填土的检测应遵循分层填筑、分层压实、分层检测的原则。压实度的检测方法有环刀法、灌砂法、灌水法(水袋法)和核子密度湿度仪法。在使用核子密度仪时,事先应与规定试验方法作对比试验而进行标定。

8. 外形尺寸检查

路基填筑工程基本完工时,应按设计文件要求检查路基中线、高程、宽度、边坡坡度和排水系统等。根据检查结果制订整修计划并进行整修。

9. 中间交工

专业监理工程师对已完工的路基填筑工程进行一次系统的检查,检验合格后签认《工程检验认可书》,提请驻地工程师签发《中间交工证书》。

10. 计量

未经中间交工检验或检验不合格的工程不予签发《中间交工证书》并不得进行计量,也不得进行下道工程项目的施工。

任务工作单

学习情境一　一般路基施工 工作任务六　土质路堤施工	班级			
	姓名		学号	
	日期		评分	

一、任务内容

分组讨论路基填筑施工的主要工序。

二、基本知识

1. 路基填筑施工的主要工序有：填料选择、____________、____________和碾压。

2. 土质路堤（包括石质土），按填土顺序可分为__________和__________两种方案。

三、任务实施

1. 简述土质路堤施工时的基本要求。

2. 简述路基施工的基本方法。

3. 土质路堤的基本填筑方案有哪些？

4. 简述土质路堤填筑施工流程。

四、任务小结

通过此工作任务的实施，各小组集中完成下述工作。

1. 土质路堤的填筑方法有哪些？其适用于何种路段。

2. 你认为本次任务实施是否达到预期目的？还有什么意见和建议？

工作任务七　填石路堤施工

任务概述

1. 应知应会

通过本工作任务的学习与具体实施,学生应学会下列知识:

(1)掌握填石路堤的施工工艺;

(2)掌握填石路堤的填筑方法及质量控制标准;

(3)了解土石路堤的施工技术;

(4)了解驻地建设的内容;

(5)了解路基施工机械设备。

应掌握下列技能:

会编写路基工程中填石路堤的施工方案。

2. 学习要求

(1)研读教材内容;

(2)查阅某一公路项目填石路堤施工的相关资料;

(3)重视理论联系实际。

相关知识

一、填石路堤

填石路堤作为一种特殊结构形式的路基,由于其填料的粒径较大,且具有抗剪强度高、透水性强、孔隙率大、存在破碎性等工程特性,在施工工艺方面与常规的填土路堤有较大区别。用石质填料填筑路堤不仅可以减少大量借土填筑路堤,节省大量费用,而且避免了大量弃方对土地的侵占,因而被广泛采用,在填石路基工程中如果对施工技术控制不当,例如摊铺不均匀、压实功能不够或压实机械组合不当以及采用不合适的质量检测标准等,将会造成较大的工后沉降和不均匀沉降,影响路面的平整度,甚至产生纵、横向裂缝,从而在整体上影响路基路面的稳定性和耐久性。

1. 填料要求

填石路堤一般是指用粒径大于40mm,含量超过70%的石料填筑的路堤。山区填石路堤最为常见,石料来源主要是路堑和隧道爆破后的石料,其强度(饱水试件极限抗压强度)要求不小于15MPa,风化程度应符合规定,膨胀岩石、易溶性岩石不宜直接用于路堤填筑,强风化石料、崩解性岩石和盐化岩石不得直接用于路堤填筑。最大粒径应不大于500mm,并不宜大于层厚的2/3,不均匀系数宜为15~20。膨胀岩石、易溶性岩石不宜直接用于路堤填筑,强风化石料、崩解性岩石和盐化岩石不得直接用于路堤填筑。路床地面以下400mm范围内,填料粒径应小于150mm。

2. 填筑方法

(1)竖向填筑法(倾填法)

以路基一端按横断面的部分或全部高度自上往下倾卸石料,逐步推进填筑。主要用于二级及二级以下，且铺设低级路面的公路，也可用在陡峻山坡施工特别困难或大量以爆破方式挖开填筑的路段；以及无法自下而上填筑的陡坡、断岩、泥沼地区和水中作业的填石路堤。该方法施工路基压实、稳定问题较多。

(2)分层压实法(碾压法)

路基自下而上水平分层，逐层填筑，逐层压实，是普遍采用并能保证填石路堤质量的方法。高速公路、一级公路和铺设高级路面的其他等级公路的填石路堤采用此方法。

填石路堤将填方路段分为四级施工台阶、四个作业区段、八道工艺流程进行分层施工。四级施工台阶是：在路基面以下0.5m为第一级台阶，0.5～1.5m为第二级台阶，1.5～3.0m为第三级台阶，3.0m以下为第四级台阶。四个作业区段是：填石区段、平整区段、碾压区段、检验区段。八道工艺流程：施工准备、基底处理、边坡码砌、分层填筑、摊铺平整、振动碾压、检验签认、路基整修。八道工艺流程及四个作业区段如图1-7-1所示。

施工中填方和挖方作业面形成台阶状，台阶间距视具体情况和适应机械化作业而定，一般长为100m左右。填石作业自最低处开始，逐层水平填筑，每一分层先是机械摊铺主骨料，平整作业铺撒嵌缝料，将填石空隙以小石或石屑填满铺平，采用重型振动压路机碾压，压至填筑层顶面石块稳定。

(3)冲击压实法

利用冲击压实机的冲击碾周期性、大振幅、低频率地对路基填料进行冲击，压密填方。它具有分层法连续性的优点，又具有强力夯实法压实厚度深的优点。缺点是在周围有建筑物时，使用受到限制。

(4)强力夯实法

用起重机吊起夯锤从高处自由落下，利用强大的动力冲击，迫使岩土颗粒位移，提高填筑层的密实度和地基强度。该方法机械设备简单，击实效果显著，施工中不需铺撒细粒料，施工速度快，有效解决了大块石填筑地基厚层施工的夯实难题。对强夯施工后的表层松动层，采用振动碾压法进行压实。

填石分层强夯施工，要求分层填筑与强夯交叉进行，各分层厚度的松铺系数，第一层可取1.2，以后各层根据第一层的实际情况调整。每一分层连续挤密式夯击，夯后形成夯坑，夯坑以同类型石质填料填补。由于分层厚度4～5m，填筑作业以堆填法施工，装运须大型装载机和自卸汽车配合作业，铺筑须大型履带式推土机摊铺和平整，夯坑回填也须推土机完成，每层主夯和面层的主夯与满夯由起重机和夯锤实施，路基面须振动压路机进行最后的压实平整作业。

强夯法与碾压法相比，只是夯实与压实的工艺不同，而填料粒径控制、铺填厚度控制都要进行，强夯法控制夯击击数，碾压法控制压实遍数，机械装运摊铺平整作业完成一样，强夯法须进行夯坑回填。

二、土石路堤

石料含量占总质量30%～70%的土石混合材料修筑的路堤称为土石路堤。

1. 填料要求

土石混合料中石料强度大于20MPa时，石块的最大粒径不得超过压实厚度的2/3；当石料强度小于15MPa时，石料最大粒径不得超过压实厚度，超过的应打碎。

2. 填筑方法

土石路堤不得采用倾填方法，只能采用分层填筑，分层压实。当土石混合料中石料含量超过70%时，宜采用人工铺填，整平应采用大型推土机辅以人工按填石路堤的方法进行；当土石混合料中石料含量小于70%时，可用推土机铺填，松铺厚度控制在40cm以内，接近路堤设计高程时，需改用土方填筑。

任务实施

填石路堤施工工艺流程，如图1-7-1所示。

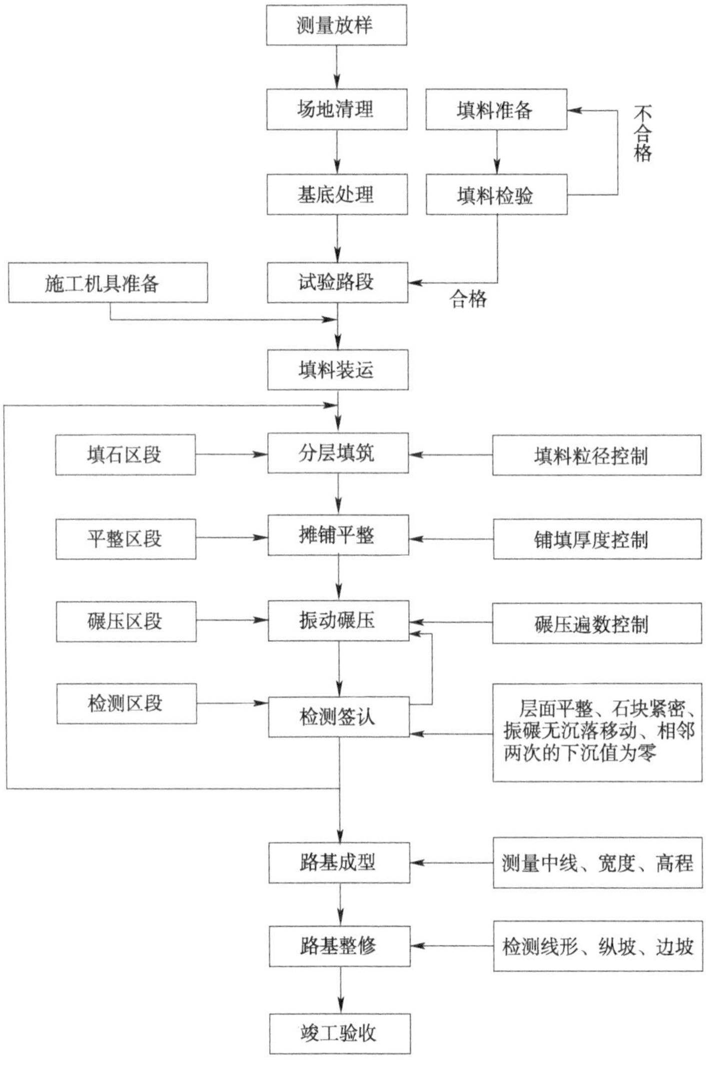

图1-7-1　填石路堤施工工艺流程图

1. 测量放样

施工前，进行测量放样，恢复设计路线，确定路基中桩，测定原地面高程，同时根据填筑坡度及填筑高度确定填方的最底边线（路基两侧比设计各加宽30～50cm），撒上白灰作为填筑控制线。

2. 场地清理及基底处理

在进行填筑施工前,必须进行清表处理,对填筑范围内的垃圾、有机物残渣及地面以下至少200mm内的草皮、农作物的根系和表土等予以挖除和清理,同时将基底平整,压实至规定的密实度。地面横坡陡于1:1.5的地方,要根据三体的变化,在适当的地方挖成宽度不小于1m的台阶,台阶顶面做成3%的反向斜坡,并平整压实。

3. 试验段施工

大面积填筑前,应根据规范要求进行试验段施工,以确定最佳的机械组合、施工工艺及方法。

4. 填石料的摊铺整平

目前,路基施工摊铺方式主要有渐进式摊铺法、后退式摊铺法和混合式摊铺法三种。

(1)渐进式摊铺法是指运料车在新填的松料上逐渐向前卸料,并用推土机随时平整。这是大粒径填料最适用的铺料方法,其优点是容易整平,层铺厚度较易控制,为重车和振动碾压提供较好的工作面。缺点是需要施工机械间的合理组合才能发挥最佳效益。

(2)后退式摊铺法是指运料车在已压实的表面上后退卸料,形成许多较密的料堆,再用推土机推平。其优点是运料过程和整平过程可以适当分离,有利于机械的调配。缺点是表面不易整平,粗细料分离现象严重,细料易沉到底部,不利于压实工作面的整平,层厚也不易控制,从而影响压实效果。这种方法适合于细粒料较多的填料。

(3)混合摊铺法是指在已压实的层面上先用后退法卸料,形成一些分散的填料堆,再在其上用渐进式摊铺法卸料,推土机整平,达到所要求的层厚。

填石路堤的摊铺采用渐进式摊铺方法。路堤施工时填料的卸料与摊铺同步进行。自卸汽车沿事先安排好的石料运行路线,按水平分层、先高后低、先两侧后中央卸料的方法摊铺出一个工作面,并用大功率推土机进行初平;随后运来的填料都直接堆放在这个表面上,再由大功率推土机向前摊铺。

填石路堤的整平工艺的关键是保证最大的石块居于每层的底部,较细的颗粒居于顶部,并填充其间的孔隙,以确保最佳的嵌锁和压力传递,同时提供一个不会致使压路机碾轮在行驶时受损的压实表面。

填石路堤的路肩位置是摊铺、整平的薄弱环节,在路基边缘部位,由于大粒径填料较易集中,不易平整和压实,应加强人工对路基边缘部位进行整平。

5. 碾压

填石路堤的碾压尽量采用大吨位的压路机,参数可根据施工经验来确定。一般情况下压实参数如下:碾压速度为2~4km/h,频率30Hz左右;碾压时先压两边再压中间,轮迹重叠1/4轮宽以上,强功率振动碾压6遍左右,在被压实体表面有明显轮迹时,还应增加压实遍数。对于有明显空洞、孔隙的地方,应补充细料,再行碾压。

6. 边坡码砌

大量工程表明,在雨水的作用下高填方边坡细颗粒料将产生运移,从而引起路堤填料的重新分布与沉降,边坡码砌可以有效防止水流的集中冲刷和细颗粒的流失,因此边坡码砌对于确保高填方路堤的稳定具有重要作用。

边坡码砌与路基填筑同步进行。码砌厚度不小于1.5m。码砌石块粒径应大于30cm,码砌石块应尽量规则、紧贴、密实,无明显空洞、松动现象,砌块间承力接触面应微微向内倾斜,码砌表面平顺。根据地形变化合理设置伸缩缝和台阶。

任务工作单

学习情境一　<u>一般路基施工</u> 工作任务七　<u>填石路堤施工</u>	班级			
	姓名		学号	
	日期		评分	

一、任务内容

分组讨论填石路堤的填筑方法。

二、基本知识

1. 填石路堤一般是指用粒径大于__________,含量超过__________的石料填筑的路堤。

2. 填石路堤的填筑方法有________________、________________、冲击压实法、强力夯实法四种。

3. 填石路堤的施工质量控制主要从__________、纵面高程、__________、中线偏位、宽度、__________、__________、边坡等方面进行。

三、任务实施

1. 填石路堤的填料有什么要求?

2. 填石路堤的主要优点有哪些?

3. 简述填石路堤的施工方法。

4. 填石路堤质量控制的要点有哪些?

四、任务小结

通过此工作任务的实施,各小组集中完成下述工作。

1. 简述填石路堤与土石路堤的区别。

2. 你认为本次任务实施是否达到预期目的? 还有什么意见和建议?

工作任务八　桥、涵及构造物的回填

任务概述

1. 应知应会

通过本工作任务的学习与具体实施,学生应学会下列知识:

(1)了解桥、涵构造物回填所用材料及要求;

(2)掌握回填的技术;

(3)了解回填的施工质量控制方法。

应掌握下列技能:

(1)会选择桥、涵构造物回填时所用材料;

(2)会编写路基工程中桥、涵及构造物的回填施工方案。

2. 学习要求

(1)研读教材内容;

(2)查阅某一公路项目桥涵施工的相关资料;

(3)重视理论联系实际。

相关知识

桥、涵及构筑物是路基工程中的关键部分,填筑不好会出现沉降差,发生跳车现象,影响行车速度、舒适与安全,甚至会影响构造物的稳定,出现交通堵塞现象。回填是指构造物完成后,用符合要求的材料分层填筑结构与路基之间的遗留部分。

桥、涵台背回填材料的选择应本着因地制宜、就地取材、经济合理、技术可行的原则,以防止特殊复杂条件下结构物及路基不均匀变形,采用基底、结构、回填结构相互作用的系统思想,通过加强回填处理,减少结构物与路基的变形和破坏。在施工中除了可以用水泥稳定土、石灰粉煤灰稳定土、级配碎石、级配砾石、未筛分碎石、透水性材料外,还有砂性土、高稳定性填料及无砂大孔混凝土这些特别的材料。

一、回填材料

1. 水泥稳定土

用于结构物回填的水泥稳定土,最大粒径不超过 53mm,不均匀系数大于 5。细粒土的液限不大于 40%,塑性指数不大于 17。对于中粒土和粗粒土,如土中小于 0.6mm 的颗粒含量在 30% 以下时,塑性指数不大于 20。实际应用时,宜选用塑性指数不大于 12,不均匀系数大于 10 的土。

水泥稳定土在 90% 保证率时压实度不低于重型压实标准的 95%,承载比应不小于 100%。水泥剂量以水泥质量占全部干土质量的百分率计,最低剂量不低于 4%,工地实际采用的水泥剂量应比实验室内确定的剂量增加 0.5% ~1.0%。

2. 石灰粉煤灰稳定土

石灰的质量等级不应低于Ⅲ级,宜用生石灰块在使用前现场消解的消石灰粉。粉煤灰中二氧化硅、三氧化二铝和三氧化二铁的总含量应大于 70%,烧失量不大于 20%。黏性土宜采用塑性指数为12～20，土块的最大粒径不大于15mm。在二灰稳定土中集料的最大粒径不大于37.5mm，二灰含量为15%～20%。

3. 粒料

级配碎石最大粒径不大于37.5mm，级配砾石、未筛分碎石和砂砾最大粒径不大于50mm，其级配应符合《公路路面基层施工技术规范》(JTJ 034—2000)规定。

透水性材料最大粒径不大于500mm，小于20mm的粒料中，0.075mm筛孔的细料通过率不大于10%，0.5mm以下细粒土塑性指数不大于6。

粒料中粗集料的压碎值不低于40%，细集料的液限指数不大于28%，塑性指数不大于9，塑性指数与0.5mm以下颗粒含量的乘积不大于100。

4. 高稳定性材料

土中大于0.075mm的颗粒占全部土质量的50%以上，液限小于50%，塑性指数小于20，承载比不低于12%，具有一定的级配，能够有效压实。

回填高稳定性材料，保证率为90%时压实度代表值不低于95%；高稳定性填料为硬质岩填料时，可采用压缩变形率确定压实度；为软岩填料时可采用固相体积率标准确定压实度。

5. 无砂大孔混凝土

无砂大孔混凝土中集料的最大粒径不大于37.5mm，4.75mm以下颗粒含量不超过16%，为开级配集料，少含或不含细集料，集料的压碎值不大于16%，集料的级配应满足表1-8-1的要求。

无砂大孔混凝土集料级配要求 表1-8-1

筛孔尺寸(mm)	37.5	25	19	13	9.5	4.75	2.36	0.075
通过百分率(%)	100	88～100	52～85	—	15～38	0～16	0～6	0
	100	95～100	—	25～60	—	0～10	0～5	0～2

无砂大孔混凝土单位体积水泥用量不少于75～100kg，水灰比不宜大于0.5，标准养护条件下，边长为150mm的立方体28天抗压强度不低于2.5MPa。无砂大孔混凝土可掺用少量粉煤灰，以增加胶结料用量，保证胶结料对集料的充分包裹。

二、回填要求

1. 台背及与路堤间的回填要求

(1)二级及二级以上公路应按设计做好过渡段，过渡段路堤压实度应不小于96%，并应按设计做好纵向和横向的防排水系统。

(2)二级以下公路的路堤与回填的连接部，应按设计要求预留台阶。

(3)台背回填部分的路床宜与路堤路床同步填筑。

(4)桥台背和锥坡的回填施工宜同步进行，一次填足并保证压实整修后能达到设计宽度要求。

2. 涵洞回填要求

(1)洞身两侧，应对称分层回填压实，填料粒径宜小于150mm。

（2）两侧及顶面填土时，应采取措施防止压实过程对涵洞产生不利后果。

任务实施

一、桥台台背回填

1. 重力式桥台回填

重力式桥台的台背回填应采用高稳定性填料或粒料回填，填筑的范围符合以下要求：

（1）填土高度小于4m时，底宽2m，顶宽为台高加上2m。

（2）填土高度4～6m时，路基顶面以下0～4m用粒料回填，4m以下用高稳定性填料回填，回填范围为从基础外边缘起底宽2m，高稳定性填料顶宽为台高减2m，粒料顶宽与高稳定性填料同宽。

（3）填土高度大于6m时，路基顶面以下0～1m用稳定类材料填筑，宽度为8m，1～4m用粒料填筑，宽度为台高减2m，4m以下为高稳定性材料填筑，回填范围为从基础外边缘起底宽2m，高稳定性填料顶宽为台高减2m，粒料顶宽与高稳定性填料同宽。

2. 埋置式桥台回填

埋置式桥台回填应采用高稳定性填料回填，填筑范围应符合以下要求：

（1）高度小于4m时，纵向6m范围内全部回填高稳定性材料。

（2）高度大于4m时，路基面以下0～4m回填粒料，4m以下回填高稳定性材料，宽度范围底面距基础外边缘宽2m，高稳定性材料顶面回填宽度为台高减2m，粒料回填宽度与高稳定性填料顶面同宽。

采用水平分层填筑的方法，人工摊铺为主，分层松铺厚度宜小于20cm。当采用小型低等级夯具时，一级以上公路松铺厚度宜小于15cm。压实尽量使用大型机械，在临近桥台边缘或狭窄地段，则采用小型夯压机械，分薄层认真夯压密实，为保证填土与桥台衔接处的压实质量，施工中可采用夯压机械横向碾压的方法。

二、涵洞回填

1. 管涵回填

（1）管涵基础全部位于挖方段上，涵顶填土高度小于10m，有混凝土护管时，可采用高稳定性回填材料回填，填的范围为管涵两侧宽度2m，涵顶0.5m。

（2）管涵基础全部位于挖方段上，涵顶填土高度小于10m，无混凝土护管时，管半径以下的死区用C10混凝土回填，其他部位可采用高稳定性回填材料回填，填的范围为宽度2m，涵顶0.5m。

（3）管涵位于半填半挖地基上，或地基承载力不能满足要求时，应先对地基进行处理。地基沉降变形较小，管顶填土高度小于10m时，可用粒料换填处理地基，以保证地基承载力符合要求，换填深度最大不超过3m，一般为1m，当换填厚度超过规定仍不能满足要求时，应改用稳定类材料处理。

（4）地基情况复杂，有不均匀变形，管顶填土高度大于10m时，应采用稳定类材料或混凝土处治地基，然后在规定范围内用稳定类材料回填，回填范围为管涵两侧宽度2m，涵顶0.5m。

2. 拱涵回填

回填土时，拱圈顶上土保护层做好后，于拱涵两侧进行填筑，按层厚30cm对称水平摊铺压实，达到最佳密实度的90%；当填筑到拱脚处时，先填筑拱涵孔径宽度的拱顶部分，达到最佳压实度的80%，然后自对称水平层填筑压实两侧缺口部分。填筑拱顶3m以下时，只可采用无振动碾压。

回填石时，可采用分层填筑法和片石套拱法。

分层填筑法是在20cm黏土保护层外的拱涵两侧各3m及拱顶以上1.8m范围内，选用粒径不大于1.5cm的混合料，先填两侧至拱脚，再填拱顶至一定高度，然后填拱脚以上的两侧缺口。

片石套拱法是在20cm黏土保护层外的拱涵两侧各3m及拱顶以上1.8m内干砌片石，挤紧，平整，以形成套拱。然后先对拱涵两侧至拱脚处这部分进行水平分层填筑，再在拱顶填筑一定高度，最后填筑拱脚以上两侧缺口。必要时可采取加拱涵内刚性支撑和拱顶预压技术措施。

3. 盖板涵、通道回填

(1)盖板涵、通道基础全部位于挖方段上，涵墙高度小于3m，涵顶填土高度小于6m时，可采用高稳定性回填材料或粒料回填，填的范围为基础外两侧宽度2m，涵顶0.5m。

(2)盖板涵、通道基础全部位于挖方段上，涵墙高度大于3m，涵顶填土高度大于10m，或涵墙高度大于4m，涵顶填土高度大于6m时，可采用粒料或稳定类材料回填，填的范围为基础外两侧宽度2m，涵顶0.5m。

(3)盖板涵、通道位于半填半挖地基上，或地基承载力不能满足要求时，应先对地基进行处理。地基沉降变形较小，涵顶填土高度小于10m时，可用稳定类材料换填处理地基，以保证地基承载力和抗变形能力符合要求，换填深度最大不超过1m，一般为0.5m，当换填厚度超过规定仍不能满足要求时，应改变设计，如移位、采用箱涵结构等。

(4)地基情况复杂，有不均匀变形，涵顶填土高度大于10m时(大跨径通道顶上填土高度大于6m)，应采用稳定类材料或混凝土处治地基，然后在规定范围内用稳定类材料回填，回填范围为基础外两侧宽度2m，涵顶0.5m。

(5)明涵回填应防止涵洞与路基有差异沉降造成跳车现象，可采用粒料或高稳定性材料回填，填的范围为底面距基础外边缘2m以内，顶面宽度为墙高加上2m。箱涵的涵背回填可采用高稳定性填料或粒料，填的范围为基础外两侧宽度2m，涵顶0.5m。

三、挡土墙背回填

挡土墙背回填应采用高稳定性材料，并设排水层，高稳定性材料采用粒料时，可不另设排水层。

(1)挡土墙高度小于6m时，高稳定性材料回填宽度为顶宽3m，宽度小于2m时，可用粒料回填，宽度小于1m时，经工程师同意，可用无砂大孔混凝土回填。

(2)挡土墙高度大于6m时，高稳定性材料回填顶宽为3~6m，根据具体地形情况确定，宽度小于2m时，可用粒料回填，宽度小于1m时，经工程师同意，可用无砂大孔混凝土回填。

任务工作单

学习情境一　一般路基施工 工作任务八　桥、涵及构造物的回填	班级			
	姓名		学号	
	日期		评分	

一、任务内容

分组讨论桥、涵及构造物回填的施工工序。

二、基本知识

1. 用于结构物回填的水泥稳定土，最大粒径不超过________________，不均匀系数大于5。

2. 用于结构物回填的级配碎石最大粒径不大于________________，级配砾石、未筛分碎石和砂砾最大粒径不大于________________，其级配应符合《公路路面基层施工技术规范》(JTJ 034—2000)规定。

三、任务实施

1. 可用于桥、涵及构造物回填的材料有哪些？

2. 桥涵的回填施工中应注意的工作有哪些？

3. 桥、涵及构造物的回填质量如何保证？

四、任务小结

通过此工作任务的实施，各小组集中完成下述工作。

你认为本次任务实施是否达到预期目的？还有什么意见和建议？

工作任务九　高填方路堤施工

任务概述

1. 应知应会

通过本工作任务的学习与具体实施，学生应学会下列知识：

(1) 掌握高填方路堤的主要施工技术；

(2) 了解高填方路堤的质量检测；

(3) 了解高填方路堤的主要病害。

应掌握下列技能：

(1) 会进行高填方路堤的质量检测；

(2) 会编写具体路基工程中高填方路堤的施工方案。

2. 学习要求

(1) 研读教材内容；

(2) 查阅某一公路项目高填方路堤施工的相关资料；

(3) 重视理论联系实际。

相关知识

路基是公路的重要组成部分，其质量的好坏关系到整个公路的质量和造价，而高填方路堤在施工中经常遇到，其质量的控制是路基施工的重点之一。

高填方路堤划分，应根据填筑路堤处的地基情况和填料种类确定。当地基条件较好如旱地、砂、砾、石质地基或季节性蓄水的稻田土等普通地基，填料为粗砂中砂时，其边坡设计超过 12m，即可称之为高填方路堤；而填料为黏质土、粉质土及砾石土、卵(碎)石土和其他不易风化的石质填料，边坡设计高度超过 20m 时，称为高填方路堤。对于地基条件较差，如软土及常年蓄水的稻田土等情况下，不论何种填料，当其边坡高度超过 6m 时，即为高填方路堤。

高填方路堤的土方数量大、占地宽，不论其为跨越深沟高谷，或者是在丘陵平原区，行车面距原地面较高，故行车安全条件较差。同时，因填方数量大，对地基的压力大，对地基的要求也较高。高填方路堤的边坡高，故稳定性也较差。在施工过程中，或路基竣工后，对高边坡的保护及防护措施也要求严格，否则边坡易于被路基上流下的表面水及雨水的冲刷损坏，以至影响到路基的稳定和安全，故高填方路基的防护工作也十分重要。因此，高填方路堤的施工应注意以下几点：

1. 高填方路堤应具有足够的整体稳定性

高填方路堤在地面上填筑修建后，改变原地面的天然平衡状态。在工程地质不良的地区，高填方路堤的修建可能加剧原地面的不平衡状态，从而导致路基发生各种破坏现象。因此，为防止路基结构在行车荷载及自然因素作用下发生整体失稳，发生不允许的变形或破坏，必须因地制宜采取一定的措施来保证高填方路堤整体结构的稳定性。

2. 高填方路堤应具有足够的强度

路基的强度是指在行车荷载作用下，路基抵抗变形与破坏的能力。因为行车荷载及路基路面的自重使路基下部和地基产生一定的变形，较大的变形会影响路面的使用品质。尤其是路基的不均匀沉降，直接导致路面的不均匀沉降，降低路面平整度，同时，也是路面早期破损的重要原因。为保证路基在外力作用下,不致产生超过允许范围的变形,对高填方路基的强度要求更高。

3. 高填方路堤应具有足够的水温稳定性

路基的水温稳定性是指路基在水和温度的作用下保持其强度的能力。路基的地面水和地下水的作用下,其强度将会显著降低。因此,对于高填方路堤,该问题更加显著,不仅要求具有足够的强度,而且还应保证在最不利的水温状况下,强度不致显著降低,这就要求高填方路堤应具有一定的水温稳定性。

4. 高填方路堤应确保排水通畅

高填方路堤施工应自始至终确保排水通畅。路基施工前,应首先设置完善临时排水系统。永久排水设施应确保排水通畅,并力求内在及外观质量优良。

任务实施

一、高填方路堤施工方法

目前国内外对高填方路堤的施工技术方法很多,主要用到压实技术、桩法处理技术、灌浆技术等。

1. 压实技术

高填方路堤相对于一般路基,填筑压实对路堤整体强度和稳定性要求更高。规范要求高填方路堤必须分层填筑分层压实,常用的压实方法有:冲击压实、强夯压实、振动压实,另外堆载预压技术在一些施工中也有运用。

(1)冲击压实是利用重物从一定高度落下,重物的势能在瞬间转变成动能,这种能量在接触土体的瞬间以体积波和面波的形式使土体振动而达到压实,势能越大,土体加固深度也越大。冲击压实具有冲击能较小,不易破坏土体结构以及可以实现连续冲击。施工较快、成本较低等优点。

(2)强夯压实是将很重的锤从高处自由落下,给地基土以强大的冲击力和振动,从而改善地基土的工程性质。该技术施工速度快,施工质量容易控制,经处理后的地基土性较为均匀,影响深度较深,且造价低。高填方路基不良地质地基经过强夯处理,地基压实度可提高到94%,对地基承载力的提高起到了较好的作用。

(3)振动压实是指振动压路机由于振动轮的振动作用,对地面造成一个往返冲击力,是颗粒之间相互填充,提高被压实填料的密实度。振动压实的显著特点是:过程时间短、加载频率大,材料适应性强,连续作业,平整度较好。

在高填方路堤施工中应特别注意严格按照设计边坡填筑,并保证路基两侧各超宽30~50cm,原因如下:

(1)高填方路堤每层碾压时,由于压实机具有时不能将最外边沿的填料压实到压实实际标准,当路堤宽度稍宽时,可保证在路堤规定宽度(包括加宽量)及设计边坡范围内的填料达到压实度,多余部分清刷边坡时处理。

(2)在高填方路堤填筑中,如填到上面时才发现路堤宽度不够,此时将很难处理,因为再从下面沿边坡填补,则完全无法压实,这部分补填的土与原边坡无法紧密结合,极易为雨水冲刷或沉降时坍塌,因此,在每层填筑中特别注意按路基宽度(包括加宽量)填筑,或在必要时放宽填筑是很重要的。

对高填方路堤分层碾压的松铺厚度、碾压机械及碾压遍数，仍须与一般填方路堤施工相同，即需在施工前进行试验路段确定。高填方路堤往往多处于陡峻山坡及深沟高谷地段，有时大型压实机械很难适用。此时应考虑用小型的振动压路机或者振动夯来进行施工。

2. 桩法处理技术

桩法处理技术属于挤密法处理路堤，它是以振动、冲击或带套管等方法成孔，然后向孔中填入砂石、土、石灰或其他材料，形成直径较大的桩体的方法。桩法处理对路堤加固的作用有挤密路堤填土、置换、排水、垫层和加筋，因而提高路堤的承载力。

3. 灌浆技术

在对填方路基实施压力灌浆后，浆液填充了路基土体中的孔洞与孔隙，是路基土体的密实度提高、孔隙率降低，同时由于浆液对土体中散状块石、土粒的固结作用，使土体的抗变形能力提高。

二、高填方施工要点

(1)施工中应按设计要求预留路堤高度与宽度，并进行动态监控。

(2)施工过程中宜进行沉降观测，按照设计要求控制填筑速率。

(3)高填方路堤宜优先安排施工。

任务工作单

学习情境一　一般路基施工 工作任务九　高填方路堤施工	班级			
	姓名		学号	
	日期		评分	

一、任务内容

分组讨论高填方路堤的主要施工技术。

二、基本知识

1. 水田或常年积水地带，用细粒土填筑路堤高度在__________以上，其他地带填土或填石路堤高度在________________以上时，称为高填方路堤。

2. 高填方路堤的主要病害是____________，可以采用粉喷桩法、粉喷灌浆法、布设土工格栅法，也可采用换土复填法与固化剂法等进行处理，使路基处于良好的技术状态。

三、任务实施

1. 高填方路堤与一般路堤的区别是什么？

2. 目前高填方路堤的主要施工技术有哪些？

3. 高填方路堤的主要病害有哪些？

四、任务小结

通过此工作任务的实施，各小组集中完成下述工作。

你认为本次任务实施是否达到预期目的？还有什么意见和建议？

工作任务十　路基压实

任务概述

1. 应知应会

通过本工作任务的学习与具体实施,学生应学会下列知识:

(1)了解影响路基压实效果的因素;

(2)了解常用的各种压实机具及掌握碾压的操作要领;

(3)掌握压实度的概念;

(4)掌握路基压实的施工要点。

应掌握下列技能:

(1)会选择合适的压实机具;

(2)会进行压实度的控制。

2. 学习要求

(1)研读教材内容;

(2)查阅某一公路项目路基压实施工的相关资料;

(3)重视理论联系实际。

相关知识

一、路基压实的意义

路基施工破坏了土体的天然状态,致使结构松散,颗粒重新组合。为使路基具有足够的强度与稳定性,必须予以压实,以提高其密实程度。所以路基的压实工作,是路基施工过程中一个重要工序。

路基压实的作用是提高填料的密实度,减少空隙率,增强填料颗粒之间的接触面,增大凝聚力或嵌挤力,提高内摩擦力,减少形变,为路基的正常工作提供良好的基础。

二、影响压实效果的主要因素

影响路基压实效果的因素是多方面的,有内因也有外因,但与施工作业有关的主要因素有以下几点:

1. 含水率

通过击实试验可以得到土的含水率与密实度关系曲线如图1-10-1所示。对一种土来说,如果给定了压实功能,那么存在一个最佳含水率,在这个含水率下,土体达到最佳的压实效果。所以,最佳含水率是指在一定的压实功作用下,使路基土具有最大干密度时路基土所对应的含水率。在最佳含水率下压实,最容易获得最佳压实效果,使土达到最大干密度。压实时如控制土的含水率为最佳含水率时,所需耗费的压实功能为最少,土的强度最高。

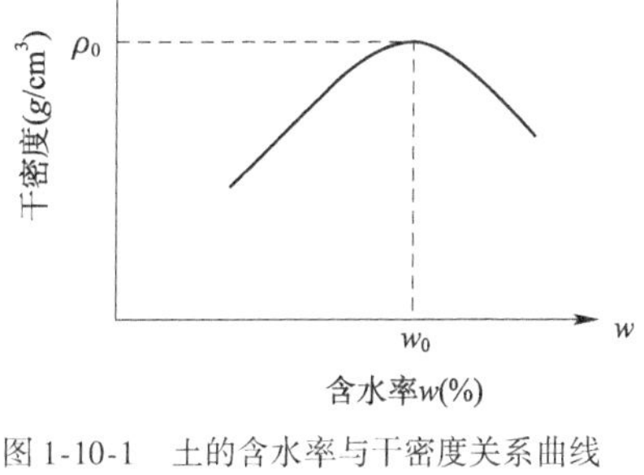

图1-10-1　土的含水率与干密度关系曲线

含水率较小时,土粒间引力较大,虽然干密度较小,但其强度可能比最佳含水率时候还要高。可是此时因密实度较低,孔隙多,一经饱水,其强度会急剧下降。这又得出一个结论:在最佳含水率下压实的土的水稳性最好。

2. 土质

不同类型的土,其压实效果也不同。在同一压实功能作用下,土粒越细,则能达到的最大干密度越小,其最佳含水率较大。这是因为土粒越细,其比表面越大,土粒表面水膜所需水量越多。同时,黏土中的亲水性胶质体物质多,从而其最佳含水率值越大,干密度也越小。在同一压实功能作用下,土粒的粗颗粒含量多,则所能达到的最大干密度较大,其最佳含水率较小,比较容易压实。所以塑性指数较低的碎石土,其压实效果比高塑性的土要好。如图1-10-2所示。

3. 压实功能

压实功能(指压实工具的重量、碾压遍数、作用时间等)是影响压实效果的一个重要因素。压实功能不同,其压实效果不一样。随着压实功的增加,最大干密度也增加,同时其最佳含水率随之减小。含水率相同时,土的干密度随着压实功的增大而增大。因此,在路基压实过程中,有时采用增加压实功能的方法来提高压实效果。增大压实功的措施有:加大碾压机械的质量和功率,采用振动压路机,增加碾压次数和碾压时间,控制压实厚度等。如图1-10-3 所示。

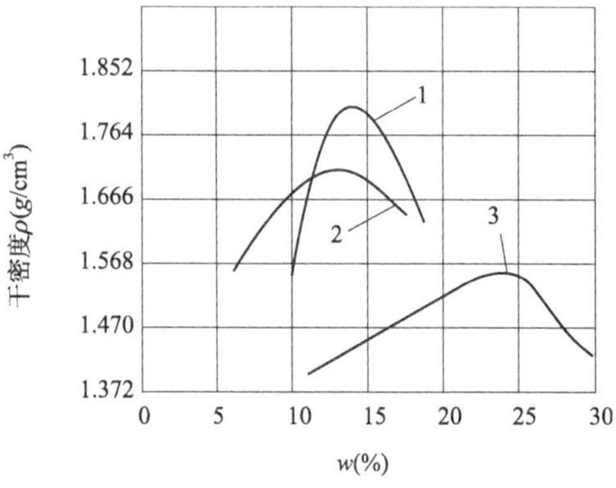

图1-10-2　不同土质的压实曲线对照图

1-粉土质砂;2-黏土质砂;3-高液限黏土

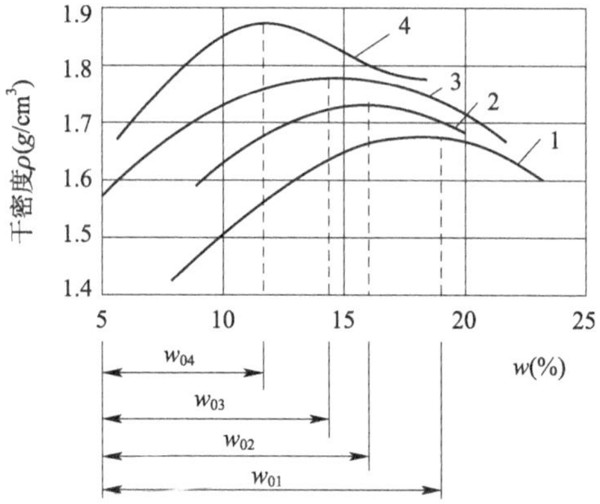

图1-10-3　不同压实功能的压实曲线图

图中1～4 曲线的功能分别为600、1150、2300、3400(kN·m)

对同一类土,土的干密度随着压实功能的增加而增大。但是,当压实功能增大到一定程度后,最大干密度的提高并不明显。而且压实功能过大还会破坏土体结构,效果适得其反。所以,既要保证路基充分压实,也不能单纯通过增大压实功能提高压实效果。

综上所述,土质、含水率、压实功是影响土体压实的主要因素,这些因素又互相制约和相互关联。为了取得最佳的压实效果,并且又要合理和经济,就应采用良好的土质作为路基的填料,控制压实过程土的含水率,根据不同的土质,选择合适的机械设备,采取合理的施工方法,使路基充分压实,达到施工的质量要求。

三、土基压实标准

土基野外施工时受种种条件限制,不能达到室内标准击实试验所得的最大干密度ρ_0,应予适当降低。令工地实测干密度为ρ,它与ρ_0值之比的相对值,称为压实度K,见式(1-10-1)。

$$K=\frac{\rho_0}{\rho}\times 100\% \qquad (1\text{-}10\text{-}1)$$

式中：ρ_0——最大干密度，kg/cm^3；

ρ——实测干密度，kg/cm^3。

压实度 K 就是现行规范规定的路基压实标准。表 1-10-1 所列的压实度应符合《公路路基设计规范》（JTG D30—2005）的规定。

路堤压实度标准 表 1-10-1

路基部位		路面底面以下深度(m)	压实度(%)≥		
			高速公路、一级公路	二级公路	三、四级公路
上路堤	轻、中等及重交通	0.8~1.5	94	94	93
	特重、极重交通	1.2~1.9	94	94	—
下路堤	轻、中等及重交通	1.5 以下	93	92	90
	特重、极重交通	1.9 以下			

注：①表列压实度系按现行《公路土工试验规程》（JTG E40—2007）重型击实试验所得最大干密度求得的压实度。

②当三、四级公路铺筑沥青混凝土和水泥混凝土路面时，应采用二级公路的规定值。

③路堤采用粉煤灰、工业废渣等特殊填料，或处于特殊干旱或特殊潮湿地区时，在保证路基强度和回弹模量要求的前提下，通过试验论证，压实度标准可降低 1%~2%。

土质路基的压实度试验方法可采用灌砂法、环刀法、灌水法（水袋法）或核子密度湿度仪法。采用核子仪法时，应先进行校正和对比试验。

四、压实机具的选择

土基压实机具的类型较多，大致分为碾压式、夯击式和振动式三大类型。碾压式又称静力碾压式，包括光面碾（普通的两轮和三轮压路机）、羊足碾和气胎碾等几种。夯击式中除人工使用的石夯、木夯外，机动设备中有夯锤、夯板、风动夯及蛙式夯机等。振动式中有振动器、振动压路机等。此外，运土工具中的汽车、拖拉机以及土方机械等，亦可用于路基压实。各种压路机的技术性能见表 1-10-2。

压路机的技术性能 表 1-10-2

机具名称	最大有效压实厚度（实厚）(m)	碾压行程次数				适宜的土类
		黏性土	亚黏土	粉砂土	砂黏土	
人工夯实	0.10	3~4	3~4	2~3	2~3	黏性土与砂性土
牵引式光面碾	0.15	—	—	7	5	黏性土与砂性土
羊足碾(2个)	0.20	10	8	6	—	黏性土
自动式光面碾 5t	0.15	12	10	7	—	黏性土与砂性土
自动式光面碾 10t	0.25	10	8	6	—	黏性土与砂性土
气胎路碾 25t	0.45	5~6	4~5	3~4	2~3	黏性土与砂性土
气胎路碾 50t	0.70	5~6	4~5	3~4	2~3	黏性土与砂性土
夯击机 0.5t	0.40	4	3	2	1	砂性土
夯击机 1.0t	0.60	5	4	3	2	砂性土
夯板 1.5t，落高 2m	0.65	6	5	2	1	砂性土
履带式	0.25	6~8		6~8		黏性土与砂性土
振动式	0.40	—		2~3		砂性土

在土基压实过程中，选择合适的压实机具的类型和数量，对于取得较好的压实效果、提高作业效率十分重要。不同压实机具，适用于不同土质及不同土层厚度等条件，这亦是选择压实机具的主要依据。表 1-10-3 是各种土质适宜的碾压机械的建议。

各种土质适宜的碾压机械 表 1-10-3

机械名称 \ 土的分类	细粒土	砂类土	砾石土	巨粒土	备　注
6～8t 两轮光轮压路机	A	A	A	A	用于预压整平
12～18t 两轮光轮压路机	A	A	A	B	最常使用
25～50t 轮胎压路机	A	A	A	A	最常使用
羊足碾	A	C 或 B	C	C	粉、黏土质砂可用
振动压路机	B	A	A	A	最常使用
凸块式振动压路机	A	A	A	A	最宜使用含水率较高的细粒土
手扶式振动压路机	B	A	A	C	用于狭窄地点
振动平板夯	B	A	A	B 或 C	用于狭窄地点，机械质量 800kg 的可用于巨粒土
手扶式振动夯	A	A	A	B	用于狭窄地点
夯锤（板）	A	A	A	A	夯击影响深度最大
推土机，铲运机	A	A	A	A	仅用于摊平土层和预压

注：①A 代表使用；B 代表无适当机械可用；C 代表不适用。

②土的类别按《公路土工试验规程》（JTG E40—2007）的规定划分。

③对特殊土和黄土（CLY）、膨胀土（CHE）、盐渍土等的压实机械选择可按细粒土考虑。

④自行式压路机宜用于一般路堤路堑基底的换填等的压实，宜采用直线式进退运行。

⑤羊足碾应有光轮压路机配合使用。

此外，压实机具对土施加的外力，应有所控制，以防功能太大，压实过度，并防失效、浪费或有害。一般认为，压实时的单位压力，不应超过土的强度极限。不同土的强度极限，与压实机具的重量、相互接触面积、施荷速度及作用时间（遍数）等因素有关。

压实工作应以压实原理为依据，以尽可能小的压实功能获得良好的压实效果为目的进行认真组织，并注意以下要点：

（1）压实机具应先轻后重，以便适应逐渐增长的土基强度。开始时土体较疏松，强度低，故宜先轻压，随着土体密度的增加，再逐步提高压强。推运摊铺土料时，应力求机械车辆均匀分布行驶在整个路堤宽度内，以便填土得到均匀预压。

（2）碾压速度应先慢后快。压路机行驶速度过慢则影响生产率，行驶过快则对土的接触时间过短，压实效果较差。一般光轮静碾压路机的最佳速度为 2～5km/h，振动压路机为 3～6km/h。所以各种压路机械的最大速度不宜超过 4km/h。对压实度要求高，以及铺土层较厚时，行驶速度更要慢些。碾压开始宜用慢速，随着土层的逐步密实，速度逐步提高。

（3）压实合理的工作路线，一般应先两侧后中间，以便形成路拱。在弯道部分设有超高时，由低的一侧边缘向高的一侧边缘碾压，以便形成单向超高横坡。碾压时，相邻两次的轮迹（或夯印）应重叠 1/3 左右，使各点都得到压实避免土基产生不均匀沉陷。

（4）压实土层的密实度随深度递减，表面 5cm 的密实度最高。填土分层的压实厚度和压实遍数与压实机械类型、土的种类和压实度要求有关，应通过试验路来确定。同样质量的振动压路机要比光轮静碾压路机的压实有效深度大1.5~2.5倍。如果压实遍数超过10遍仍达不到压实度要求,则继续增加遍数的效果很小,不如减小压实层厚。

(5)经常注意并检查土的含水率,并视需要采取相应措施,以保证压实质量。

任务实施

土质路基的压实施工如图1-10-4所示。

图1-10-4　填土路堤压实施工

土质路基的压实过程,其本质上是土体在压力作用下,克服土颗粒间的内聚力和摩擦力,使原有结构受到破坏,固体颗粒重新排列,大颗粒之间的间隙被小颗粒所填充,变成密实状态,达到新的平衡。在施工作业中,表现为土壤的体积被压缩,而达到一定程度后,这个过程不再持续,这是因为在颗粒重新排列后,土中气体被挤出,由快变缓,最终趋于结束,这时,作用于土体的压力只能引起弹性变形,而压力过大时,则可能使土壤产生剪切破坏,影响土体强度,填土路堤压实施工工序流程如图1-10-5所示。

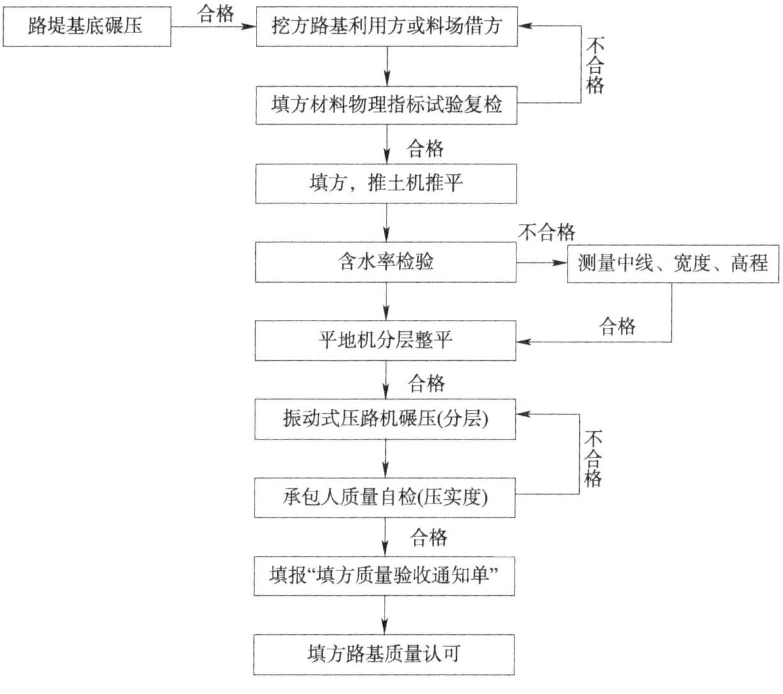

图1-10-5　填土路堤压实施工工序

任务工作单

学习情境一　一般路基施工 工作任务十　路基压实	班级			
	姓名		学号	
	日期		评分	

一、任务内容

分组讨论路基压实的方法。

二、基本知识

1. 土基的压实机具可分为__________、__________和__________三种类型。

2. 土基野外施工，受种种条件限制，不能达到室内标准击实试验所得的最大干密度 ρ_0，应予适当降低。令工地实测干密度为 ρ，它与 ρ_0 值之比的相对值，称为__________。

三、任务实施

1. 简述填土路堤压实施工工序。

2. 影响压实效果的主要因素有哪些？

3. 现行规范规定的路基压实标准是什么？

4. 路基压实中要注意哪些问题？

5. 路基压实原理是什么？

四、任务小结

通过此工作任务的实施，各小组集中完成下述工作。

你认为本次任务实施是否达到预期目的？还有什么意见和建议？

工作任务十一　挖方路基施工

任务概述

1. 应知应会

通过本工作任务的学习与具体实施,学生应学会下列知识:

(1)掌握土质路堑的三种开挖方法;

(2)了解各种爆破方法的基本原理。

应掌握下列技能:

正确完成具体工程中各种爆破技术的应用。

2. 学习要求

(1)研读教材内容;

(2)查阅某一公路项目挖方路基施工的相关资料;

(3)重视理论联系实际。

相关知识

路堑是指全部在原地面开挖而成的路基或低于原地面的挖方路基,其作用是缓和道路纵坡或越岭线穿越岭口控制高程,但同时也破坏了原地层的天然平衡状态,不利于排水和通风。因此,开挖路堑时要注意保证边坡稳定性,须设置排水沟,必要时还须设置截水沟以利排水。路堑开挖工程量较大,可采用人工或机械作业,其中以机械作业为主,对于不便于采用机械作业的施工地段,采用人工作业,挖掘出来的土石方沿路线纵向运到路堤需土地段作为填料,或者运往弃土堆处。

爆破法石方路堑开挖施工是公路工程施工过程中路基土石方工程项目的重要组成部分,目前常用的是光面爆破、预裂爆破、深孔爆破以及微差爆破技术,对爆破或松动爆破方快速开挖,然后用挖掘机、推土机、装载机配合自卸。

一、土方挖方工程

1. 土质路堑开挖方案

路堑由天然地层构成,开挖后由于受到扰动和地面水及地下水集中影响,边坡和开挖后的基底易发生变形和破坏,在路堑挖方地段常发生路基的一些病害,如滑坡、崩塌、路基翻浆等。因此,施工方法与路堑的边坡及基底的稳定有着密切关系。土质路堑根据地形、土质、路堑深度和其他施工条件,常用的开挖方法主要可分为横挖法、纵挖法和混合开挖法三种施工方法。

(1)横挖法

横挖法是在路线一端或两端,按断面全宽沿路线纵向向前开挖。这种方法主要适用于较短的路堑,挖出的土方一般是向两侧运送。根据其掘进深度的不同又可分为单层横挖法和多层横挖法。单层横挖法掘进的高度,即等于路堑设计深度。掘进时逐段成型向前推进,运土由相反方向送出。单层纵向掘进的高度,受到人工操作安全及机械操作有效因素的限制,一般仅适用于较浅路堑。如果施工紧迫,对于较深路堑,可采用多层横挖法,上层在前,下层随后,下层施工面上留有上层操作的出土和排水通道。如图 1-11-1 所示。

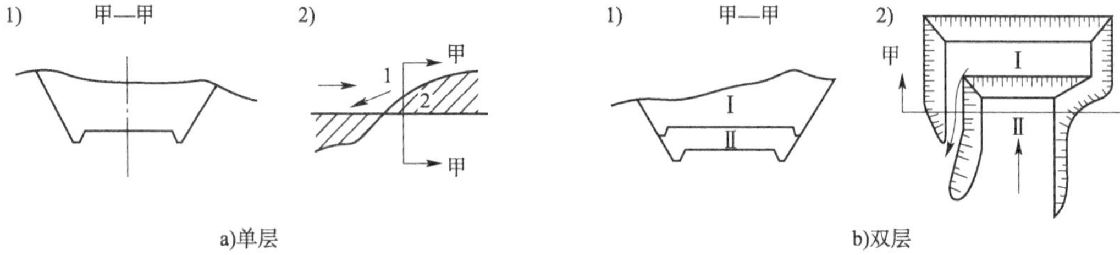

图 1-11-1　横挖法示意图

1-横剖面;2-纵剖面

(2)纵挖法

纵挖法可分为分层纵挖法、分段纵挖法、通道纵挖法和混合开挖法三类。

①分层纵挖法:是在路堑纵断面沿路堑全宽以深度不大的纵向分层挖掘前进,适宜于路堑宽度和深度均不大的情况。如图 1-11-2 所示。当开挖地段地面横坡较陡、开挖长度较短(不超过 100m)且开挖深度不大于 3m 时,宜采用推土机作业。当挖掘的路堑长度较长(超过 100m)时,宜采用铲运机或铲运机加推土机助铲作业。

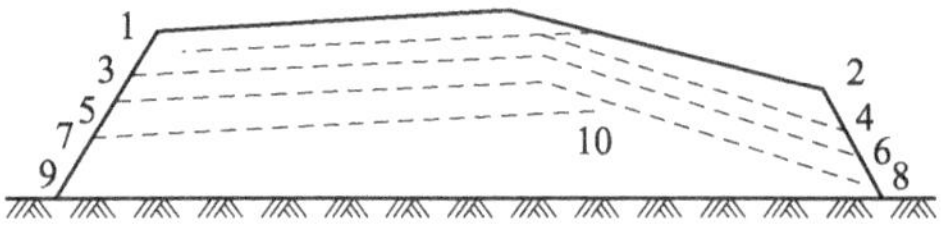

图 1-11-2　分层纵挖法示意图

②分段纵挖法:是在翼侧的适当位置沿纵向将路堑分为几段,各段再纵向开挖进行施工。这种挖掘方法可增加施工作业面,减少作业面之间的干扰,可大大提高工效,适合于路堑较长、弃土运距较远的傍山路堑开挖。施工中需将一侧堑壁横向挖穿作为运土通道,故本法适用于一侧堑壁不厚的情况。如图 1-11-3 所示。

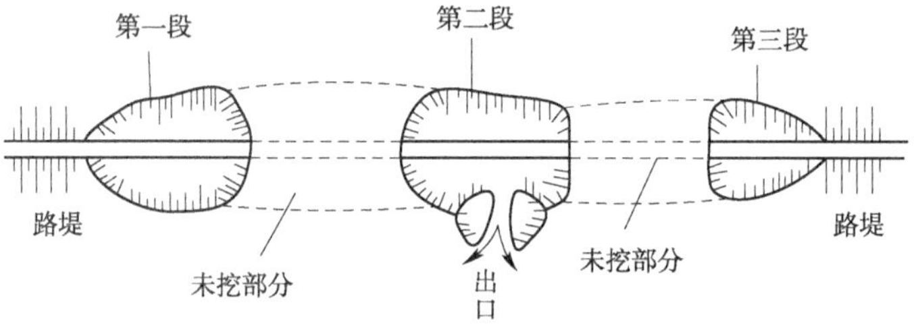

图 1-11-3　分段纵挖法示意图

③通道纵挖法:是沿路堑纵向分层,每层纵向挖掘一条通道作为机械运行和出土的通道,然后将通道向两侧拓展,上层通道拓宽至路堑边坡后,再开挖下层通道,如此开挖至设计高程。如图 1-11-4a)所示。该法适宜于路堑较长、较宽和较深,两端地面坡度较小的情况使用。

(3)混合开挖法

混合开挖法:是横挖法与纵挖法的混合使用。开挖时先沿路堑纵向开挖通道,然后从通道开始沿横向坡面挖掘,以增加开挖坡面,每一开挖坡面能容纳一个施工作业组或一台机械,在挖方量较大地段,还可沿横向再挖通道以安装运土传送设备或布置运土车辆。这种方法适用于路堑纵向长度和深度都很大的地段,如图 1-11-4b)。混合式开挖方案的干扰性更大,一般仅限于人工施工,对于深路堑,如果挖方工程数量大及工期受到限制时可考虑采用。

二、石方挖方工程

山区公路路基石方工程量大,而且集中,据统计一般约占土石方总量的 45% ~75%。爆破是石质路基施工最有效的施工方法,亦可用以爆松冻土、淤泥,开采石料等。在山区公路石质路基施工中采用爆破施工，不但能显著提高功效，缩短工期，节约劳动力，降低施工成本，而且可以改善线形，提高公路的使用质量。

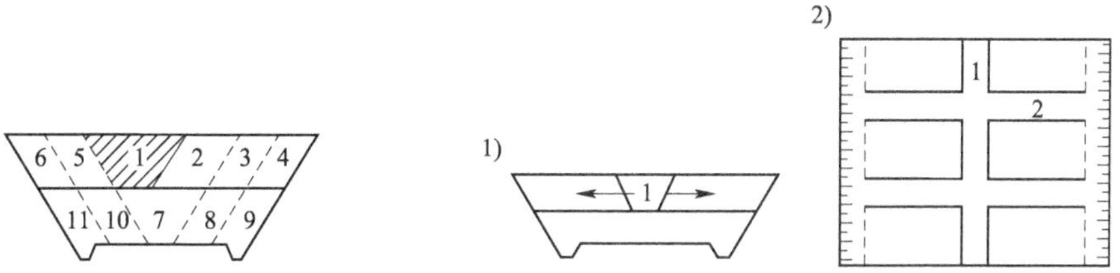

a)通道纵挖法　　b)混合开挖法

图 1-11-4　通道纵挖法与混合开挖法示意图

综合爆破是根据石方的集中程度，地质、地形条件，公路路基断面的形状，结合各种爆破方法的最佳使用特性，因地制宜，综合配套使用的一种比较先进的爆破方法。一般包括小炮和洞室炮两大类。小炮主要包括钢钎炮、深孔爆破等钻孔爆破、药壶炮和猫洞炮；洞室炮则随药包性质、断面形状和微地形的变化而不同，用药量 1t 以上为大炮，1t 以下为中小炮。现将各种爆破方法特性分述如下：

1. 爆破方法

(1) 钢钎炮(眼炮)

在路基工程中，钢钎炮通常指炮眼直径和深度分别小于 7cm 和 5m 的爆破方法。一般情况下，单独使用钢钎炮爆破石方是不大经济的，其原因是：

①炮眼浅，用药少，每次爆破的方数不多，并全靠人工清除；所以功效较低。

②不利于爆破能量的利用。由于眼浅，爆破时爆炸气体很容易冲出，变成不做功的声波，以致响声大而炸下的石方不多，个别石块飞得很远。因此，在公路工程中，应尽可能少用这种炮型。但是，由于它比较灵活因而它又是一种不可缺少的炮型，在地形艰险及爆破量较小地段(如排水沟、开挖便道、基坑等)仍属必需，在综合爆破中是一种改造地形，为其他炮型服务的辅助炮型。

(2) 深孔爆破

深孔爆破就是孔径大于 75mm、深度 5m 以上、采用延长药包的一种爆破方法。炮孔需用大型的潜孔凿岩机或穿孔机钻孔，如用挖运机械清方可以实现石方施工全面机械化，是大量石方(1 万立方米以上)快速施工的发展方向之一。其优点是劳动生产率高，一次爆破的方量多，施工进度快，爆破时对路基边坡的影响比大炮小。若配合预裂或光面爆破，则边坡平整稳定，爆破效果容易控制，爆破时比较安全。但由于需要用大型机械，故转移工地、开辟场地、修筑便道等准备工作都较复杂，且爆破后仍有 10% ~25% 的大石块需经第二次爆破改小。

(3) 微差爆破

两相邻药包或前后排药包以毫秒的时间间隔(一般为 15 ~75ms)依次起爆，称为微差爆破，亦称毫秒爆破。多数一次爆破最好采用毫秒雷管。当装药量相等时其优点是：可减震 1/3 ~2/3 左右；前发药包为后发药包开创了临空面，从而加强了岩石的破碎效果；降低多排孔一次爆破的堆积高度，有利于挖掘机作业；由于逐发或逐排依次爆破，减少了岩石夹制力，可节省炸药 20%，并可增大孔距，提高每米钻孔的炸落方量。

(4) 光面爆破和预裂爆破

光面爆破是在开挖限界的周边，适当排列一定间隔的炮孔，在有侧向临空面的情况下，用控制抵抗线和药量的方法进行爆破，使之形成一个光滑平整的边坡。

预裂爆破是在开挖限界处按适当间隔排列炮孔，在没有侧向临空面和最小抵抗线的情况下，用控制药量的方法，预先炸出一条裂缝，使拟爆体与山体分开，作为隔震减震带，起保护和减弱开挖限界以外山体或建筑物的地震破坏作用。光面与预裂爆破后，在边坡壁上通常均留下半个炮孔的痕迹。

(5)药壶炮(烘膛炮)

药壶炮是指在深2.5～3.0m以上的炮眼底部用少量炸药经一次或多次烘膛，使眼底成葫芦形，将炸药集中装入药壶中进行爆破，如图1-11-5所示。

此法适用于结构均匀致密的硬土、次坚石、坚石。当炮眼深度小于2.5m，或节理发达的软石、岩层很薄，渗水或雨季施工时，不宜采用。如果自然地面坡度较缓，一般先用钢钎炮切脚，炸出台阶后再使用。

装药量可根据药壶体积而定，一般介于10～60kg之间。每次可炸岩石数十方至数百方，是小炮中最省工、省药的一种方法。

(6)猫洞炮(蛇穴炮)

猫洞炮是指炮洞直径为0.2～0.5m，洞穴成水平或略有倾斜，深度小于5m，用集中药包在炮洞中进行爆破的一种方法，如图1-11-6所示。其特点是充分利用岩体本身的崩塌作用，能用较浅的炮眼爆破较高的岩体，一次爆破可炸松15～150m^3。

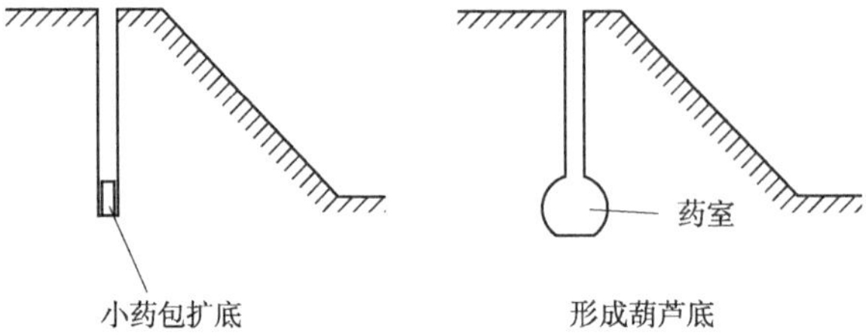

图1-11-5 药壶炮

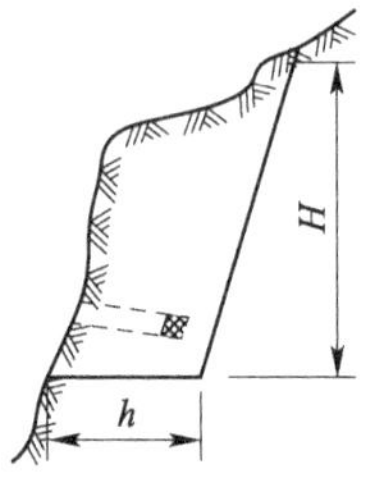

图1-11-6 猫洞炮

其最佳使用条件是：岩石等级一般为Ⅸ级以下，最好是Ⅴ～Ⅶ级；阶梯高度最少应大于眼深的两倍，自然地面坡度不小于50°，最好在70°左右。在有裂缝的软石和坚石中，阶梯高度大于4m，药壶炮药壶不易形成时，采用这种爆破方法，可以获得好的爆破效果。

(7)大爆破

大型爆破主要采用导洞和药室装药进行爆破，用药量在1t以上，爆破威力大，使用时要慎重，必须在施工前做好技术设计。

为使药包集中，药室宜做成近似立方体，药室断面应按设计规范开挖。导洞与药室之间用横洞连接，二者保持垂直，药室中心与导洞中心一般不小于2.5cm。导洞分竖井和平洞两种，竖井深度不宜大于16cm，如超过或有地下水时，最好采用平洞，平洞总长度以30cm为宜。为减少爆破后的清方工作量，保证路基的稳定性，可根据地形和路基断面形式，采用抛掷爆破、定向爆破、松动爆破等不同性质的洞室炮爆破方法。

大型爆破威力大，效率高，可以缩短工期，节约劳动力，技术安全可靠，但使用不当，则可能破坏山体平衡，造成路基后遗病害。使用时必须进行现场调查，摸清当地的工程地质条件及周围环境，通过技术经济比较来确定。

2.爆破施工中应注意的问题

爆破法开挖石方时，应注意如下问题：

(1)先查明空中缆线、地下管线的位置、开挖边界线外可能受爆破影响的建筑物的结构类型、居民居住情况等，然后制定详细的爆破技术安全方案。

(2)边坡整修及检验。

①挖方边坡应从开挖面往下分段整修，每下挖2～3m，宜对新开挖边坡刷坡，同时清除危石及松动石块。

②石质边坡不宜超挖。

③石质边坡质量要求：边坡上无松石、危石。

(3)路床清理及验收。

①欠挖部分必须凿挖。超挖部分应采用无机结合料稳定碎石或级配碎石填平碾压密实，严禁用细粒土找平。

②石质路床底面有地下水时，可设置渗沟进行排导，渗沟宽度不宜小于100mm，横坡不宜小于0.6%。渗沟应用坚硬碎石回填。

③石质路床的边沟应与路床同步施工。

任务实施

一、土质路堑开挖

(1)土方开挖应自上而下进行，不得乱挖超挖，严禁掏底开挖。

(2)开挖过程中，应采取措施保证边坡稳定。开挖至边坡线前，应预留一定宽度，预留的宽度应保证刷坡过程中设计边坡线外的土层不受到扰动。

(3)边沟与截水沟应从下游向上游开挖。截水沟通过地面坑凹处时，应将凹处填平夯实。边沟及截水沟开挖后，应及时进行防渗处理，不得渗漏、积水和冲刷边坡及路基。

(4)路基开挖中，基于实际情况，如需修改设计边坡坡度、截水沟和边沟的位置及尺寸时，应及时按规定报批。边坡上稳定的孤石应保留。

(5)开挖至零填、路堑路床部分后，应尽快进行路床施工；如不能及时进行，宜在设计路床顶高程以上预留至少300mm厚的保护层。

(6)应采取临时排水措施，确保施工作业面不积水。

(7)挖方路基路床顶面终止高程，应考虑因压实而产生的下沉量，其值通过试验确定。

(8)挖方路基施工遇到地下水时应采取排导措施，将水引入路基排水系统，不得随意堵塞泉眼。路床土含水率高或为含水层时，应采取设置渗沟、换填、改良土质、土工织物等处理措施，路床填料除应符合规定外，还应具有良好的透水性能。

二、石方爆破作业的施工

(1)爆破影响调查与评估；

(2)爆破施工组织设计；

(3)对爆破人员进行培训考核、技术交底；

(4)主管部门批准；

(5)清理爆破区施工现场的危石等；

(6)炮眼钻孔作业；

(7)爆破器材检查测试，检查炮孔；

(8)装炸药、安装引爆器材及堵塞炮孔；

(9)布设安全警戒岗，撤离施爆警戒区和飞石、震动影响区的人、畜等；

(10)爆破作业信号发布及作业；

(11)清除盲炮，解除警戒；

(12)测定、检查爆破效果(包括飞石、地震波及对施爆区内构造物的损伤、损失等)。

任务工作单

学习情境一 一般路基施工 工作任务十一 挖方路基施工	班级			
	姓名		学号	
	日期		评分	

一、任务内容

分组讨论土石路堑施工的方法。

二、基本知识

1. 土质路堑常用的开挖方法主要可分为__________、__________和__________三种。

2. 爆破方法可分为__________、__________、__________、光面爆破和预裂爆破、药壶炮(烘膛炮)、猫洞炮(蛇穴炮)和洞室炮等。

三、任务实施

1. 简述土质路堑常用的开挖方法。

2. 石方路堑的爆破方法有哪些?

3. 简述爆破作业的施工程序。

四、任务小结

通过此工作任务的实施，各小组集中完成下述工作。

你认为本次任务实施是否达到预期目的? 还有什么意见和建议?

工作任务十二　路基整修

任务概述

1. 应知应会

通过本工作任务的学习与具体实施,学生应学会下列知识:

(1)熟悉路基整修的目的;

(2)了解路基整修的内容与方法;

(3)分析路基整修的重点与适用的修整方法;

应掌握下列技能:

(1)根据《公路路基施工技术规范》(JTG F10—2006),完成路基整修施工技术作业;

(2)正确完成给定的具体路基工程的整修施工,达到验收标准。

2. 学习要求

(1)研读教材内容;

(2)查阅某一公路项目路基整修的相关资料;

(3)重视理论联系实际。

相关知识

路基工程基本完成后,由施工单位会同监理单位按设计文件和施工规范要求检查路中线、高程、宽度、边坡坡度和排水设施等,根据检查结果制订整修计划并进行整修。

任务实施

一、路基整修

(1)当路基土石方工程基本完工时,应由施工单位会同施工监理人员,按设计文件要求检查路基中线、高程、宽度、边坡坡度和截、排水系统。根据检查结果编制整修计划,进行路基及排水系统的整修。

(2)土质路基表面的整修,可用机械配合人工切土或补土,并配合压路机械碾压。深路堑边坡整修应该按设计要求,自上而下进行削坡整修,不得在边坡上以土贴补。

石质路基边坡,应做到设计要求的边坡比。坡面上的松石、危石应该立即清除。

(3)边坡需要加固地段,应预留加固位置和厚度,使完工后坡面与设计边坡一致。

当路堑边坡受雨水冲刷形成冲沟时,应将原边坡挖成台阶,分层填补,仔细夯实。如果填补的厚度很小(10～20cm),而又非边坡加固路段时,可以用种草整修的方法,以种植土来填补,但应顺适、美观、牢靠。石质路基边坡,应做到设计要求的边坡度,坡面上的松石、危石应及时清除。

填方边坡受雨水冲刷形成冲沟或坍塌缺口时,应自下而上,分层挖台阶加宽填补夯实,再按设计坡面削坡,弯道内侧路肩边缘,应修建路肩拦水带。

(4)填土经压实后,不得有松散、软弹、翻浆及表面不平整现象。如不合格,必须重新处理。

填石路堤和土石路堤的整修应按照《公路路基施工技术规范》(JTG F10—2006)有关规定办理。

(5)土质路基表面的整修,可用机械配合人工切土和补土,并配合压路机碾压,填土经压实后不得有松散、软弹、翻浆及表面不平现象,到设计高程后,宜用平地机刮平,路堤两侧超过设计高度部分应切除。石质路基表面应用石屑嵌缝,嵌缝应该紧密、平整,不得有坑槽和松石。

(6)边沟的整修应挂线进行。对各种水沟的纵坡(包括取土坑纵坡)应仔细检查,使沟底平整,排水畅通,凡不符合设计及规定的,应按规定修整。

截水沟、排水沟及边沟的断面、边坡坡度,应按设计要求办理。沟的表面应整齐、光滑。填补的凹坑应拍锤密实。

(7)整修路堤边坡表面时,应将其两侧超填的宽度切除。如遇边坡缺土时,应按《公路路基施工技术规范》(JTG F10—2006)的要求,进行路基表面的整修。

二、路基维修

(1)路基工程完工后,在路面施工前及公路工程初验后直至竣工验收前,路基如有损坏,施工单位应进行维修,并保证路基排水设施完好,及时清除排水设计中的淤积物、杂草等。

对较长时间停工和暂时不做路面的路基,则应保持排水畅通;复工前应对路基各分项工程予以整修。

(2)路面施工前应整修路基,使表面无坑槽,保持规定的路拱。若路堤经雨水冲刷或发生沉降时,应立即修补、加固或采取其他处理措施,并查明原因,做好记录。遇路堑边坡坍方时,应及时清除。

(3)未经加固的高路堤和路堑边坡以及潮湿地区的土质路基边坡上的积雪应及时清除,以免危害路基。

(4)当路基构造物有变形时,应详细查明原因,及时修复,使之保持稳定。

(5)路基工程完工后,每当大雨、连日暴雨或积雪融化期间,应控制施工机械和车辆在土质路基上通行;若不能避免时,应及时排干积水,整平压实。

任务工作单

<table>
<tr><td rowspan="3">学习情境一　一般路基施工
工作任务十二　路基整修</td><td>班级</td><td colspan="3"></td></tr>
<tr><td>姓名</td><td></td><td>学号</td><td></td></tr>
<tr><td>日期</td><td></td><td>评分</td><td></td></tr>
<tr><td colspan="5">一、任务内容
分组讨论路基整修的方法。
二、基本知识
1. 路基整修是在路基施工基本完成后,对其__________和__________进行整修或处理,是路基工程顺利通过__________的重要保证。
2. 路基基本完工后,必须进行全线的__________,包括__________、__________及__________,以此作为竣工验收的依据。</td></tr>
</table>

三、任务实施

1. 路基检查、验收的内容有哪些？

2. 简述路基顶面表层修整的方法。

四、任务小结

通过此工作任务的实施，各小组集中完成下述工作。

你认为本次任务实施是否达到预期目的？还有什么意见和建议？

工作任务十三　交 工 验 收

任务概述

1. 应知应会

通过本工作任务的学习与具体实施，学生应学会下列知识：

(1)熟悉路基交工验收的目的；

(2)了解交工验收的内容与程序；

(3)分析交工验收可能出现的问题并提前加以补正。

应掌握下列技能：

(1)根据《公路路基施工技术规范》(JTG F10—2006)，完成交工验收准备工作；

(2)正确完成给定的具体路基工程，组织验收准备工作，并编制交工验收申请书。

2. 学习要求

(1)研读教材内容；

(2)查阅某一公路项目交工验收的相关资料；

(3)重视理论联系实际。

相关知识

交工验收是检查施工合同的执行情况，评价过程质量是否符合技术标准及设计要求，是否可以移交下一阶段施工或是否满足通车要求，对各参建单位工作进行初步评价。

一、交工验收的作用与各单位职责

交工验收由项目法人负责。项目法人负责组织公路工程各合同段的设计、监理、施工等单位参加交工验收。拟交付使用的工程，应邀请运营、养护管理单位参加。参加验收单位的主要职责是：

项目法人负责组织各合同段参建单位完成交工验收工作的各项内容，总结合同执行过程中的经验，对工程质量是否合格做出结论。

设计单位负责检查已完成的工程是否与设计相符，是否满足设计要求。

监理单位负责完成监理资料的汇总、整理，协助项目法人检查施工单位的合同执行情况，核对工程数量，科学公正地对工程质量进行评定。

施工单位负责提交竣工资料，完成交工验收准备工作。

工程质量评定等级以检验评分值评定为合格与不合格。验收时按分项、分部、单位工程、合同段和建设项目逐级评定。

工程质量检验评分以分项工程为单元，采用100分制进行。在分项工程评分的基础上，逐级计算各相应分部工程、单位工程、合同段和建设项目评分值。

施工单位应对路基各分项工程进行自检，检验内容包括：基本要求、实测项目、外观鉴定和质量保证资料四个部分。只有在使用的原材料、半成品、成品及施工工艺符合基本要求的规定，且无严重外观缺陷和质量保证资料真实并基本齐全时，才能对分项工程质量进行检验评定。

分项工程评分值 = 分项工程得分 – 外观缺陷扣分 – 资料不全扣分。按"分项工程质量检验评定表"(表 1-13-1)及相关施工技术规范提交真实、完整的自检资料,对工程质量进行评定。

分项工程质量检验评定表 表 1-13-1

<table>
<tr><td colspan="2">基本要求</td><td colspan="16"></td></tr>
<tr><td rowspan="7">实测
项目</td><td rowspan="2">项次</td><td rowspan="2">检查项目</td><td rowspan="2">规定值或
允许偏差</td><td colspan="10">实测值或实测偏差值</td><td colspan="4">质量评定</td></tr>
<tr><td>1</td><td>2</td><td>3</td><td>4</td><td>5</td><td>6</td><td>7</td><td>8</td><td>9</td><td>10</td><td>平均值、代表值</td><td>合格率(%)</td><td>权值</td><td>得分</td></tr>
<tr><td></td><td></td><td></td><td></td><td></td><td></td><td></td><td></td><td></td><td></td><td></td><td></td><td></td><td></td><td></td><td></td><td></td></tr>
<tr><td>…</td><td></td><td></td><td></td><td></td><td></td><td></td><td></td><td></td><td></td><td></td><td></td><td></td><td></td><td></td><td></td><td></td></tr>
<tr><td></td><td></td><td></td><td></td><td></td><td></td><td></td><td></td><td></td><td></td><td></td><td></td><td></td><td></td><td></td><td></td><td></td></tr>
<tr><td></td><td></td><td></td><td></td><td></td><td></td><td></td><td></td><td></td><td></td><td></td><td></td><td></td><td></td><td></td><td></td><td></td></tr>
<tr><td colspan="3">合计</td><td colspan="12"></td><td></td><td></td></tr>
</table>

<table>
<tr><td>外观鉴定</td><td></td><td>减分</td><td></td><td rowspan="2">监理
意见</td><td rowspan="2"></td></tr>
<tr><td>质量保证资料</td><td></td><td>减分</td><td></td></tr>
<tr><td>工程质量等级评定</td><td colspan="5">评分： 质量等级：</td></tr>
</table>

检验负责人： 检测： 记录： 复核： 年 月 日

二、交工验收的条件

公路工程交工验收工作一般按合同段进行,并应具备以下条件:

(1)合同约定的各项内容已完成;

(2)施工单位按交通运输部制定的《公路工程质量检验评定标准》(JTG F80/1—2012)及相关规定的要求对工程质量进行自检合格;

(3)监理工程师对工程质量的评定合格;

(4)质量监督机构按交通运输部规定的公路工程质量鉴定办法对工程质量进行检测(必要时可委托有相应资质的检测机构承担检测任务),并出具检测意见;

(5)施工文件已按交通运输部规定的内容编制完成;

(6)施工单位、监理单位已完成本合同段的总结工作;

(7)施工单位提交"公路工程交工验收报告"。

三、交工验收的基本程序

公路工程交工验收工作应当做到公正、真实和科学,验收要严格按照规定的程序进行,具体如图 1-13-1 和表 1-13-2 ~ 表 1-13-4 所示。

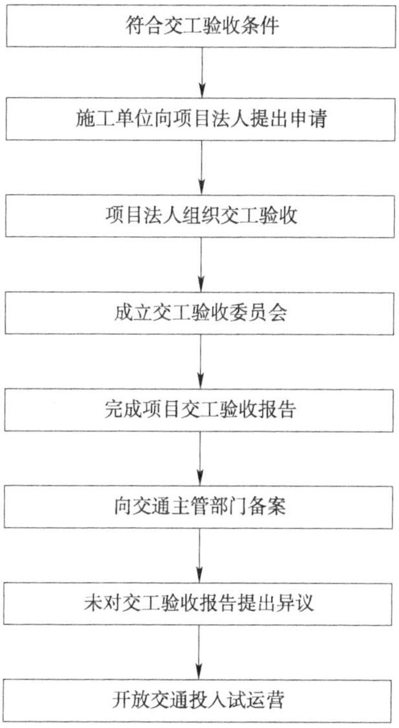

图 1-13-1 交工验收流程

公路工程(合同段)交工验收证书

表 1-13-2

交工验收时间：　　　　　　　　　　　　合同段　　　　交工验收证书第　　　号

<table>
<tr><td colspan="3">工程名称：</td><td colspan="2">合同段名称及编号：</td></tr>
<tr><td colspan="3">项目法人：</td><td colspan="2">设计单位：</td></tr>
<tr><td colspan="3">施工单位：</td><td colspan="2">监理单位：</td></tr>
<tr><td colspan="5">本合同段主要工程量：</td></tr>
<tr><td>本合同段价款</td><td>原合同</td><td></td><td>实际</td><td></td></tr>
<tr><td>本合同段工期</td><td>原合同</td><td></td><td>实际</td><td></td></tr>
<tr><td colspan="5">对工程质量、合同执行情况的评价、遗留问题、缺陷的处理意见及有关决定(内容较多时,可用附件)</td></tr>
<tr><td colspan="5">(施工单位的意见)

施工单位法人代表或授权人(签字)　　　　单位盖章
年　　月　　日</td></tr>
<tr><td colspan="5">(合同段监理单位对有关问题的意见)

合同段监理单位法人代表或授权人(签字)　　　　单位盖章
年　　月　　日</td></tr>
<tr><td colspan="5">(设计单位的意见)

设计单位法人代表或授权人(签字)　　　　单位盖章
年　　月　　日</td></tr>
<tr><td colspan="5">(项目法人的意见)

项目法人代表或授权人(签字)　　　　单位盖章
年　　月　　日</td></tr>
</table>

公路工程交工验收报告

表 1-13-3

<table>
<tr><td>一</td><td>工程名称</td><td></td></tr>
<tr><td>二</td><td>工程地点及主要控制点</td><td></td></tr>
<tr><td>三</td><td>建设依据</td><td></td></tr>
<tr><td>四</td><td>技术标准与主要指标</td><td></td></tr>
<tr><td>五</td><td>建设规模及性质</td><td></td></tr>
<tr><td rowspan="2">六</td><td>开工日期</td><td>年　　月　　日</td></tr>
<tr><td>交工日期</td><td>年　　月　　日</td></tr>
<tr><td>七</td><td>批准概算</td><td></td></tr>
<tr><td>八</td><td>工程建设主要内容</td><td></td></tr>
<tr><td>九</td><td>实际征用土地数(亩)</td><td></td></tr>
<tr><td>十</td><td>建设项目工程质量
交工验收结论</td><td></td></tr>
<tr><td>十一</td><td>存在问题处理措施</td><td></td></tr>
<tr><td>十二</td><td>附件</td><td>1. 各合同段工程质量评分一览表；
2. 各合同段交工验收证书</td></tr>
</table>

交工验收各合同段工程质量评分一览表　　表 1-13-4

项目名称：

合 同 段	实 得 分	备 注
合同段 1		
合同段 2		
…		
合同段 n		

四、工程质量的政府监督

1. 政府监督的含义

政府监督使之政府交通主管部门和其所属的质量监督机构依法对工程建设和工程建设从业单位人员进行监督管理的活动。政府监督是公路工程质量保证体系中极其重要的质量监督环节之一，是政府职能部门强化对工程质量管理的具体体现。

2. 政府监督的性质

(1)强制性。政府的管理行业象征着国家机构的运转，而国家机构的管理职能是通过法律获得的。因此，政府机构实施的监督管理行为，对于被监督者来说，只能是强制性的、必须接受的。

(2)执法性。政府监督主要依据国家法律、法规、方针、政策和国家及交通部颁布的技术规范、标准进行监督，并严格遵照法定的监督、检查、许可、纠正、强制执行等权力。监督人员每一个具体的监督行为都有充分的法律依据，带有明显的执法性。

(3)全面性。政府监督是针对整个工程建设活动的，而不是对某一个工程项目，就管理空间来说，覆盖了全社会；就一个工程项目的建设过程来说，则贯穿于工程建设的全过程。

(4)宏观性。政府监督侧重于宏观的社会效益，其着眼点主要是保证工程建设行为的规范性，维护国家和社会公众的利益和工程建设各参与者的合法权益。对一项具体的工程建设来说，政府监督不同于监理工程师的直接、连续、不间断的监理。

3. 监督实施

质监机构代表政府实施工程质量监督工作。

质监机构必须建立健全质量监督工作机制，完善监督手段，增强质量监督的公正性，权威性和有效性。

质监机构负责检查、监督建设、设计、施工、监理单位建立健全质量保证体系；负责对建设项目的招投标活动进行监督检查；负责监督设计、施工和监理单位在资质允许范围内从事的公路工程建设的质量工作；负责对施工现场影响工程质量的行为进行监督检查。

质监机构实施以抽查为主的监督方式，并运用法律和行政手段，制止和纠正影响公路工程质量的建设行为。

公路工程交、竣工验收，质监机构应按《公路工程检验评定标准》(JTG F80/1—2004)对工程质量等级进行鉴定。未经鉴定或鉴定不合格的工程，不得组织验收和交付使用。

质监机构应具有相应的监督、检测条件和能力。根据需要，可以委托具有相应资质的试验检测单位，对公路工程项目进行检测。

国务院交通主管部门质监机构出具的检测数据，是全国最终检测数据；各省级质监机构出具的检测书，是本行政区域公路行业的最终检测数据。

五、工程施工质量验收标准

1. 土方路基施工质量验收标准

（1）基本要求

①在路基用地和取土坑范围内，应清除地表植被、杂物、积水、淤泥和表土，处理坑塘，并按规范和设计要求对基底进行压实。

②路基填料应符合规范和设计的规定，经认真调查、试验后合理选用。

③填方路基须分层填筑压实，每层表面平整，路拱合适，排水良好。

④施工临时排水系统应与设计排水系统结合，避免冲刷边坡，勿使路基附近积水。

⑤在设定取土区内合理取土，不得滥开滥挖。完工后应按要求对取土坑和弃土场进行修整，保持合理的几何外形。

（2）实测项目（表 1-13-5）

土方路基实测项目 表 1-13-5

项次	检查项目			规定值或允许偏差			检查方法和频率	权值
				高速公路、一级公路	其他公路			
					二级公路	三、四级公路		
1	压实度（%）	零填及挖方（m）	0～0.30	—	—	94	按附录 B 检查。密度法：每 200m 每压实层测 4 处	3
			0～0.80	≥96	≥95	—		
		填方（m）	0～0.80	≥96	≥95	≥94		
			0.80～1.50	≥94	≥94	≥93		
			>1.50	≥93	≥92	≥90		
2	弯沉（0.01mm）			不大于设计要求值			按附录 I 检查	3
3	纵断高程（mm）			+10，-15	+10，-20		水准仪：每 200m 测 4 断面	2
4	中线偏位（mm）			50	100		经纬仪：每 200m 测 4 点，弯道加 HY、YH 两点	2
5	宽度（mm）			不小于设计			米尺：每 200m 测 4 处	2
6	平整度（mm）			15	20		3m 直尺：每 200m 测 2 处×10 尺	2
7	横坡（%）			±0.3	±0.5		水准仪：每 200m 测 4 个断面	1
8	边坡			不陡于设计值			尺量：每 200m 测 4 处	1

注：①表列压实度以重型击实试验法为准，评定路段内的压实度平均值下置信界限不得小于规定标准，单个测定值不得小于极值（表列规定值减 5%）。小于表列规定值 2% 的测点，按其数量占总检查点的百分率计算减分值。

②采用核子仪检验压实度时应进行标定试验，确认其可靠性。

③特殊干旱、特殊潮湿地区或过湿土路基，可按交通运输部颁发的路基设计、施工规范所规定的压实度标准进行评定。

④三级公路修筑沥青混凝土或水泥混凝土路面时，其路基压实度应采用二级公路标准。

（3）外观鉴定

①路基表面平整，边线直顺，曲线圆滑。不符合要求时，单向累计长度每 50m 减 1～2 分。

②路基边坡坡面平顺，稳定，不得亏坡，曲线圆滑。不符合要求时，单向累计长度每 50m

减 1 ~2 分。

③取土坑、弃土堆、护坡道、碎落台的位置适当,外形整齐、美观,防止水土流失。不符合要求时,每处减 1 ~2 分。

2. 石方路基施工质量验收标准

(1)基本要求

①石方路堑的开挖宜采用光面爆破法。爆破后应及时清理险石、松石,确保边坡安全、稳定。

②修筑填石路堤时应进行地表清理,逐层水平填筑石块,摆放平稳,码砌边部。填筑层厚度及石块尺寸应符合路基设计和施工规范规定,填石空隙用石碴、石屑嵌压稳定。上、下路床填料和石料最大尺寸应符合规范规定。采用振动压路机分层碾压,压至填筑层顶面石块稳定,18t 以上压路机振压两遍无明显高程差异。

③路基表面应整修平整。

(2)实测项目(表 1-13-6)

石方路基实测项目 表 1-13-6

项次	检查项目		规定值或允许偏差		检查方法和频率	权值
			高速公路、一级公路	其他公路		
1	压实度		层厚和碾压遍数符合要求		查施工记录	3
2	纵断高程(mm)		+10,-20	+10,-30	水准仪:每 200m 测 4 断面	2
3	中线偏位(mm)		50	100	经纬仪:每 200m 测 4 点,弯道加 HY、YH 两点	2
4	宽度(mm)		不小于设计		米尺:每 200m 测 4 处	2
5	平整度(mm)		20	30	3m 直尺:每 200m 测 2 处 ×10 尺	2
6	横坡(%)		±0.3	±0.5	水准仪:每 200m 测 4 断面	1
7	边坡	坡度	不陡于设计值		每 200m 抽查 4 处	1
		平顺度	符合设计要求			

注:土石混填路基压实度或固体体积率可根据实际可能进行检验,其他检测项目与石方路基相同。

(3)外观鉴定

①上边坡不得有松石。不符合要求时,每处减 1 ~2 分。

②路基边线直顺,曲线圆滑。不符合要求时,单向累计长度每 50m 减 1 ~2 分。

任务实施

路基的检查与验收:

当每一分项、分部、单位工程完成后,应按批准的设计图纸、设计文件、技术规范的要求,对施工质量进行中间检查。

(1)在路基施工过程中出现下列情况或阶段时,应进行中间检查:

①地基准备工作完成后(清除地面杂草、淤泥等,应在斜坡上完成台阶后);

②边坡加固前,应对其加固方法、形式、填挖方边坡加固的适用性,以及边坡坡度是否适当进行检查;

③发现已完工的土方工程及竣工后的路基被地面水浸淹(暴雨、洪水等)损坏时;

④取土坑及弃土堆超过原设计的数量时;

⑤遇意外的填土下限及填挖方的边坡坍塌需增加土方及边坡加固工程数量时；

⑥在进行计划以外的附加土方工程（排水沟、截水沟、疏导工程等）时。

（2）遇下列隐蔽工程时，必须按照设计要求和规范有关规定进行中间检查验收，凡不符合要求的项目不得进行下一道工序施工：

①路基渗沟回填土以前；

②填方或挖方地段，按设计规定所做的换土工作完成；

③对需采取特殊措施才能保证填方稳定的路基，在地基处理后（如泉水、溶洞、地下水处理后）；

④路基隔离层上填土以前；

⑤各类防护加固工程基础开挖后，应检查基地地质、高程、地下水情况。

（3）交工验收时，应对下列项目进行检查、验收：

①路基的平面位置；

②路基宽度、高程、横坡和平整度；

③边坡坡度及边坡加固；

④边沟及其他排水设施的尺寸及底面纵坡；

⑤防护工程的各部分尺寸及位置；

⑥填土压实度和表面弯沉；

⑦取土坑、弃土堆、护坡道、截水沟、渗水井等位置；

⑧隐蔽工程记录。

任务工作单

学习情境一　一般路基施工 工作任务十三　交工验收	班级			
	姓名		学号	
	日期		评分	

一、任务内容

分组讨论路基交工验收的内容。

二、基本知识

1. 交工验收是依据__________和__________，对路基工程最终的施工质量作出评定，以评价工程是否可以移交下一阶段施工或是否满足通车要求。

2. 分项工程评分值＝______－______－______。

3. 政府监督使其交通主管部门和所属的质量监督机构依法对________和________进行监督管理的活动。

三、任务实施

1. 哪些单位必须参加路基交工验收？他们各自的主要职责是什么？

2. 交工验收必须具备哪些条件？

3. 简述交工验收的程序。

4. 土方路基施工质量验收的内容有哪些？

四、任务小结

通过此工作任务的实施，各小组集中完成下述工作。

你认为本次任务实施是否达到预期目的？还有什么意见和建议？

学习情境二　特殊路基施工

学习情境概述

本学习情境主要讲授软土、膨胀土、黄土、盐渍土等特殊路基的施工技术与组织方案。根据岗位职业能力的要求，本情境共安排了7个真实的工作任务。

一、职业能力分析

通过本情境的学习，期望达到下列目标：

1. 专业能力

(1)能掌握软土地区路基加固方法与施工工艺流程；

(2)能掌握膨胀土地区的工程处理方法及膨胀路基的施工工艺流程；

(3)能熟悉黄土地区路基的工程危害及处理方案；

(4)能了解盐渍土地区路基的施工处理技术；

(5)能了解多年冻土及季节性冻土地区路基处理施工技术；

(6)能了解滑坡、泥石流地区路基施工工艺；

(7)能了解冰害、雪害地区路基处理施工技术作业。

2. 社会能力

(1)通过分组活动，培养团队协作能力；

(2)通过规范文明操作，培养良好的职业道德和安全环保意识；

(3)通过小组讨论、上台演讲评述，培养与他人的沟通能力。

3. 方法能力

(1)通过查阅资料、文献，培养个人自学能力和获取信息能力；

(2)通过情境化的工作任务活动，掌握解决实际问题的能力；

(3)填写任务工作单，制订工作计划，培养工作方法能力；

(4)能独立使用各种媒体完成学习任务。

二、学习情境描述

特殊路基是指在由软土、膨胀土、黄土、盐渍土、多年冻土与季节性冻土以及多雨潮湿等地区的土体上修筑的路基。由于这些土体的性质与一般路基土体有较大的区别，因此，在施工时应单独对待。在本情境中，对各种特殊路基的特点、分布、常用的地基加固类型，及其适用条件和施工工艺等进行详细介绍。在实际路基施工中，特殊路基的施工应该单独重点对待，要求学生对相关内容能够充分理解和认识。

三、教学环境要求

将整个学习内容划分成若干个工作任务，每个工作任务利用多媒体教学设备、课件和视频教学资料，按照“资讯→计划→决策→实施→检查→评估”的六步教学法开展教学，学生在教师指导下制订方案、实施方案，最终评估学习效果。

特殊路基施工的工作任务中的施工准备、施工组织设计、施工试验段、施工整修及交工验收与学习情境一相关内容大体类似，故在此不重复。

工作任务一　软土路基施工

任务概述

1. 应知应会

通过本工作任务的学习与具体实施，学生应学会下列知识：

(1)叙述软土的特点、分布、常用的地基加固类型；

(2)知道软土路基的特点与工程危害，加固类型的适用条件和施工工艺；

(3)分析软土的力学指标，选择合适的加固类型。

应掌握下列技能：

(1)会根据《公路路基施工技术规范》(JTG F10—2006)，完成软土路基加固施工技术作业；

(2)会选择适当的地基加固措施，编制施工工艺流程。

2. 学习要求

(1)研读教材内容；

(2)查阅某一公路项目软土地区路基施工相关资料；

(3)重视理论联系实际。

相关知识

软土的成因一般认为是由于第四纪后期地表水所形成的沉淀物质，多分布在海滨、湖滨、河流沿岸等地势低洼地带，地表常年潮湿或积水，所以地表往往有大量喜水植物。由于这些植物的生长和死亡，使软土中含有较多的有机物。

软土是指滨海、湖沼、谷地、河滩沉积的天然含水率高、孔隙比大、压缩性高、抗剪强度低的细粒土。我国公路行业规范对软土地基定义是指强度低、压缩量较高的软弱土层，多数含有一定的有机物质。对于高速公路，标准贯入击实次数小于4，无侧限抗压强度小于50kPa，且含水率大于50%的黏土或标准贯入击实次数小于4且含水率大于30%的砂性土统称为软土。日本高等级公路设计规范将软土地基定义为：主要由黏土和粉土等细微颗粒含量多的松软土、孔隙大的有机质土、泥炭以及松散砂等土层构成；地下水位高，其上的填方及构造物稳定性差且发生沉降的地基。日本规范还对软土地基做了分类，提出了类型概略判断标准。软土的成分变化很大，它们不仅含有碎屑物质，而且还含有大量的化学成因物质(碳酸盐、蒸发盐等)和生物成因物质(腐殖泥等)，其物质来源与周围岩性基本一致，在静水或缓慢的流水环境中沉积面成，沉积物常带有粉砂颗粒，呈现明显的层理。因此，软土的地区差异性很大。大量的研究和实践表明，软土具有以下共性：

(1)含水率较高、孔隙比较大。其原因是软土的成分主要由黏土粒组和粉土粒组组成，并含少量的有机质。黏粒的矿物成分主要为蒙脱石、高岭石和伊利石。这些矿物晶粒很细，呈薄片状，表面带负电荷，它与周围介质的水和阳离子相互作用，形成偶极水分子，并吸附于表面形成水膜，在不同的地质环境中沉积形成各种絮状结构。

(2)具有触变特征。当原状软土受到扰动(搅拌、挤压等)以后，结构连接受到破坏，土的强度显著降低。其灵敏度一般在3~4之间，个别高达8~9。

(3)具有明显的流变性。在荷载的作用下，软土承受剪应力的作用产生缓慢的剪切变形，并可能导致抗剪强度的衰减，并在主固结沉降完毕之后还可能产生可观的次固结沉降。

(4)高压缩性。软土的压缩模量 $E_s < 4MPa$，大部分压缩变形发生在垂直压力为100kPa左右，作为地基时的沉降量很大。

(5)低强度。软土多属近代水下细颗粒沉积土，其天然排水抗剪强度一般小于20kPa，有效内摩擦角仅为几度甚至接近于零。软土抗剪强度试验值与试验方法、排水条件等密切相关，如采用固结快剪，则黏聚力和内摩擦角将比快剪指标大。在荷载作用下，如果软土能够充分排水固结，则其强度将得到明显的改善。

(6)渗透性小。一般竖向渗透系数在 $10^{-6} \sim 10^{-8}$ cm/s之间，但其水平向的渗透系数较大，特别当含有水平夹砂层时更为显著。

(7)不均匀性。由于沉积环境的变化，黏性土层中常局部夹有厚薄不等的粉土(砂)，使水平和竖向分布有所差异，作为地基则易产生不容许的差异沉降。

只有相应地了解了土质的情况，在施工中才能做好相应的对策，针对这一路况选出最好施工方法，达到事半功倍的效果。软土地基的处理应根据软土、淤泥的物理力学性质、埋层深度、路堤高度、材料场地情况、公路等级等因素，分别采取换土、抛石挤淤、反压护道、渗水、土工材料、塑料排水板、粉喷桩、碎石桩、超载预压等措施进行处理。

软土路基的处理的目的是提高该段公路路基的稳定性和承载能力。

软土对公路造成的破坏多样，如图2-1-1所示。

图2-1-1　软土对公路造成的破坏

任务实施

首先进行基底处理，以提高基底承载力，减小路基的沉降量。软基处理方法基本可利分为改善荷载法、改善地基法及综合法三大类。

一、表层与浅层处治

1. 换填土法施工

当软弱土层厚度不很大时，可将路基的软弱土层部分全部挖除，然后换填具有较高抗剪强度的地基土或其他稳定性能好、无侵蚀性的材料(通常是渗水性好的中粗砂)，从而达到增强地基承载力的目的，满足构筑物对地基的要求，称为换填或垫层法。此法处理的经济实用高度为 2 ~ 3m，如果软弱土层厚度过大，则采用换填法会增加弃方与取土方量而增大工程成本。

(1) 垫层材料的选择

换填土法的垫层常用材料为砂、砂石、素土、灰土、二灰土等无黏性土，因为这类土的强度大、压缩性小、透水性好，比较容易使之密实，且在不少地区料源丰富，因而应用广泛。

(2) 施工方法

①开挖方式。

基底开挖深度在 2m 以内可用推土机、挖掘机或人工直接清除至路基范围以外堆放或运至取土坑还填；深度超过 2m 时，要由端部向中央分层挖除，并修筑临时运输便道，由汽车运载出坑。

软土在路基坡脚范围以内全部清除，边部挖成台阶状再回填；路基穿过沼泽地只需要清除路基坡角(含护坡道)范围以内的软土。

②泥沼基底的换填。

在第一类泥沼地区，路堤高度小于 3m 时，应采取部分挖填的方法，换填深度一般超过 2m，横向换填底宽应等于路基面宽；路堤高度大于 3m 时，一般不予挖除；当淤泥表面干裂时，可采用齿墙式的路堤断面，即挖除路堤基底两侧的淤泥(每边可挖 3m 宽)，换填良好的土质；淤底横向坡度陡于 1:10 时，应进行整平处理，如图 2-1-2 所示。

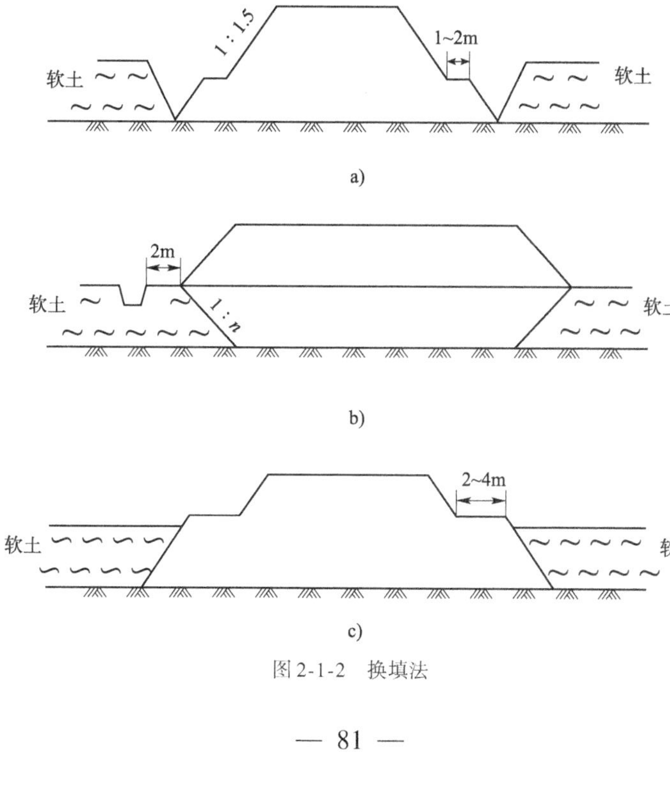

图 2-1-2　换填法

在第二类泥沼地区，泥沼深度小于3m时，不论路堤高度多少，均应将泥沼全部挖除，换填渗水土，使路堤落到沼底。为便于泥炭的挤出，表层植物覆盖层要铲除，在路堤两侧开挖泥炭接收沟；泥沼深度大于3m时，应考虑部分换填和采取路堤两侧增建反压护道的措施，换填深度不得小于3m；沼底横向坡度陡于1:15时，应进行整平处理，如图2-1-3所示。

在第三类泥沼地区，不论泥沼多深，路堤均应落到沼底上或将泥炭皮挖除后，抛填片石沉落到沼底，如图2-1-4所示。路堤水下部分的边坡根据换填的土质种类及泥沼水中的深度而定；沼底横向坡度陡于1:20时，应进行整平处理。

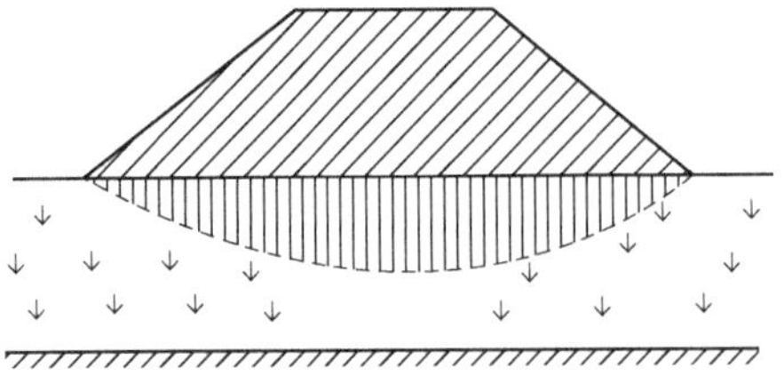

图2-1-3　路堤置于泥炭表层示意图

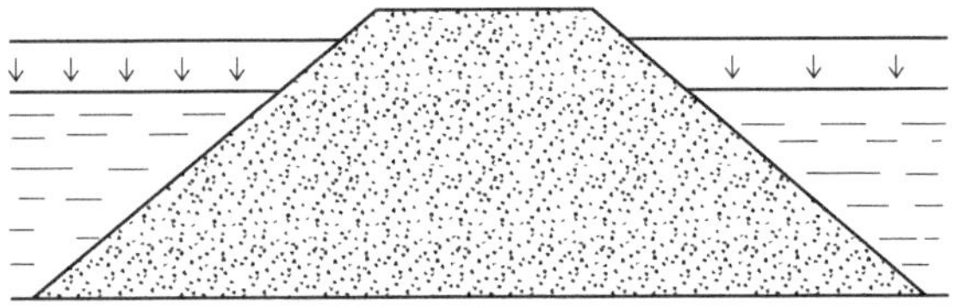

图2-1-4　路堤落到沼底上示意图

③填筑及压实。

软基在开挖时要注意解决渗水或雨水两个问题，可采用边挖边填，也可全部或局部清除后进行全部或局部回填，尽可能换填渗水性材料，并注意及时抽水。

碎石土及粉煤灰等工业废渣常作为换填材料。压实时，为达到较好的压实效果，常采用振动压路机和重型静力压路机(三轮压路机12～15t)。

如果路基与两侧沼泽完全隔离，就可按照一般路堤填筑方式进行填筑，分层碾压时控制好含水率、碾压遍数、碾压方式及路堤边坡、护坡道的密实程度，要做好泥沼与路堤之间的边沟的排水，保证路堤不受水毁，不受冻害。

路堤与两侧沼泽不能完全隔离，在清除路基底部软土后，如渗透性良好的土源缺乏，可在路堤底面用砂石料设置透水性路堤。

路堤两侧设立全铺式(块石、片石浆砌护坡)护坡或护面墙(挡土墙式护坡)时，砌石应用当地不易风化片石，用M5等级砂浆砌筑，墙基应埋入非软基土中0.50～1.20m，砌筑护坡时应夯实坡面，挡墙墙后应填筑石块并夯实。护面墙应在路堤压实稳定后再开挖砌筑。路堤两侧软土防护如图2-1-5所示。

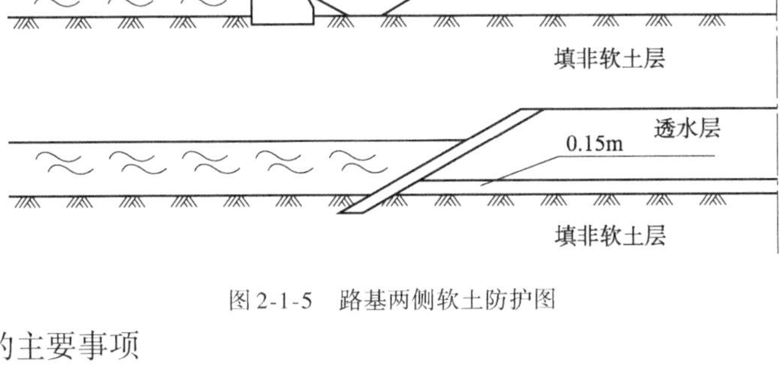

图2-1-5　路基两侧软土防护图

(3)施工中的主要事项

①换填土法施工的关键是将垫层材料压实到设计要求的密实度；

②以黏性土为主的软弱土，宜采用用平碾或羊足碾，对杂填土，可用平碾；对砂土、砂石料、碎石土和杂填土，宜采用振动碾或振动压实机；对于狭窄场地、边角及接触带，可用蛙式夯实机；

③垫层施工前必须对地基进行检验,如发现局部软弱土层,应予以挖除,用素土或灰土填平夯实;

④严禁扰动垫层下的软土;

⑤砂石垫层的底面宜铺设在同一高程上,且垫层竣工后应及时施工上层路面;

⑥垫层施工应注意控制分层铺填厚度,每层压实遍数宜通过试验确定;

⑦人工级配的砂石应拌和均匀;

⑧当施工中地下水位高于挖土底面时,宜采用排水或降水措施,注意边坡稳定,以防止坍土混入砂石垫层中;

⑨压实后的灰土、二灰土应采取排水措施,3d 内不得受水浸泡;

⑩灰土、二灰土垫层铺筑完毕后,要防止日晒雨淋,及时铺筑上层路面。

2. 抛石挤淤法

施工时在路基底部抛投一定数量片石,将淤泥挤出基底范围,以提高地基的强度,如图 2-1-6所示。现行公路规范规定,当软土厚度小于 3m 时可采用抛石挤淤措施。

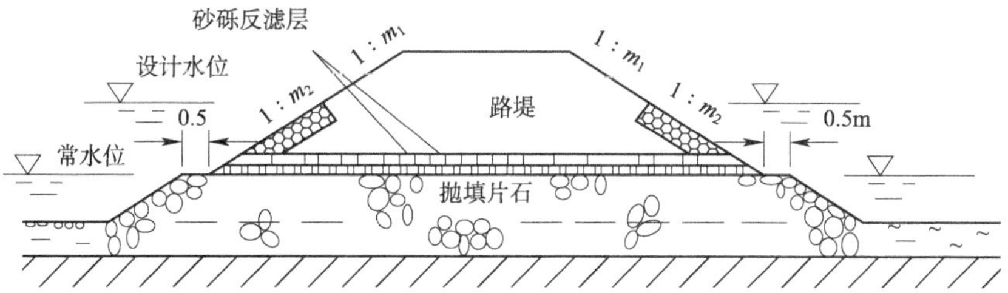

图 2-1-6　抛石挤淤

这种方法施工简单、迅速、方便,适用于常年积水的洼地,排水困难,泥炭呈流动状态,厚度较薄,表层无硬壳,片石能沉达底部的泥沼或厚度为 3 ~ 4m 的软土。在特别软弱的地面上施工由于机械无法进入,或是表面存在大量积水无法排除,且石料丰富、运距较短的情况;或适用于软土层位于水下、更换土壤施工困难或基底直接落在含水率极高的淤泥中,稠度远超过液限,呈流动状态的路段。一般地讲,抛石是经济的,但技术上缺少把握,使用时要慎重。

抛投顺序,应先从路堤中部开始,中部向前突进后再渐次向两侧扩展,以使淤泥向两旁挤出。当软土或泥沼底面有较大的横坡时,抛石应从高的一侧向低的一侧扩展,并在低的一侧多抛填一些。片石露出水面后,宜用重型压路机反复碾压,然后在其上面铺反滤层,再进行填土,并应注意以下几项:

(1)应选用不易风化的片石,片石厚度或直径不宜小于 300mm。

(2)软土地层平坦、软土成流动状时,填筑应沿路基中线向前成三角形方式投放片石,再渐次向两侧全宽范围扩展。当软土地层横坡陡于 1∶10 时,应自高侧向低侧填筑,并在低侧坡脚外一定宽度内同时抛填形成片石平台。

(3)片石抛填出软土面后,应用较小石块填塞垫平,并碾压密实。

其施工工艺流程如图 2-1-7 所示。

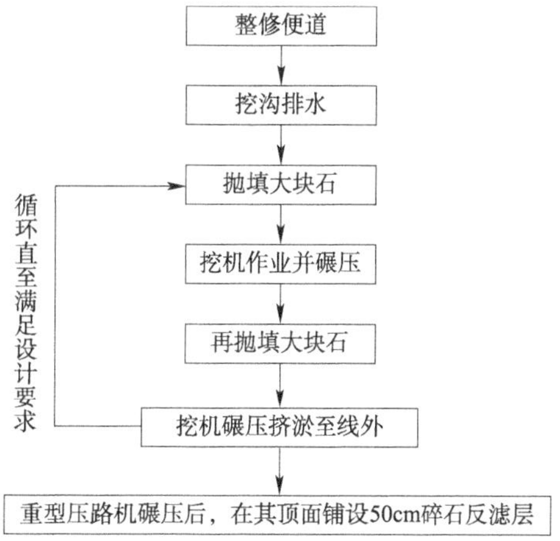

图 2-1-7　抛石挤淤施工流程

3. 其他表层与浅层施工方法

除上述两种常用的表层与浅层处理方法外，软土路基表层与浅层处理方法还有很多，简要介绍如下：

(1)垫层

垫层处治施工通常用于松软过湿地表面，在地基表面采用排水、铺设填料或以掺加剂加固使地表层强度增加，防止地基局部剪切变形，从而保证重型机械通行，使填土荷载均匀分布在地基上。

通常意义上的垫层有两种：一种是指地面上设置的砂垫层、砂砾垫层、碎石垫层、灰土或素土垫层、矿渣垫层以及其他性能稳定、无侵蚀性材料垫层；另一种垫层通常指换土垫层处治，就是把基底下一定浅层范围内的软弱土基全部或部分挖除，用砂、碎石等强度高、性能好的粒状材料回填，这实际上是浅层处治措施。

垫层的厚度以保证不致因沉降发生断裂为宜，宽度适当大于路宽度，以防止在施工过程中由于施工机械的破坏而影响对垫层的有效作用。

①砂垫层。

在软、湿地基上铺以0.3～0.5m厚度的砂(砾)垫层排水层，有利于软湿表层的固结，并形成填土的底层排水，在一定程度上能提高地基强度，使施工机械可以通行。

机理：在软土层顶面铺砂垫层，主要起浅层水平排水作用，使软土中的水分在路堤自重的压力作用下，加速沉降发展，缩短固结时间，但对基底应力分布和沉降量的大小无显著影响。

适用条件：该法适用于路堤高度小于两倍极限高度(在天然软土地基上，基底不作特殊加固处理而用快速施工方法修筑路堤的填筑最大高度)，软土层及其硬壳较薄，或软土表面渗透性很低的硬壳等情况。亦适用于软土层稍厚，但具有双面排水条件的地基。

特点：砂垫层施工简便，不需特殊机具设备，占地较少。但需放慢填筑速度，严格控制加荷速率，使地基有充分时间进行排水固结。因此，适用于施工期限不紧迫、砂料来源充足、运距不远的施工环境。

形式：有排水砂垫层、换土砂垫层、砂垫层和土工布混合使用等形式。

对砂垫层下设置土路拱的问题，各地看法不尽一致。一种看法认为：对砂垫层的排水作用，由于盆形沉降可能会受到影响，主张在地基上做土路拱的办法是没有必要的。因为孔隙水是在地基中孔隙水压力消散过程中排出的，是有压水，只要排水通道不断开，孔隙水就能排出地基，因而认为做土路拱无效果。另一种看法认为：设计土路拱对砂垫层的排水肯定是有利的，而且路堤各层施工形成的表面路拱，有利于地表雨水的排除。

垫层材料宜采用无杂物的中、粗砂，不许掺有细砂及粉砂，含泥量应小于5%；也可采用天然级配砂砾料，其最大粒径应小于50mm，砾石强度不低于四级(即洛杉矶法磨耗率小于60%)。

砂垫层施工中的关键，是将砂加密到设计要求的密实度。加密的方法常用的有振动法(包括平振、插振、夯实)、水撼法、碾压法等。这些方法要求分层铺砂，然后逐层振密或压实，碾压到规定的压实度。分层的厚度视振动力划定，一般为15～20cm。

垫层宽度应宽出路基边脚500～1000mm，两侧宜用片石护砌或采用其他方式防护。

碾压法施工时最佳含水率一般控制在8%～12%，无明显粗细粒料分离。

②碎石、岩渣垫层。

一般厚度为0.4m左右，并铺设单层或双层土工织物或土工网格。有利于均匀支承填土荷载,提高地基承载力,减少地基的沉降量。

③掺和料垫层。

利用掺和料(石灰、粉煤灰、水泥、土、加固剂)以一定剂量混合在填料土中,可改变地基的压缩性和强度特性,从而保证施工机械的通行,若垫层大部分松散,应进行大部分或全部防护。

石灰土是一种传统的建筑材料,它是在原地面上用一定体积比拌和、在最佳含水率情况下压实,能提高地基承载力,减少沉降,当软弱土层的厚度不大(1 ~ 3m)时,能取得较好效果。

石灰应为消石灰 $Ca(OH)_2$或生石灰粉 CaO,石灰质量应达到三级以上标准。活性成分有效钙镁含量对生石灰≥65%,消石灰≥50%,残渣含量、含水率、细度(过筛、粒径不得大于5mm)等满足要求。当活性氧化物含量不高时,应相应增加石灰的用量。石灰的储存时间不宜超过 3 个月,长期存放将会使其活性降低。

石灰土中的石灰剂量,以石灰中活性 CaO 和 MgO 的含量与土质情况而定,约为石灰土压实干密度的 10%。

灰土中石灰的用量在一定范围内,其强度随用灰量的增大而提高,但当超过一定限值后,强度增加很小,并有逐渐减小的趋势。石灰剂量较低时(3% ~4%)主要起稳定作用,对黏性土、粉性土最佳剂量为 8% ~14%,对砂性土为 9% ~16%。

一般情况下 2:8 和 3:7 的灰土可作为最佳含灰率,而 1:9 的灰土,虽然强度低一些,但能改善土的压实性能。

灰土中的土不仅作为填料,而且参与化学作用,尤其是土中的黏粒(< 0.005 mm)或胶粒(< 0.002mm)具有一定活性和胶结性,含量越多(即土的塑性指数越高),则灰土强度也越高,通常采用黏性土(土塑性指数大于 4)拌制灰土,应予粉碎,其团粒不得大于 50mm。

施工时应将灰土拌和均匀,控制含水率,如土料水分过多或不足时应晾干或洒水润湿。一般可按经验在现场直接判断,其方法为手捏灰土成团,两指轻捏即碎,或落地粉碎,这时,灰土基本上接近最佳含水率。

掌握分层松铺厚度,按采用的压实机具现场试验来确定,一般情况下松铺 30cm,分层压实厚度为 20cm。

灰土垫层铺筑完毕后,要防止日晒雨淋,及时铺筑上层。压实后的灰土应采取排水措施,3d 内不得受水浸泡。

(2)反压护道

当在施工过程中填土将使土基产生的滑动破坏达不到要求时,在填方路堤两侧一定宽度范围内平衡反压填土,以谋求填土的稳定。利用这种方法用地宽度显著增加,为此需要大量的土方。在用地困难、征地费高以及难以得到价廉填土材料的情况下是很不经济的。因此,这种方法大多是用在施工过程中已经明显出现不稳定的填方或发生了滑坍破坏的填方时,作为应急措施和修复措施。

机理:在路堤两侧填筑一定宽度和高度的护道,以改着路堤荷载方式来增加抗滑力的方法,使路堤下的软基向两侧隆起的趋势得到平衡,从而保证路堤的稳定性。

适用条件:路堤高度不大于 1.5 ~2 倍的极限高度,非耕作区和取土不太困难的地区。

特点:采用反压护道加固地基,不需特殊的机具设备和材料,施工简易方便,但占地多,土用量大,后期沉降大,以后的养护工作量也大。

施工:反压护道的施工应与路堤本身同时填筑,分开填筑时,必须在路堤达到临界高度前筑好。其他的施工工艺和要求与路堤填筑要求相同。

(3)土工合成材料处治

①土工布

机理:土工布铺设于路堤底部,在路基自重作用下受拉产生抗滑力矩,提高路基稳定性。土工布在软土地基加固中的作用包括排水、隔离、应力分散和加筋补强。

土工布连接一般采用搭接法或缝接法。目前缝接法有一般缝法、丁缝法和蝶形法。

②土工格栅

机理:土工格栅加固土的机理存在于格栅与土的相互作用之中。一般可归纳为格栅表面与土的摩擦作用;格栅孔眼对土的锁定作用和格栅肋的被动抗阻作用。三种作用均能充分约束土的颗粒侧向位移,从而大大地增加了土体的自身稳定性,对土的加固效果明显高于其他土工织物。

优点:可迅速提高地基承载力,加快施工进度;控制软基地段沉降量发展,缩短工期,使公路尽早投入使用。

③土工合成材料施工

铺设土工合成材料,应在路堤每边各留一定长度,回折覆裹在已压实的填筑层面上,折回外露部分应用土覆盖。

采用搭接时,搭接长度宜为300~600mm;采用缝接时,缝接宽度应不小于50mm,缝接强度应不低于土工合成材料的抗拉强度;采用黏结时,黏合宽度应不小于50mm,黏合强度应不低于土工合成材料的抗拉强度。

施工中应采取措施防止土工合成材料受损,出现破损时应及时修补或更换。

双层土工合成材料上、下层接缝应错开,错开长度应大于500mm。

二、真空预压、真空堆载联合预压(重压法)

预压处理施工工艺简单,但工期较长,超载预压的时间一般为6个月,通常与排水处理地基相结合使用。某市某道路工程就是利用堆载法加固软土路基的。该道路沿线地层结构自上而下分别为:地壳硬壳包括松散状杂填土、素填土和软塑状耕土,厚度为0.40~2.20;软土层包括流塑状淤泥和淤泥质土,厚度为1.51~9.39,沿线厚度变化大;下伏层包括黏性土和砂层,堆载预压时间从2005年到2013年,大约8年。

1.堆载预压法

(1)机理:在软基上修筑路堤,通过填土堆载预压,使地基土压密、沉降、固结,从而提高地基强度,减少路堤建成后的沉降量。

(2)特点及适用范围:堆载预压法对各类软弱地基均有效;使用材料、机具简单,施工操作方便。但堆载预压需要一定的时间,适合工期要求不紧的项目。对于深厚的饱和软土,排水固结所需要的时间很长,同时需要大量的堆载材料,在使用上会受限。

(3)方式:进行预压的荷载超过设计的道路工程荷载,称为超载预压;预压荷载等于道路工程荷载,称为等载预压。

2.真空预压法

利用大气压强0.098MPa等效堆载预压法对软基进行加固。即依靠真空抽气设备,使密封的软弱地基产生真空负压力,使土颗粒间的自由水、空气沿着纵向排水通道,上升到软基上部砂垫层内，由砂垫层内过滤再排离软基密封膜以外，从而使土体固结。该法适用于含水率高、孔隙比大、强度低、渗透系数和固结系数均较小的黏土。

3. 真空预压加堆载预压法

该方法是堆载预压和真空预压两种方法的结合，原理与真空预压相同，但加载更大，预压时间缩短了一半。

压重法施工要求如下：

(1)垫层材料宜采用中、粗砂、泥土杂质含量小于5%，严禁砂中混有尖石等尖利硬物。

(2)密封膜厚度宜为0.12～0.17mm，密封膜每边长度应大于加固区相应边3～4m。薄膜加工后不得存在热穿、热合不紧等现象，不宜有交叉热合缝。

(3)每个加固区用2～3层密封膜，具体层数可根据密封膜性能确定。

(4)滤管应不透砂。滤管距泥面、砂垫层顶面的距离均应大于50mm。滤管周围必须用砂填实，严禁架空、漏填。

(5)密封沟与围堰施工要求如下：

①沿加固边界开挖密封沟，其深度应低于地下水位并切断透水层，内外坡应平滑。沟底宽度应大于400mm，密封膜与沟底黏土之间应进行密封处理。

②密封沟回填料应为不含杂质的纯黏土，不得损害密封膜。

③筑堰位置应跨密封沟的外沟沿，堰体应密实牢固。

④铺膜前，应把出膜弯管与滤管连接好，并培实砂子，同时处理好出口的连接。

(6)真空表测头应埋设于砂垫层中间，每块加固区不少于两个真空度测点，真空管出口须防止弯折或断裂。

(7)抽真空施工要求如下：

①抽真空持续时间应符合设计要求，设计无规定时可持续2～5个月。

②覆盖厚度宜为200～400mm，膜下真空压力应持续稳定在80kPa以上。

③应注意观察负压对其相邻结构物的影响。

(8)真空堆载联合预压施工要求如下：

①路堤填筑宜在抽真空30～40d后开始进行，或按设计规定开始堆载。

②路堤填筑速率应符合设计规定。

③路堤填筑期间，应保持抽真空。

④路堤填筑高度达到设计高程(考虑沉降)后，应继续抽真空，路堤沉降值(或地基固结度)达到设计要求后方可停止抽真空。

(9)施工监测要求如下：

①预压过程中，应进行孔隙水压力、真空压力、深层沉降量及水平位移等预压参数的监测。真空压力每隔4h观测一次，表面沉降每2d测一次。

②当连续五昼夜实测地面沉降小于0.5mm/d、地基固结度已达到设计要求的80%时，经验收，即可终止抽真空。

③停泵卸荷后24h，应测量地表回弹值。

三、垂直排水固结法(深层处置)

垂直排水法的原理是软土地基在路堤荷载作用下，水从孔隙中慢慢排出，孔隙比减小，地基发生固结变形，同时随着超静水压力逐渐扩散，土的有效应力增大，地基土强度逐步增长。

排水固结法可以解决沉降问题和稳定问题。沉降问题,使地基的沉降在加载预压期间大部分或基本完成,使建筑物在使用期间不致产生不利的沉降和沉降差;稳定问题,加速地基土的抗剪强度的增长,从而提高地基的承载力和稳定性。

垂直排水法是由排水系统和堆载(加压)系统两部分组合而成的,设置排水系统主要在于改变地基原有的排水边界条件,增加孔隙水排出的途径,缩短排水距离。该系统是由水平排水体(垫层、排水沟)和竖向排水体(普通砂井、袋装砂井、塑料排水板等)构成的。

根据我国应用排水固结法加固软土地基多年的实践经验,以及国内外发展情况,竖向排水体在工程上的应用有以下几种:30 ~ 50cm 直径的普通砂井,7 ~ 12cm 直径的袋装砂井和塑料排水板。

利用砂井、袋装砂井、塑料排水板增加土层竖向排水途径,缩短排水距离、加速地基固结。

1. 砂井

砂井施工工艺恰当与否,直接影响到砂井的排水效果,施工工艺的选择主要考虑以下 3 个问题:

(1)保证砂井连续、密实,并且不出现颈缩现象;

(2)施工时尽量减小对周围土的扰动;

(3)施工后砂井的长度、直径和间距应满足设计要求。

用振动打桩机、柴油打桩机(冲击式和振动式),以及下端装有活瓣钢桩靴的桩管将砂(含泥量不大于 3%)或砂和角砾混合料(含泥量不大于 5%)形成砂井。在施工时考虑避免“缩颈”和减少对土的扰动。

(1)套管法:将带有活瓣管尖或套有混凝土端靴的套管沉到预定深度,然后在管内灌砂后,拔出套管,形成砂井。根据沉管工艺的不同,又分为静压沉管法、振动沉管法等。

①静压、锤击联合沉管法。用该法施工往往在提管时,由于砂的拱作用及与管壁的摩阻力,将管内砂柱带上来,使砂井断开或缩颈,影响砂井排水效果。

②振动沉管法。以振动锤为动力,将套管沉入到预定深度,灌砂后振动提管形成砂井。采用该法施工不仅避免了管内砂随管带上,保证井的连续性,同时砂受到振密,砂井质量好。

(2)水冲成孔法:通过专用喷头,在水压力作用下冲孔,成孔后清孔,再向孔内灌砂形成。适用于土质较好且均匀的砂性土。

采用该法施工时,有两个环节需特别注意:一是控制好冲孔时水压力大小和冲水时间,这和土层性质有关,当分层土的性质不同而用相同水压时,会出现成孔直径不同的现象;二是孔内灌砂质量。如孔内泥浆未清洗干净,砂中含泥量增加,会使砂井渗透系数降低,这对土层的排水固结是不利的,并且如泥浆排放疏导不好,也会对水平排水垫层带来不利影响。

水冲成孔工艺,对土质较好且均匀的黏性土地基是较适用的,但对土质很软的淤泥。因成孔和灌砂过程中容易缩孔,很难保证砂井的直径和连续性。对于夹有粉砂薄层的软土地基,若压力控制不严,冲水成孔时易出现串孔,对地基扰动比较大,应引起注意。

水冲成孔法设备比较简单,对土的扰动较小,但在泥浆排放、塌孔、缩颈、串孔、灌砂等方面还存在一定的问题。

(3)螺旋钻成孔法:以动力螺旋钻钻孔,提钻后灌砂成砂柱,适用于陆上工程,砂井长度 10m 以内,且土质较好,不会出现缩颈、塌孔现象的软弱地基。

优点是设备简单机动，成孔规则。缺点是灌砂质量较难掌握，不太适用于很软弱的地基。此法在美国应用较广泛，工艺所用设备简单而机动，成孔比较规整，但灌砂质量较难掌握，对很软弱的地基也不太适用。

施工要点：

①材料要求：采用中、粗砂，大于0.6mm颗粒含量宜占总重的50%以上，含泥量应小于3%，渗透系数大于5×10^{-2}mm/s。也可使用砂砾混合料，含泥量应小于5%。

②砂桩施工应符合以下规定：

a. 采用单管冲击法、一次打桩管成桩法或复打成桩法施工时，应使用饱和砂；

b. 采用双管冲击法、重复压拔法施工时，可使用含水率为7%～9%的砂；

c. 饱和土中施工可用天然湿砂；

d. 地面下1～2m土层应超量投砂，通过压挤提高表层砂的密实程度；

e. 成桩过程应连续；

f. 实际灌砂量未达到设计用量时，应进行处理。

③砂桩施工质量应符合规定，如表2-1-1所示。

砂桩施工质量标准　　表2-1-1

项　次	检查项目	规定值或允许偏差	检查方法和频率
1	桩距(mm)	±150	抽查3%
2	桩长	不小于设计值	查施工记录
3	桩径	不小于设计值	抽查3%
4	竖直度(%)	1.5	查施工记录
5	灌砂量	不小于设计值	查施工记录

2. 袋装砂井(图2-1-8)

袋装砂井：对于软土厚度大、路堤稳定、填土高的软土路基，采用袋装砂井，可增加软土竖直方向的排水能力，缩短水平方向的排水距离，加速软土强度的形成。砂袋灌入砂后，砂井可采用锤击法或振动法施工。它的施工工艺复杂，费用相对较高，所用的时间较长，可采用矩形或梅花形布桩。珠江地区某市公路的地质勘探表明，地基土质分布比较均匀，除表层1.0m左右耕植土外，接着为8.6m厚的高含水率、高压缩性、低强度，高含黏性的超软弱淤泥。第三层为厚约1.0m的贝壳粉砂土；第四层又为7.6m厚的淤泥质黏土；以下分别是0.5m厚黏土和3.0m厚粉细砂。往下为击数(SPT)大于19击的含砾粗砂层，再往下土质更好。地基土质为20m左右深厚的淤泥，含水率高达85.7%，十字板剪切强度仅4kPa，且淤泥分布深度大致由前方向后方陆域倾斜，前浅后深，前方相对有利。在这样大面积超软弱的淤泥地基上筑路需作软基深层处理，以防止施工期软基沉降缓慢，引起工程完工后仍有较大剩余沉降量，同时不致因加载引起地基失稳破坏。这一带因软基不当而出现工程质量或安全事故是较常见的，就设计采用ϕ7cm袋装砂井加砂垫层堆载预压排水固结进行软基加固，目的是通过打设砂井使第二、四层淤泥土排水固结后，土质强度获得提高、减少工程投产后的沉降，保证工程的正常使用，满足工程设计要求。

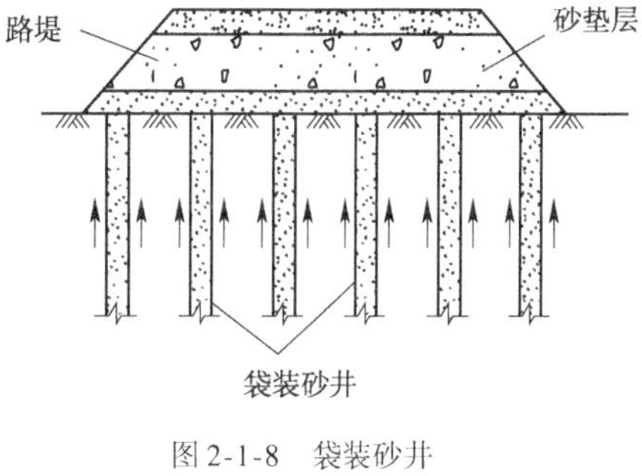

图2-1-8　袋装砂井

(1)施工工序：

①施工设备的准备。此工序包括整平施工场地，机具配备，砂料和砂袋以及成孔套管、桩尖等一系列准备工作的完成，并对井孔定位放样经过复核无误。

②沉入套管。将带有可开闭底盖的套管或带有预制桩尖的套管(内径略大于砂袋直径)按井孔定位沉入到要求的深度。

③袋子灌砂压重沉放管内，扎好砂袋(袋长比井深约长2m)下口后，在其下端放入高20cm左右的砂子作为压重，将袋子放入套管中沉入到要求的深度。如不能沉至要求深度，会有部分拖留在地面，此时须作排泥处理，直至砂袋沉达预定深度。

④就地填砂入袋成井。将袋口固定在装砂用的漏斗上，通过振动将砂填满袋中，卸下砂袋，拧紧套管上盖，然后一边把压缩空气送进套管，一边提升套管至地面。

⑤用预制砂袋沉放，也可采用预先在袋内装满砂料，扎好上口，成为预制砂袋，运往现场，弯成圆形，成圈堆放，成孔后将砂袋立即放入孔内。

(2)袋装砂井成孔方法及主要机具(如表2-1-2所示)。

袋装砂井的成孔方法，可根据机械设备条件进行比较选择。目前，我国所采用的施工方法有锤击沉入法、射水法、压入法、钻孔法以及振动贯入法等。且均有专用的施工设备，一般为导管式的振动打设机械，只是在进行方式上有差异。各种成孔方法所选用机械及工效见表所列。

各种成孔方法及主要机械和工效参考表 表2-1-2

成孔方法	机具总质量(t)	主要机械设备	平均成孔时间
锤击沉入法	1.0	1t绞车(卷扬机)1台，55kW电机1台，0.6t锤1个	12min
射水法	0.5	0.5t缆车1台，75TSW-7水泵1台	100min
压入法	4.0	1t绞车2台，3t绞车2台	15min
钻孔法	1.0	100型钻机1台	60min
振动贯入法		WM2－12000A型振动打桩机1套	30s

(3)确定袋装砂井施工长度时，应考虑袋内砂体积减小，袋装砂井在孔内的弯曲、超深及伸入水平排水垫层内的长度等因素，避免砂井全部深入孔内，造成与砂垫层不连接。

(4)中、粗砂中大于0.6mm颗粒的含量宜占总重的50%以上，含泥量小于3%，渗透系数大于5×10^{-2}mm/s。砂袋的渗透系数应不小于砂的渗透系数。

(5)袋装砂井施工应符合以下规定：

①砂袋露天堆放时，应有遮盖，不得长时间暴晒。袋中砂宜用风干砂，不宜采用潮湿砂，以免袋内砂干燥后，体积减小，造成袋装砂井缩短与排水垫层不搭接等质量事故。

②砂袋应垂直下井，不得扭结、缩颈、断裂、磨损。砂袋入口处的导管口应装设滚轮，避免砂袋刮破漏砂。

③拔钢套管时，如将砂袋带出或损坏，应在原孔位边缘重打；连续两次将砂袋带出时，应停止施工，查明原因并处理后方可施工。施工中要经常检查桩尖与导管口的密封情况，避免导管内进泥太多，影响加固深度。

④砂袋在孔口外的长度，应能顺直伸入砂垫层至少300mm。

⑤袋装砂井施工质量应符合规定，如表2-1-3所示。

袋装砂井施工质量标准　　表 2-1-3

项　　次	检查项目	规定值或允许偏差	检查方法和频率
1	井距(mm)	±150	抽查 3%
2	井长	不小于设计值	查施工记录
3	井径(mm)	±10,0	挖验 3%
4	竖直度(%)	1.5	查施工记录
5	灌砂率(%)	-5	查施工记录

3. 塑料排水板(图 2-1-9)

塑料排水板的排水原理与袋装砂井相同。由于是工厂制作，它的质量稳定、重量轻、运输保管方便，施工工艺比较简单，投入劳动力少，费用相对较低，并且渗滤吸水性好，具有一定的强度和延伸率，对土的扰动小，预压时间较长，在工程中得到广泛应用，但对于提高土层的抗剪能力不如袋装砂井。

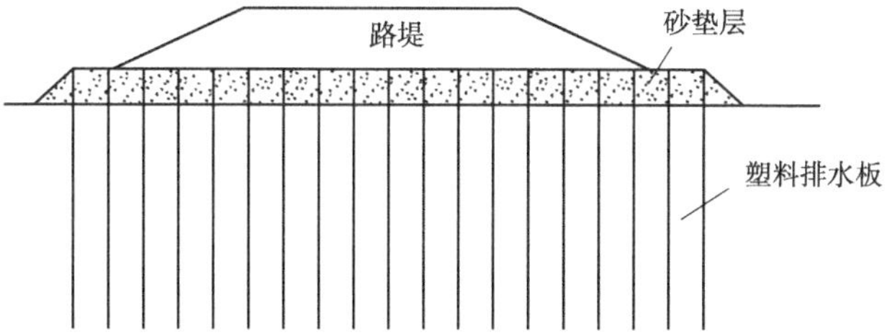

图 2-1-9　塑料排水板

塑料排水板由芯板和滤膜组成，板芯是由聚丙烯和聚乙烯塑料加工而成，且两面有间隔沟槽的板体，土层中固结渗流水通过滤膜渗入到沟槽内，并通过沟槽从排水垫层中排出。

利用塑料排水板打入(用插板机插入)土中，作为垂直排水通道，可代替常用的排水砂井法，其滤水性好，可确保排水效果，塑料排水板有一定的强度和延伸率，适应地基变形的能力强，插板截面尺寸不大，插入时地基扰动小，施工方便。

(1)塑料板排水法的施工机械，基本上可与袋装砂井打设机械共用，只是将圆形导管改为矩形导管。

对于目前我国应用的两用打设机械，其振动打设工艺、锤击振力大小，可根据每次打设根数、导管断面大小、入土长度及地基均匀程度具体确定。

(2)塑料排水板导管靴与桩尖塑料排水板通过导管，从导管靴穿出并与桩尖相连，导管连同塑料板顶住桩尖压入土中。

(3)塑料排水板打设顺序包括：定位→将塑料板通过导管从管靴穿出→将塑料板与桩尖连接贴紧管靴并对准桩位→插入塑料板→拔管剪断塑料板等。打好的塑料排水板，如图 2-1-10 所示。

图 2-1-10　打好的塑料排水板

施工过程中还应注意以下几点：

①塑料板插入过程中防止淤泥进入板芯，堵塞输水通道，影响排水效果；塑料板与桩尖连接要牢固，避免提管时脱开将塑料板带出。

②桩尖与导管配合要适当,避免错缝,防止淤泥进入,增大塑料板与导管壁的摩擦力造成塑料板被带出。

③现场堆放的塑料排水板,应采取措施防止损坏滤膜,露天堆放应有遮盖,不得长时间暴晒。

④塑料排水板超过孔口的长度应能伸入砂垫层不小于500mm,预留段应及时弯折埋设于砂垫层中,与砂垫层贯通,并采取保护措施。塑料排水板不得搭接。

⑤严格控制间距和深度,凡塑料板带上2m的应作废补打;打设形成的孔洞应用砂回填,不得用土块堵塞。塑料排水板施工质量标准见表2-1-4所示。

塑料排水板施工质量标准 表2-1-4

项　　次	检查项目	规定值或允许偏差	检查方法和频率
1	板距(mm)	±150	抽查3%
2	板长	不小于设计值	抽查3%
3	竖直度(%)	1.5	查施工记录

4.振冲碎石桩(振冲置换法)

振冲碎石桩是指利用一个产生水平方向振动的管状设备,在高压水流下边振动冲在软弱黏性土地基中成孔,再在孔内分批填入碎石等坚硬材料制成一根根桩体,桩体和原来的黏性土构成复合地基,以提高地基承载力,并减少压缩性。

碎石桩的承载力和沉降量在很大程度上取决于周围软土对碎石桩的约束作用,如周围土过于软弱,对碎石桩的约束作用就差。

振冲碎石桩的适用土质主要是软弱黏性土地基,当然在砂土中也能应用,但此时挤密作用的重要性远大于置换作用。对于抗剪强度较低的软黏土采用本法务必慎重。

利用振动和水冲加固土体的方法叫做振冲法。该法最早是用来振密松砂地基的,后来将其应用于黏性土地基。在黏性土中以石块、砂砾等散粒材料组成桩体,这些桩与原地基土构成所谓复合地基,使沉降量减少,承载力提高。它的加固机理与振冲砂基完全不同,前者是利用振冲在地基中以紧密的桩体材料置换一部分地基土,而后者是用振冲法使松砂变密。

在制桩过程中,填料在振冲器的水平向振动作用下挤向孔壁的软土中,从而使桩体直径扩大。当这一挤入力与土的约束力平衡时,桩径不再扩大。显然,原土强度越低,也就是抵抗填料挤入的约束力越小,造成的桩体就越粗。如果原土的强度过于低弱(如刚吹填的软土),以致土的约束力始终不能平衡使填料挤入孔壁的力,那就始终不能形成桩体,这种办法不再适用。土的强度至少要有多少才能成桩,各种说法不一。

(1)施工机具。

主要机具是振冲器、吊机或施工专用平气和水泵。振冲器是利用一个偏心体的旋转产生一定频率和振幅的水平向振力,并进行振冲挤密或振冲置换施工的一种专用机械。

起吊机械有履带或轮胎吊机、自行井架式专用平车或抗扭胶管专用汽车。选用吊机时,吊机的起吊能力需大于100~200kN。

水泵的规格是出水压400~600kPa,流量20~30mm^3/h,每台振冲器配一台水泵。如果工地有数台振冲器同时施工,也可用集中供水的办法。

其他设备有运料工具(手推车、装卸机或皮带运输机)、泥浆泵、配电板等。

(2)填料。

制作桩体的填料宜就地取材，如碎石、卵石、砂砾、矿渣、碎砖等均可使用，但不宜采用风化石块，粒径宜为19～63mm，含泥量均不得大于10%，最大粒径不大于5cm，粒径太大不仅容易卡孔，而且能使振冲器外壳强烈磨损。

(3)加料方式。

加料一般有3种方式：第一种是把振冲器提出孔口，往孔内倒入约1m堆高的填料，然后下降振冲器使填料振实；第二种是振冲器不提出孔口，只是向上提1m左右，然后向孔口倒料，再下降振冲器使填料振实；第三种是边把振冲器缓慢向上提升，边在孔口连续加料。就黏性土地基来说，多数采用第一种加料方式，因为后两种方式不能保证桩体质量。

对较软的土层，宜采用“先护壁，后制桩”的办法施工。即成孔时，不要一下达到设计深度，而是先达到软层上部1～2m范围内，将振冲器提出孔口加一批填料；下降振冲器使这批填料挤入孔壁，把这段孔壁加强以防塌孔；然后使振冲器下降至下一段软土中，用同样方法加料护壁。如此重复进行，直达设计深度。孔壁护好后，就可按常规步骤制桩了。

(4)施工顺序。

桩的施工顺序一般采用由里向外、由一边推向另一边，或间隙跳打的方式。

(5)制桩操作步骤。

先用振冲器成孔，而后借循环水清孔，最后倒入填料，再用振冲器沉至填料进行振实成型。

(6)碎石桩密实度抽查频率为2%，用重型动力触探测试，贯入量100mm时，击数应大于5次。

具体施工质量标准见表2-1-5。

碎石桩施工质量标准 表2-1-5

项　　次	检查项目	规定值或允许偏差	检查方法和频率
1	桩距(mm)	±150	抽查3%
2	桩径	不小于设计值	查施工记录
3	桩长	不小于设计值	抽查3%
4	竖直度(%)	1.5	查施工记录
5	灌碎石量	不小于设计值	查施工记录

5. 水泥粉喷桩(深层搅拌法)

粉体喷射搅拌桩加固软土地基，主要是以粉体物质作加固料和原状软土进行强制搅拌，经过物理化学作用生成一种特殊的、具有较高强度、较好变形特性和水稳定性的混合柱体(粉喷桩)，它对提高软土地基承载能力、减少地基的沉降量具有明显效果。

水泥粉喷桩是利用水泥粉作为固化剂，通过特别的深层搅拌机械，在地基深处将水泥粉和软土强制搅拌，利用固化剂和软土之间产生一系列物理、化学反应，形成坚硬拌和柱体，与周围上体形成复合地基作用，以提高地基承载能力，并减少压缩性。

本法适用于淤泥质土、黏性土、粉土、杂填土、天然含水率大于30%的软弱性土等的加固。据研究表明对含有多水高岭石、蒙脱石等松土矿物的软土，效果较好，对含有氯化物和水铝英石等黏土矿物的黏性土、有机质含量高pH值低的黏土加固效果较差。

(1)特点

粉喷桩加固法与其他软基处治方法相比较，具有下列特点：

①由于该法以粉体作为加固料，不需向地基注入附加水分，可以充分地吸取地下水，因此加固后地基柱体承载力与相类似的浆喷柱相比要高，其固结效果要好。

②该法加固水泥土柱与周围土体形成的复合地基，不需预压即可获得较高的复合地基承载力及复合变形模量，加固土柱体的压缩量仅为0.6%左右，下卧层的沉降量一般情况也能减少地基沉降总量的1/3～2/3。

③施工时低压操作，安全可靠，无污染，无振动，无噪声，对周围环境及建筑物无不良影响。

④本法可以根据不同土质条件及设计要求，分别选择加固料种类(水泥粉、石灰粉、钢渣粉等)及其合理的配比。

本法可以解决下列工程问题：增加软土地基承载力；减少软土地基的压缩量；加快软土地基的沉降速率(石灰系列)；作侧向支护以增加开挖边坡的稳定性。

(2)施工机械

粉喷桩施工主要机具是钻机、粉体发送器、空气压缩机和搅拌钻头。

①钻机。

钻机是粉体喷射搅拌法施工的主要成柱机械。为便于运输，钻机及桅杆架可安装在载体汽车上，也可用汽车单独运至工地后，移置于地面上进行操作。它必须满足：动力大、扭矩大，适合大直径钻头成柱；钻头直径一般为500mm。具有正向钻进、反转提升的功能。提升力大，并能实现匀速提升。

②粉体发送器。

粉体发送器是定时设置发送粉体材料的设备，它是粉体喷射搅拌法加固软土地基施工机械中的关键设备。由空气压缩机输送来的压缩空气，通过节流阀调节风量的大小，进入“气水分离器”，使压缩空气中的气水分离。然后，“干风”到达粉体发送器喉管，与“转鼓”定量输出的粉体材料混合，成为气粉混合体，进入钻机的“旋转龙头”，通过空心钻杆喷入地下。

粉体的定量输出，由控制转鼓的转速来实现。施工前必须按照加固工程的地质条件，通过室内试验，找出最佳粉体掺入量(如石灰粉的最佳掺入量，采用相当于干土量的4%～15%)。根据施工时钻机的提升速度、钻机的转速、搅拌钻头的类型，选用合理的粉体发送。

③空气压缩机。

粉体喷射法的粉体喷出，是以空气压缩机作为风源。空压机的选型，主要受加固工程的地质条件和加固深度所控制。

粉体喷射搅拌法与旋喷法(CCP工法)不同。粉体喷射搅拌法是以机械强制搅拌，气粉混合体只需克服喷灰口处土及地下水的阻力而喷入土中，通过搅拌叶片的机械搅拌作用使灰土混合，形成加固柱体；旋喷法则是依靠高压脉冲泵所喷射的高压水来破坏土层。因此，粉体喷射搅拌法所用空气压缩机的压力不需要很高。此外，空气压缩机的风量也不宜太大。

④搅拌钻头。

粉体喷射搅拌法凭借搅拌钻头叶片的搅拌作用使灰粉与软土混合，因此搅拌钻头的形状直接影响灰、土的搅拌效果。钻头的形式应保证反向旋转提升时，对柱中土体有压密作用，而且是使灰、土向地面翻升而降低桩体质量。

⑤计量装置。

计量装置是用于监测粉喷桩施工中粉体输入量的连续性及均匀性的装置，及时掌握钻机在喷粉过程中喷入软土层的水泥数量，它能逐段按层分析粉体的输入量，通过安装在粉体发送机上的调孔装置，使输入量能满足设计要求，并能自动记录打印。

(3)粉喷桩施工工艺流程

钻机就位→空气压缩机送气、钻进至设计孔深→喷灰、搅拌、提升→成桩、至设计桩顶→复搅 1/3 桩长→停灰、停气→下一循环。

但在有些情况下，亦可采用在下钻时就喷水泥或复喷复搅、压桩、加水等其他工艺。

①柱体对位：根据设计，确定加固机体的位置，使搅拌轴保持垂直。

②下钻：启动搅拌钻机，钻头边旋转边钻进。为了不致堵塞喷射口，此时并不喷射加固材料，而是喷射压缩空气。钻进时喷射压缩空气，可使钻进顺利，负载扭矩小。随着钻进，准备加固的土体在原位受到搅动。

③钻进结束：钻至设计高程后停钻。

④提升启动搅拌钻机，钻头呈反向边旋转，边提升，同时通过粉体发送器将加固粉体料喷入被搅拌的土体中，使土体和粉体料进行充分拌和。沿深度方向，加固材料的混合量系根据发送器输出的加固材料数量与搅拌叶片提升速度的关系确定。

⑤提升结束：柱体形成当钻头提升至距离地面 30 ~ 50cm 时，发送器停止向孔内喷射粉料，成柱结束。由于装置的回路是封闭的，在回路内的输送过程中，粉体不会向空中喷发与飞散。实践证明向土体喷射过程中的提升最后阶段，若在搅拌钻头距地表 30 ~ 50cm 处停止喷粉，则粉粒不会溢出地面。一般常限制在距地表 20cm 处停止喷粉。

⑥复拌：根据设计要求在地面下一定深度范围内需进行重复搅拌，此时，停止喷粉，钻头边旋转边钻进至设计要求复拌的深度，再提升反向边旋转边提升，使土体和粉体充分拌和，土块被充分粉碎。水泥粉均匀分布在地基土中。

(4)施工要点

①材料要求如下：

生石灰粒径应小于 2.36mm，无杂质，氧化镁和氧化钙总量应不小于 85%，其中氧化钙含量应不小于 80%；

粉煤灰中二氧化硅和三氧化二铝含量应大于 70%，烧失量应小于 10%；

水泥宜用普通或矿渣水泥，强度等级为 42.5 级或 32.5 级。

②加固土桩施工前必须进行成桩试验，桩数不宜少于 5 根，且满足以下要求：

a. 应取得满足设计喷入量的各种技术参数，如钻进速度、提升速度、搅拌速度、喷气压力、单位时间喷入量等；

b. 应确定能保证胶结料与加固土拌和均匀性的工艺；

c. 掌握下钻和提升的阻力情况，选择合理的技术措施；

d. 根据地层、地质情况确定复喷范围。

③应根据固化剂喷入的形态(浆液或粉体)，采用不同的施工机械组合。

④采用浆液固化剂时，制备好的浆液不得离析，不得停置过长。超过 2h 的浆液应降低等级使用。浆液拌和均匀、不得有结块。供浆应连续。

⑤采用粉体固化剂时，应符合以下规定：

严格控制喷粉高程和停粉高程，不得中断喷粉，确保桩体长度；严格控制粉喷时间、停粉时间和喷入量。应采取措施防止桩体上下喷粉不匀、下部剂量不足、上下部强度差异大等问题，应按设计要求的深度复搅；

当钻头提升到地面以下小于500mm时，送灰器停止送灰，用同剂量的混合土换填；

如喷粉量不足，应整桩复打，复打的喷粉量不小于设计用量。因故喷粉中断时，必须复打，复打重叠长度应大于1m；

施工设备必须配有自动记录的计量系统；

钻头直径的磨损量不得大于10mm。

⑥加固土桩施工质量标准见表2-1-6。

加固土桩施工质量标准　　表2-1-6

项　次	检查项目	规定值或允许偏差	检查方法和频率
1	桩距	±100mm	抽查桩数3%
2	桩径	不小于设计值	抽查桩数3%
3	桩长	不小于设计值	喷粉(浆)前检查钻杆长度，成桩28d后钻孔取芯3%
4	竖直度	1.5%	抽查桩数3%
5	单桩每延米喷粉(浆)量	不小于设计值	查施工记录
6	桩体无侧限抗压强度	不小于设计值	成桩28d后钻孔取芯，桩体三等分段各取芯样一个，抽查成桩数的3%
7	单桩或复合地基承载力	不小于设计值	抽查成桩数的0.2%，并不少于3根

6. 强夯与强夯置换(也叫动力固结法)

它是将很重的夯锤从高处自由落下，给土体以冲击和振动，从而提高地基强度，降低土体的压缩性。其强度提高过程分为以下几个阶段：夯击能量转化，同时伴随强制压缩或振密包括气体的排除，孔隙水压力上升；土体液化或土体结构破坏，表现为土体强度下降或抗剪强度丧失；排水固结压密，表现为渗透性能改变，土体裂缝发展，强度提高；触变恢复并伴随固结压密，包括自由水又变成薄膜水，土的强度提高。

强夯置换的加固机理与强夯法不同，它利用了重锤高落差产生的高冲击能将碎石、片石、矿渣等性能较好的材料强力挤入地基中，在地基中形成一个一个的粒料墩，墩与墩间土形成复合地基，地提高地基承载力，减少沉降，对墩周土体作用同强夯法。在强夯置换过程中，土体结构破坏，地基土体产生超孔隙水压力，随着时间增加，土体结构强度得到恢复。粒料墩有较好的透水性，利于土体超孔隙水消散固结。

(1)应采取隔振、防振措施消除强夯对邻近建筑物的有害影响。

(2)施工前应选择有代表性并不小于500m^{2}的路段进行试夯，确定最佳夯击能、间歇时间、夯间距等参数。

(3)夯击次数应按现场试夯得到的夯击次数和夯沉量关系曲线确定。

(4)垫层材料应采用透水性好的砂、砂砾、石屑、碎石土等。

(5)强夯施工应符合以下规定：

①施工前应检查锤重和落距，单击夯击能量应符合设计要求。

②夯击前，应对夯点放样并复核，夯完后检查夯坑位置，发现偏差或漏夯应及时纠正。

③施工过程中应记录每个夯点的夯沉量，原始记录应完整、齐全。

(6)强夯施工完成后，应通过标准贯入、静力触探等原位测试，测量地基的夯后承载能力是否达到设计要求。

7. 路堤施工观测

(1)二级及二级以上公路路堤施工中,必须进行沉降和稳定的动态观测,如表 2-1-7 所示。

沉降和稳定动态观测 表 2-1-7

观测项目	常用仪具名称	观测内容及目的
地表沉降量	地表型沉降计(沉降板)	据测定数据调整填土速率;预测沉降趋势,确定预压卸载时间和结构物及路面施工时间;提供施工期间沉降土方量的计算依据
地表水平位移量及隆起量	地表水平位移桩(边桩)	监测地表水平位移及隆起情况,以确保路堤施工的安全和稳定
地下土体分层水平位移量	地下水平位移计(测斜管)	用作掌握分层位移量,推定土体剪切破坏的位置,必要时采用

(2)观测仪表应在软土地基处理之后埋设,并在观测到稳定的初始值后,方可进行路堤填筑。

(3)地基条件差、地形变化大、实际问题多的部位和土质调查点附近应设置观测点。同一路段不同观测项目的圈点宜布置在同一横断面上。

(4)施工期间观测频率应与沉降、稳定的变形速率相适应,每填筑一层应观测一次;如果两次填筑间隔时间较长,每 3d 至少观测一次。路堤填筑完成后,堆载预压期间观测应视地基稳定情况而定,半月或每月观测一次,直至预压期结束。

(5)如地基稳定出现异常,应立即停止加载并采取措施处理,待路堤恢复稳定后,方可继续填筑。

(6)稳定性观测。

①一般路段沿纵向每 100 ~ 200m 设置一个观测断面。同时,每一路段应不少于 3 个观测断面;桥头路段应设置 2 ~ 3 个观测断面;桥头纵向坡脚、填挖交界的填方端、沿河等特殊路段均应增设观测点。

②位移观测边桩,应根据需要埋设在路堤两侧坡脚或坡脚以外 3 ~ 5m 处,并结合稳定分析,在预测可能的滑裂面与地面的切面位置布设测点,一般在坡脚以外 1 ~ 10m 范围内设置 3 ~ 4 个位移边桩。同一观测断面的边桩应埋在同一横轴线上。边桩应埋置稳固。

③校核基点四周必须采用保护措施,并定期与工作基点桩校核。

④地面位移观测仪器要求:测距精度 ±5mm,测角精度 2s。

⑤沿河、临河等凌空面大而稳定性很差的路段,必要时需进行地基土体内部水平位移的观测。

(7)沉降观测。

①在施工路段的原地面上一般埋设沉降板进行高程观测,沉降板埋置于路基中心、路肩及坡趾的基底。

②沉降板观测仪器要求:往返水准测量精度 1mm/km。

③用于观测水平位移的标点桩、校核基点桩亦同时用于沉降观测,埋设于坡趾及以外的标点边桩一般兼测地面沉降。

④堆载预压期间观测应视地基稳定情况而定,一般情况下,第一个月每 3d 观测一次,第二、三个月每 7d 观测一次,从第四个月起每 15d 观测一次,直至预压期结束。

其他还有 Y 形沉管灌注桩、薄壁筒形沉管灌注桩、静压管桩等处理方式。

任务工作单

学习情境二　特殊路基施工 工作任务一　软土路基施工	班级			
	姓名		学号	
	日期		评分	

一、任务内容

分组讨论软土路基施工方法。

二、基本知识

1. 软土是指滨海、湖沼、谷地、河滩沉积的__________高、__________大、__________高、__________低的细粒土。

2. 软基处理方法,基本可分为改善____________、改善____________及综合法三大类。

三、任务实施

袋装砂井法是软土路基施工采用的其中一种方法,分组讨论其施工要点。

1. 袋装砂井处理软土地基的原理是什么?

2. 袋装砂井适用于什么样的路基?

3. 袋装砂井作用的效果是什么?

4. 袋装砂井施工工序有哪些?

5. 袋装砂井成孔方法有哪些?

6. 袋装砂井施工有哪些具体要求?

四、任务小结

通过此工作任务的实施,各小组集中完成下述工作。

1. 软土路基处理的方法有哪些?

2. 你认为本次任务实施是否达到预期目的?还有什么意见和建议?

工作任务二　膨胀土地区路基施工

任务概述

1. 应知应会

通过本工作任务的学习与具体实施，学生应学会下列知识：

（1）叙述膨胀土的特点、分布、常用的工程处理措施；

（2）知道膨胀土路基的特点与工程危害，处理方案的适用条件和施工工艺；

（3）分析膨胀土的力学指标，选择合适的处理措施。

应掌握下列技能：

（1）会根据《公路路基施工技术规范》（JTG F10—2006），完成膨胀土路基处理施工技术作业；

（2）会选择适当的处理措施，编制施工工艺流程。

2. 学习要求

（1）研读教材内容；

（2）查阅某一公路项目膨胀土地区路基施工相关资料；

（3）重视理论联系实际。

相关知识

膨胀土具有较大吸水膨胀、失水收缩特性的高液限黏土称为膨胀土。膨胀土黏性成分含量很高，其中 0.002mm 的胶体颗粒一般超过 20%，黏粒成分主要由水矿物组成。土的液限 $w_L > 40\%$，塑性指数 $I_p > 17$，多数在 22～35 之间。自由膨胀率一般超过 40%。按工程性质分为强膨胀土、中等膨胀土和弱膨胀土 3 类。

膨胀土具有显著的吸水膨胀、失水收缩两种变形特性，一般强度较高，压缩性低，易被误认为是较好地基土。膨胀土对道路危害较大，其变形破坏具有多次反复性，膨胀土地区的公路路面常常大段出现大幅度的随季节变化的波浪变形。

膨胀土路基是工程建设中常见的一种特殊土路基，膨胀土不能直接作为路基填料，必须经过改良处理，使膨胀土的物理、化学性质发生变化，以达到降低膨胀土膨胀潜势、增加强度和提高水稳性的目的，有效防止土体边坡滑坍和变形，保证路基稳定、耐久。

图 2-2-1 所示为膨胀土地区路基施工图片。

图 2-2-1　膨胀土地区路基施工

任务实施

一、膨胀土路堤填筑

1. 铺筑试验路段

膨胀土地区路堤施工前,应按规定做试验路段,为路堤的正式施工提供数据资料和经验。

2. 原地面处理

在膨胀土地区修建公路,特别是修建高速及一级公路时,在路堤填筑前,必须对原地面进行处理,并应满足如下要求:

(1)填高不足1m的路堤,必须挖去地表30~60cm的膨胀土,换填非膨胀土,按规定压实。

(2)地表为潮湿土时,必须挖去湿软土层,换填碎、砾石土,砂砾或挖方坚硬岩石碎渣,或将土翻开掺石灰处理。

3. 填筑材料及作业要求

(1)强膨胀土稳定性差,不应作为路基填料;中等膨胀土宜经过加工、改良处理后作为填料;弱膨胀土可根据当地气候、水文情况及道路等级加以应用,对于直接使用中、弱膨胀土填筑路堤时,应及时对边坡及顶部进行防护。

(2)高速公路、一级公路、二级公路等采用中等膨胀土用作路床填料时,应作掺灰改性处理。改性处理后要求胀缩总率不超过0.7为宜。

(3)限于条件,高速公路、一级公路用中等膨胀土填筑路堤时,路堤填成后,应立即作浆砌底护坡封闭边坡。当填至路床底面时,应停止填筑,改用符合规定程度的非膨胀土或改性处理的膨胀土填至路床顶面设计高程并严格压实。如当年不能铺筑路面,作为封层的填筑厚度,不宜小于30cm,并做成不小于2%的横坡。

(4)使用膨胀土作填料时,为增加其稳定性,可采用石灰处治,石灰剂量可通过试验确定,要求掺灰处理后的膨胀土,其胀缩总率接近零为佳。

(5)可用接近最佳含水率的中等膨胀土填筑路堤,但两边边坡部分要用非膨胀土作为封层。路堤顶面也要用非膨胀土形成包心填方。挖方地段当挖到距路床顶面以上30cm时,应停止向下开挖,并挖好临时排水沟。待作路面时,再挖至路床顶面以下30cm,用膨胀土回填,并按要求压实。

二、膨胀土路堑开挖

1. 施工前的准备

路堑施工前,先开挖截水沟并铺设浆砌圬工,如图2-2-2所示,其出口应延伸至桥涵进水口。

2. 开挖作业及要求

膨胀土地区路堑开挖应按下列要求办理:

(1)挖方边坡不要一次挖到设计线,沿边坡预留厚度30~50cm一层,待路堑挖完时,再削去边坡预留部分,并立即浆砌护坡封闭。

(2)如路基与路面不连续施工时,二级及以下公路的挖方地段挖到距路床顶面以上30cm时,应停止向下开挖,并挖好临时排水沟,待做路面时,再挖至路床顶面以下30cm,用非膨胀土回填,并按要求压实。如路基与路面连续施工,高速公路、一级公路的路床应超挖30~50cm,并立即用粒料或非膨胀土分层回填或用改性土回填,按规定压实。

图 2-2-2　膨胀土路基浆砌护坡

三、膨胀土路基碾压

(1)根据膨胀土自由膨胀率的大小，选用工作质量适宜的碾压机具。一般自由膨胀率越大的土应采用的压实机具越重。

(2)碾压时应保持最佳含水率。

(3)压实土层松铺厚度不得大于 30cm。

(4)土块应击碎至粒径 5cm 以下，使土块中水分易于蒸发，减少土块本身的膨胀率，有利于提高压实效率。

(5)在路堤与路堑交界地段，两者土内的含水率不一定相同，原有的密实程度也不相同，压实时应使其压实得均匀、紧密，避免发生不均匀沉陷。因此，填挖交界处 2m 范围内的挖方地基表面的土应采用台阶方式搭接，并碾压密实。

四、施工注意事项

(1)膨胀土地区的路基施工，应避开雨季作业，加强现场排水，保证地基和已填筑的路基不被水浸泡。

(2)膨胀土地区路基施工，开挖后各道工序要紧密衔接，连续施工，分段完成，特别是高速、一级公路更应如此，路基填筑后不应间隔太久或越冬后做路面。

(3)路堤、路堑边坡设计修整后，应立即浆砌护墙、护坡，防止雨水直接侵蚀。

(4)膨胀土地区路床土的强度及压实标准应符合有关规定。

五、施工要点

1. 填土

根据填料区段、松铺厚度计算所需膨胀土的数量及每车料的堆放位置和间距，用石灰撒成方格，将填料按卸至方格内，松铺厚度一般不大于 30cm。

2. 整平

用竹竿标尺及挂线标出填层高度，用推土机将填料摊铺整平。若膨胀土较湿时，应用五铧犁翻耕晾晒，施工时可用核子仪快速检测含水率以确定晾晒时间及洒水量。用平地机初平，使各处填土厚度均匀，用压路机快速静压一遍。

3. 掺石灰拌和

将摊铺机平整的土用核子密度仪或灌砂法、环刀法测土的干密度及含水率；用钢钎和卷尺测量土的松铺厚度；按式(2-2-1)计算掺石灰摊铺所需的厚度。

将石灰运至填筑区段用平地机按计算的厚度进行摊铺，必要时采用人工配合，若石灰掺量少，按厚度摊铺有困难，可折算每平方米所用的石灰质量，用画方格的方法，每一方格内按计算的石灰量进行摊铺。摊铺均匀后用五铧犁翻耕，路拌机拌和均匀。

$$H_{灰} = \frac{h_{土} \times \rho_{土}}{\rho_{灰}} \times n_{灰} \tag{2-2-1}$$

式中：$\rho_{土}$——填料密度；

$\rho_{灰}$——石灰密度；

$n_{灰}$——石灰掺配比例。

4. 碾压前检测

首先是石灰剂量的检测，将现场拌和好的石灰土取样，通过 EDTA 二钠标准液滴定，来确定石灰剂量是否符合设计规范要求，如果掺灰量不足则掺至满足规范要求。其次测改性土的含水率，控制在最佳含水率的 $-2\% \sim +3\%$ 范围内，必要时需晾晒或洒水。

5. 碾压

用重型振动压路机进行碾压，先静压再振动再静压，从两边往中间，先慢后快。压实度与碾压机械的选择有关，土质变化时可适当调整碾压遍数，直至压实度满足规范要求。

6. 检测

《公路路基施工技术规范》(JTG F10—2006)规定的膨胀土的检测频率为 4 点/1000m^2，为保证工程质量，可用核子密度仪快速检测，用灌砂法做对比进行校正，既保证了检测频率及准确性，又缩短了检测时间，加快了作业循环及施工进度。

任务工作单

学习情境二 特殊路基施工 工作任务二 膨胀土地区路基施工	班级			
	姓名		学号	
	日期		评分	

一、任务内容

分组讨论膨胀土路基施工方法。

二、基本知识

1. 膨胀土具有较大吸水__________、失水__________特性的高液限黏土，一般强度较高，压缩性低，易被误认为是较好地基土。

2. 膨胀土按工程性质分为______膨胀土、中等膨胀土、______膨胀土 3 类。

3. ________膨胀土稳定性差，不应作为路基填料；__________膨胀土宜经过加工、改良处理后可作为路基填料；_________膨胀土可根据当地气候、水文情况及道路等级加以应用，对于直接使用中、弱膨胀土填筑路堤时，应及时对边坡及顶部进行防护。

三、任务实施

膨胀土路基是工程建设中常见的一种特殊土路基，要掌握其施工要点。

1. 膨胀土能作为路基填料么？有何要求？如果采用，应如何处理？

2. 膨胀土地区路堤填筑有何具体要求？

3. 膨胀土地区路堑开挖有何具体要求？

4. 膨胀土地区路基碾压有何具体要求？

5. 膨胀土地区路基施工过程中有哪些注意事项？

四、任务小结

通过此工作任务的实施，各小组集中完成下述工作。

1. 膨胀土路基处理的方法有哪些？

2. 你认为本次任务实施是否达到预期目的？还有什么意见和建议？

工作任务三　黄土地区路基施工

任务概述

1. 应知应会

通过本工作任务的学习与具体实施,学生应学会下列知识:

(1)叙述黄土的特点、分布、常用的工程处理措施;

(2)知道黄土路基的特点与工程危害,处理方案的适用条件和施工工艺;

(3)分析黄土的力学指标,选择合适的处理措施。

应掌握下列技能:

(1)会根据《公路路基施工技术规范》(JTG F10—2006),完成黄土路基处理施工技术作业;

(2)会选择适当的处理措施,编制施工工艺流程。

2. 学习要求

(1)研读教材内容;

(2)查阅某一公路项目黄土地区路基施工相关资料;

(3)重视理论联系实际。

相关知识

黄土主要分布于世界大陆比较干燥的中纬度地带。全世界黄土分布的总面积大约有 1300 万 km^2。我国的黄土的分布,西起甘肃祁连山脉的东端,东至山西、河南、河北交接处的太行山脉,南抵陕西秦岭,北到长城,包括陕西、山西、宁夏、甘肃、青海五个省区的多个县市,面积达 54 万 km^2,占全国土地面积的 6%。我国西北的黄土高原是世界上规模最大的黄土高原,华北的黄土平原是世界上规模最大的黄土平原。黄土地区地貌如图 2-3-1 所示。

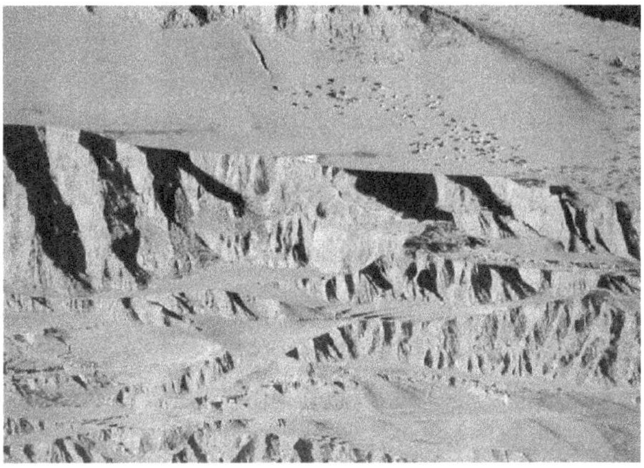

图 2-3-1　黄土地区地貌

一、黄土的结构特征

黄土指的是在干燥气候条件下形成的多孔性具有柱状节理的黄色粉性土,湿陷性黄土受水浸湿后会产生较大的沉陷。

黄土的矿物成分有碎屑矿物、黏土矿物及自生矿物3类。

碎屑矿物主要是石英、长石和云母，占碎屑矿物的80%，黄土中碳酸盐矿物含量较多，主要是方解石。

黏土矿物主要是伊利石、蒙脱石、高岭石、针铁矿、含水赤铁矿等。

黄土的化学成分以 SiO_2 占优势，其次为 Al_2O_3、CaO 等。

黄土的物理性质表现为疏松、多孔隙，垂直节理发育，极易渗水，且有许多可溶性物质，很容易被流水侵蚀形成沟谷，也易造成沉陷和崩塌。

黄土颗粒之间结合不紧，孔隙度一般在40%～50%。

二、黄土的渗水、收缩、膨胀和崩解

由于黄土孔隙率大及垂直的节理，所以垂直方向的透水性比水平方向大。即使经压实后，孔隙及节理被破坏，因黄土中的粗粒含量高，其渗水也比一般黏质土强。

黄土遇水后便膨胀，干燥后又收缩，经多次胀缩后，容易形成裂缝及剥落。由于土的自重作用使粉粒在垂直方向的间距变小，所以具有天然湿度的黄土在干燥后，水平方向的收缩量比垂直方向的收缩大。不同类别的黄土的崩解情况相差很大。新黄土浸入水中很快就崩解了，而老黄土要经过一段时间才全部崩解，红色黄土基本不崩解。

三、黄土的物理特性

黄土的特殊结构和构造，决定以下几个方面的物理特性：

1.黄土的抗剪强度

黄土的抗剪强度以水平方向最大，垂直方向最小；冲积、洪积有水平层理关系的黄土，则正好相反，水平方向小而垂直方向大。

2.黄土的湿陷性

黄土可分为两类：一类为湿陷性黄土，另一类为非湿陷性黄土。

3.黄土的液塑限

从黄土的液塑限试验结果来看，黄土是一种特殊的黏质土或粉质土。

4.黄土的击实特性

黄土的最大干密度为1.85%～1.89%，最佳含水率为13.8%～15.0%。高等级公路使用黄土填筑路堤时施工含水率的控制范围很小。这就是黄土填筑高等级公路路堤的困难所在。

四、湿陷性黄土的特性

1.湿陷性黄土的分布

湿陷性黄土占我国黄土地区总面积的60%以上，而且又出现在地表上层，主要分布在山西、陕西、甘肃大部分地区以及河南西部，其次是宁夏、青海、河北的部分地区，新疆、山东、辽宁等局部也有发现，分布十分广泛。

2.湿陷性黄土的特性

一般呈黄色或黄褐色，粉土含量常占60%以上，含有大量的碳酸盐、硫酸盐等可溶盐类，天然孔隙比在1左右，肉眼可见大孔隙。在自重压力或自重压力与附加压力共同作用下，受水浸湿后土的结构迅速破坏而发生显著下沉。具有湿陷性和易溶蚀、易冲刷、各向异性等工程特性,导致黄土地区的路基易产生多种问题及病害。湿陷性黄土地区地貌如图2-3-2所示。

图2-3-2　湿陷性黄土地区地貌

任务实施

一、黄土陷穴处理

黄土陷穴是黄土地区路基施工常见的病害。黄土陷穴处理范围,应为路堤或路堑边坡上侧50m、下侧20m。若陷穴倾向路基,虽在50m以外,仍应作适当处理。对明陷穴及埋藏较浅的、串珠状、漏斗状以及冲沟边缘处的陷穴采取开挖后回填夯实的处治方法。对埋藏较深的、竖井状陷穴采用灌砂浆或泥浆处置。具体的做法为:

(1)灌砂法适用小而直的陷穴,以干砂灌实整个洞穴。

(2)灌浆法适用于洞身不大,但洞壁起伏曲折较大,并离路基中线较远的小陷穴,施工时先将陷穴出口用草袋装土堵塞,再在陷穴顶部每隔4~5m打钻孔作为灌浆孔,待灌好的土浆或水泥浆凝固收缩后,再在各孔作补充灌浆,一般需要重复2~3次。

(3)开挖回填夯实适用于各种形状的陷穴,填料一般用就地黄土分层夯实。

(4)导洞和竖井适用较大、较深的洞穴,由洞内向外逐步回填夯实,在回填前,应将穴内虚土和杂物彻底清除干净。当接近地面0.5m时,应用老黄土或新黄土加10%的石灰拌匀回填夯实。

处理好的陷穴,其上层表面均应用石灰与土比例为3:7的石灰土填筑夯实或铺填老黄土等不透水材料加以改善。石灰土厚度应按设计严格执行。如原设计未要求时,其厚度不宜小于30cm。并将流向陷穴的附近地面水引离,防止形成地表积水或水流集中产生冲刷。

二、湿陷性黄土地基处理

湿陷性黄土地基应采取拦截、排除地表水的措施,防止地表水下渗,减少地基地层湿陷下沉。其地下排水构造物与地面排水沟渠必须采取防渗措施。

若地基土层有强湿陷性或较高的压缩性,且容许承载力低于路堤自重力时,应考虑地基在路堤自重和活载作用下所产生的压缩下沉。除采用防止地表水下渗的措施外,可根据湿陷性黄土工程特性和工程要求,因地制宜采取换填土、重锤夯实、强夯法、预浸法、挤密法、化学加固法等措施对地基进行处理。

1. 灰土挤密桩

当软土地层含水率过大或过小时，采取灰土挤密桩。

含水率过大可往孔内填干土粉或石灰粉，以吸去部分水分，或快速成孔浇灌或边成孔边下套管，或成孔后下套管；含水率过小，应预先浸湿加固范围内土层，成孔顺序应先外圈，后里圈并间隔进行；对已成孔，应防止受水浸湿，且应当天回填夯实；为避免夯打造成缩颈堵塞，应打一孔，填一孔；当桩孔较密，土质松软，应采取间隔跳打夯实。孔填料前应先夯打孔底3～4锤；根据试验测定的密实度要求，随填随夯，严格控制下料速度和夯击次数；回填料应拌和均匀，并控制其含水率；每个孔填料用量应与计算用量基本符合；夯锤重不宜小于100kg，锤形以梨形或枣核形较合适。有利于夯实边缘土，不宜采用平头夯锤，落距一般应大于2m；如地下水位较高，应降低水位后再回填夯实。已出现疏松、断裂或夹层，应用洛阳铲全部取出来，按规定重新填夯灰土，达到设计要求。认真按操作规程施工；灰土要按配合比称量，搅拌要均匀，干湿要适度；每次下灰厚度、数量、落锤高度、夯击次数要按试验规定做到前后一致；施工中严格按《公路工程质量检验评定标准》（JTG F80/1—2004）进行抽样检验。

2. 轻质路堤

用轻质材料填筑路堤可减轻对地基承载力的要求。目前国内已有应用粉煤灰填筑路堤的成功经验，可使路堤自重减轻25%左右。

三、黄土路基填料选择

对上路床的填料提出了限制的条件，高速公路和一级公路路面底以下0～30cm的路床填料CBR值应大于8，下路床及其下面的填土，也都给出相应的规定值。

当路基填料达不到规定的最小强度时，应采取掺和粗粒料或换填或用石灰等稳定材料处理，并不规定对其他等级公路铺筑高级路面时，也要采用高速公路和一级公路的规定值。

四、黄土路基填筑及压实

(1)黄土路堤施工时，应做好填挖界面的结合（纵向），清除坡面杂草，挖好向内倾斜的台阶。如结合面陡立，无法挖成台阶时，可采用土工钉加强结合。若地基土层具有强湿陷性或较高的压缩性，且容许承载力低于路堤自重压力时，可考虑采用重锤夯实，石灰桩挤密加固。

(2)黄土含水率过小，应均匀加水再行碾压；如含水率过大，可翻松晾晒至需要含水率再进行碾压，也可掺入适量石灰处理，降低含水率。掺灰后应将土、灰拌匀，其最大干密度应通过击实试验确定。

(3)老黄土透水性差，干湿难以调节，大块土料不易粉碎，使用前应通过试验确定采用的措施。路床填料不得使用老黄土。新黄土为良好填料，可用于填筑路床。黄土路堤应分层填筑，分层压实，大于10cm的块料，必须打碎，并应在接近上的压实最佳含水率时碾压密实。

(4)根据设计及时修筑外侧边缘的拦水、截水沟构造物和急流槽，将水引至坡脚以外，对高度大于20m的路堤，应按设计预留竣工后路堤自重压密固结产生的压缩下沉量。

(5)黄土地区应特别注意路基排水，对地表水应采取拦截、分散、防冲、防渗、远接远送的原则，根据设计及时做好综合排水设施，将水迅速引离路基。在填挖交界处引出边沟水量，应做好出水口的加固。

任务工作单

学习情境二　特殊路基施工 工作任务三　黄土地区路基施工	班级			
	姓名		学号	
	日期		评分	

一、任务内容

分组讨论黄土路基施工方法。

二、基本知识

黄土具有以下几个方面的物理特性:黄土的抗剪强度以＿＿＿＿＿方向最大,垂直方向最小;黄土可分为两类,一类为＿＿＿＿＿黄土,另一类为＿＿＿＿＿黄土。从黄土的液塑限试验结果来看,黄土是一种特殊的＿＿＿＿＿土或粉质土;高等级使用黄土填筑路堤时施工＿＿＿＿＿的控制范围很小。

三、任务实施

黄土路基是工程建设中常见的一种特殊土路基,应掌握其施工要点。

1. 黄土的物理特性有哪些?

2. 黄土陷穴是黄土地区路基施工常见的病害,应如何处治?

3. 湿陷性黄土地基有哪些处理方法?

4. 黄土路基填筑压实中有何要求?

四、任务小结

通过此工作任务的实施,各小组集中完成下述工作。

1. 黄土路基处理的方法有哪些?

2. 你认为本次任务实施是否达到预期目的?还有什么意见和建议?

工作任务四　盐渍土地区路基施工

任务概述

1. 应知应会

通过本工作任务的学习与具体实施,学生应学会下列知识:

(1)叙述盐渍土的特点、分布、常用的工程处理措施;

(2)知道盐渍土路基的特点与工程危害,处理方案的适用条件和施工工艺;

(3)分析盐渍土的力学指标,选择合适的处理措施。

应掌握下列技能:

(1)会根据《公路路基施工技术规范》(JTG F10—2006),完成盐渍土路基处理施工技术作业;

(2)会选择适当的处理措施,编制施工工艺流程。

2. 学习要求

(1)研读教材内容;

(2)查阅某一公路项目盐渍土地区路基施工相关资料;

(3)重视理论联系实际。

相关知识

一、盐渍土分布

盐渍土指包括盐土和碱土在内的,以及不同程度盐化、碱化土壤的统称。在公路工程中,按地表全层 1m 以内容易溶于水中的无机盐类(或称易溶盐类)含量平均达 0.5% 以上的土壤,称为盐渍土。盐渍土影响农作物的生长,地面表层显露盐水的痕迹,或者可见到一层薄薄的白色粉状的盐霜,有的是一层坚硬的盐壳。

盐渍土生成的原因是比较复杂的,是各种易溶盐类在土中不断聚集和积累的过程。而易溶盐类主要是地壳上原为海洋盐分沉积形成的岩石,受地质作用而上升,露出地面的岩石不断风化所致。它又受所处地理位置、地形地貌、地质土壤、地下水位、气候条件等的影响。

1. 全球盐渍土分布

全世界五大洲 100 多个国家和地区有各种类型盐渍土面积 9.5438 亿公顷,约占全球陆地总面积的 1/4。

2. 中国盐渍土分布

在我国,北自三江平原南至广西、广东、海南和台湾西海岸及南海诸群岛的滨海地带以及大致沿淮河—颍河—秦岭—西倾山—积石山—巴颜喀拉山—唐古拉山—喜马拉雅山一线以北广袤的半干旱、干旱和荒漠地带,凡地势相对低平且地面和地下径流汇集、出流滞缓的地区,几乎都分布着各种类型的盐渍土。

我国土壤面积 131.6 亿亩(不含台湾),其中耕型土壤近 20.68 亿亩。盐渍土资源 5.27 亿亩,依据土壤盐渍地球化学特征,我国共分出 8 个土壤盐渍区:滨海湿润—半湿润水浸盐渍区、东北半湿润—半干旱草原—草甸盐渍区、黄淮海冲积平原半湿润—半干旱耕作—草甸盐渍区、内蒙古高原干旱—半漠境草原盐渍区、黄河中上游半干旱—半漠境盐渍区、甘蒙新干旱漠境盐渍区、青新极端干旱漠境盐渍区和西藏高寒漠境盐渍区。

二、盐渍土的分类

按形成条件的不同盐渍土的分类，见表2-4-1。

按含盐性质的不同盐渍土的分类，见表2-4-2。

按盐渍化程度不同盐渍土的分类，见表2-4-3。

盐渍土按形成条件分类 表2-4-1

依据	名称	说明
按形成条件	盐土	指以含有氯盐及硫酸盐为主的盐渍土。往往是地下水位很高时，水中盐分由于毛细管作用，经过蒸发而聚集在土的表层。海水浸渍也能形成盐土。在草原和荒漠中的洼地，由于带有盐分的水流入，经过蒸发而形成盐土
	碱土	是由盐土因地下水位降低而形成或由地表水的渗入多雨土中水的蒸发时形成。其特点是在表层土含有少量的碳酸钠和中碳酸钠，不含或仅仅含微量的其他易溶盐类，黏土胶体部分为吸附性钠离子所饱和。碱土常具有明显的层次，表层为层状结构的淋溶层，下层为柱状结构的沉淀层。在深度40~60m土层内含易溶盐最多，同时也聚积有碳酸钙和石膏
	胶碱土	生成于荒漠或半荒漠的地形低洼处，大部分是黏性土或粉性土，表面平坦，不长植物。干燥时非常坚硬，干裂成多角形。潮湿时立即膨胀，裂缝挤紧，成为不适水层，非常泥泞。胶碱土的整个土体内易溶盐的含量均较少，盐类被淋溶至0.5m以下的地层内，而表面往往含有吸附性的钠离子

盐渍土按含盐性质分类 表2-4-2

盐渍土名称	离子含量比值		盐渍土名称	离子含量比值	
	Cl^-/SO_4^{2-}	$CO_3^{2-}+HCO_3^-/Cl^-+SO_4^{2-}$		Cl^-/SO_4^{2-}	$CO_3^{2-}+HCO_3^-/Cl^-+SO_4^{2-}$
氯盐渍土	>2	—	盐酸盐渍土	<0.3	—
亚氯盐渍土	1~2	—	碳酸盐渍土	—	<0.3
亚硫酸盐渍土	0.3~1	—			

注：离子含量以100g土中离子的毫克当量数计。

盐渍土按盐渍化程度分类 表2-4-3

盐渍土名称	土层的平均含盐量(以质量百分率计)	
	氯盐渍土及亚氯盐渍土	硫酸盐渍土及亚硫酸盐渍土
弱盐渍土	0.3~1.0	0.3~0.5
中盐渍土	1.0~5.0	0.5~2.0
强盐渍土	5.0~8.0	2.0~5.0
过盐渍土	>8.0	>5.0

注：含盐量以100g干土内的含盐总量计。

三、盐渍土路基的主要病害

盐渍土路基的主要病害见表2-4-4。

盐渍土路基主要病害 表 2-4-4

序号	病害名称	说明
1	溶蚀	主要是氯盐渍土,其次是硫酸盐渍土。浸水后土中盐分溶解,可形成雨沟、洞穴,甚至湿陷、坍塌等
2	盐胀	硫酸盐渍土盐胀作用强烈。在冷季,土基内的盐胀,可导致路面不平、鼓胀、开裂,是盐渍地区高等级公路最突出的病害。路基边坡和路肩表层在昼夜温度变化所引起的盐胀反复作用下,变得疏松、多孔,易遭风蚀,并易陷车
3	冻胀	主要是氯盐渍土。当含盐量在一定范围内时,由于冰点降低、水分聚流时间加长,可加重冻胀。但含盐量更多时,由于冰点降低多,路基将不冻结或减少冻结,从而不产生冻胀或只产生轻冻胀。硫酸盐渍土对冻胀具有和氯盐渍土类似的作用,但冰点降低不如氯盐渍土多,影响不如氯盐渍土显著。碳酸盐渍土由于透水性差,可减轻冻胀
4	翻浆	主要是氯盐渍土。当含盐量在一定范围内时,不仅可加重冻胀,也可加重翻浆。当含盐量更多时,也因不冻结而不翻浆或减轻翻浆。硫酸盐渍土,在降低冰点方面,其作用和氯盐渍土类似,可加重翻浆,但不如氯盐渍土显著。春融时,结晶硫酸钠脱水可引起加重翻浆的作用

四、施工季节的选择及施工程序安排

在盐渍土地区筑路,应尽可能地考虑当地盐渍土的水盐状态特点,力求在土的含水率接近于最佳含水率的时期不发生冻结,也不在积水季节进行施工。根据这一原则,一般认为:当地下水位高,对黏性土的盐土地区,以夏季施工为宜;对砂性土的盐土地区,以春季和夏初施工为宜;强盐渍土地区,应在表层含盐量降低的春季施工为宜;对于不冻结的土,可以考虑冬季施工。

盐渍土路基要分段一次做完。自基底清除过盐土开始,要连续施工,一次做到路堤的设计高程,不可间断。在设置隔离层的地段,至少也要一次做到隔离层的顶部,以避免路基的再盐渍化和形成新的盐壳。如图 2-4-1 所示。

图 2-4-1 盐渍土地区施工

五、路基填料要求

在盐渍土地区施工时,路基填料应符合下列要求。

(1)路基填料的含盐量不得超过表 2-4-5 的规定,不得夹有盐块和其他杂物。

(2)在内陆盆地干旱地区,如当地无其他适用的填料,需用易溶盐含量超过规定值的土、砾等作填料时,应根据当地气候、水文地质等条件,通过试验决定填筑应采取的措施。

(3)对填料的含盐量及其均匀性应加强施工控制检测,路床以下每 1000m^3 填料、路床部分每 500m^3 填料应至少做一组测试,每组 3 个土样,填方不足上列数量时,亦应做一组试件。

含盐量大的土层一般分布在地表数百毫米的范围内。实际检测时,如发现上下层含盐量不一样,总的平均含量未超过规定时,可将上下两层盐土打碎拌和来保证含盐量的均匀性。

盐渍土地区路基填料容许含盐量 表2-4-5

路面等级	填料容许含盐量(%)		
	氯盐渍土及亚氯盐渍土	硫酸盐渍土及亚硫酸盐渍土	硫酸盐渍土
次高级路面	≤8	≤2	≤0.5
高级路面	≤5	≤1	≤0.5

(4)用石膏土做填料时,应先破坏其蜂窝状结构。石膏含量一般不予限制,但应控制压实度。

任务实施

一、基底处理

盐土地区的路基基底处理,主要与基底的地表含盐量和地下水位有关。

(1)一般含盐量大的土层多分布于地表,所以路堤基底的含盐量超过允许值时,要挖除。路堤高度小于规定时,除应将基底土挖除外,还应按设计要求换填透水性较好的土。盐渍土地区路堤最小高度应满足表2-4-6的要求。

盐渍土地区路堤最小高度 表2-4-6

土质类别	高出地面(m)		高出地下水位或地表长期积水位(m)	
	弱、中盐渍土	强、过盐渍土	弱、中盐渍土	强、过盐渍土
砾类土	0.4	0.6	1.0	1.1
砂类土	0.6	1.0	1.3	1.4
黏性土	1.0	1.3	1.8	2.0
粉性土	1.3	1.5	2.1	2.3

注:①二级公路最小高度可为表中数值的1.2~1.5倍。
②一级公路、高速公路最小高度可为表中数值的2倍。

(2)含水率超过液限的原地基土,应按设计要求将基底以下1m全部换填为透水性材料;含水率介于液限和塑限之间时,应按设计要求换填100~300mm厚的透水性材料;含水率在塑限以下时,可直接填筑黏性土。

(3)地下水位以下的软弱土体应按设计要求采用透水性好的粗粒土换填,高度宜高出地下水位300mm以上。

(4)在内陆盆地干旱地区,路面为沥青混凝土、水泥混凝土或沥青表处时,应按设计要求在路堤下部设置封闭性隔断层。

(5)地表为过盐渍土的细粒土、有盐结皮和松散土层时,应将其铲除,铲除的深度通过试验确定。地表过盐渍土层过厚时,如仅铲除一部分,则应设置封闭隔断层,隔断层宜设置在路床顶面以下800mm处;若存在盐胀现象,隔断层应设在产生盐胀的深度以下。

二、路基压实度及含水率控制

(1)路基压实宜按最佳含水率控制,用砾类土和砂类土填筑时,不得超过3%或低于2%;用细粒土填筑时,上下不得超过2%。洒水要均匀,不得有片状过湿或过干现象。

(2)路基填土应分层铺筑、分层碾压,用一般压路机碾压每层松铺厚度应不大于20cm,用重型振动式压路机碾压，松铺厚度不大于30cm；风积砂采用干压实时，松铺总厚度应不大于60cm。

(3)在碾压之前先将路基边缘稳压两次，再分别由两边向中间稳压一遍，然后遵守“先边缘后中间，先轻压后重压，先慢压后快压”的原则按压实要求遍数碾压，每次碾压的轮迹重叠宽度应不小于20cm，谨防碾压不到边的现象。

(4)为防止盐分的转移和保证路基的稳定，路基的压实度应尽可能地提高一些，压实度以重型击实试验法为准。设有隔断层的路堤，压实度应满足表2-4-7的规定。

盐渍土地区路基压实度 表2-4-7

压实范围	压实度(%)	
	高速公路、一级公路	其他等级公路
路面底面及隔断层顶面	≥95	≥93
隔断层底面至地面	≥93	≥90

不设隔断层的路基，路基压实度应满足《公路路基设计规范》(JTG D30—2015)要求。

(5)采用风积砂、河砂隔断层时，其隔断层的压实度：高速公路、一级公路不小于95%；其他等级公路不小于93%。

(6)新建路堤的基底应做好填前压实。高速公路、一级公路基底压实度应不小于90%；二、三级公路不小于85%；四级公路不小于83%。路基填土高度小于路床厚度时，基底压实度不宜小于路床的压实标准。

(7)原有公路加宽与改建路基的衔接处，所用填土宜与原路基土相同或选用透水性好的土。原路基边坡应开挖宽不小于1m的台阶分层填筑，压实度应不低于改建路基相应的压实标准，设有护坡道的路段，护坡道亦应分层填筑，压实度不小于80%。

(8)桥涵与挡土墙地基换填，压实度应不小于90%；对二级及其以下等级公路，特殊情况下可降低2%~5%。

(9)桥涵台背与挡土墙等构造物的背后填筑，松铺层厚度不应超过20cm，采用小型手扶振动夯或手扶振动压路机。涵洞两侧填土与压实应同时对称进行。压实度应满足表2-4-7的规定。

(10)盐渍土地区水泥混凝土构造物的下部应做防腐蚀处理。一般应采用抗硫酸盐水泥，表面涂抹两遍以上沥青，涂抹高度应高出接触盐渍土或矿化水的部位0.5m。

三、路基排水

排水是一项关键性的工作。

(1)填前地表处理：应铲除路基与取土范围内的表层不符合设计要求的盐渍土，铲除厚度应根据实际调查及试验资料的结果决定，一般情况下应不小于30cm。铲除的盐渍土应作弃方处理，弃至距路基坡脚不小于100m的低凹处，以免水流浸渍后，又流回路基范围内。在积水路段，应将积水排除后，将地表翻晒，其厚度应不小于50cm。对排水困难的低凹地、软土、泥沼、地下水位接近地表地段，应采用适当的基础处理后再填筑路基。地表的草根杂物应严格清除干净。

(2)取土场取料处理：当取土料场的料含水率高时，应结合地形及实际情况挖临时排水沟，排除及拦截地表水，降低地下水位；或采用挖槽、翻摊晾晒的方法使其含水率降低。挖出的土块必须破碎晾晒后方能填筑路基。土基内的草根、杂物等应严格清除干净，不得填入路基。排水困难地段的取土料场，应作临时拦水坝，使水流阻断在取土场以外，料场地表不符合设计要求的土必须清除干净后才能开挖作为路基填料。

(3)对取土坑施工要求:当路基两侧设取土坑时,取土坑应规则整齐,符合设计要求,其底部应高出地下水位以上,能使纵横向排水顺利,坑底不积水。

(4)施工排水:施工中应及时合理地布置好排水系统,不应使路基及其附近有积水现象。临时排水设施宜与设计中的排水设施形成统一的排水系统。有些配套的排水系统应尽量安排在路基施工前完成,路基施工范围内不能随便弃土及堆放杂物。路基填料应及时摊铺、碾压,每层均确保不小于2%的路拱。使施工中雨水能及时顺利排出。应严格防止施工中雨水积在路基上或在低凹处浸泡路基的现象。

(5)对分隔带和沿线设施的施工要求:当设置分隔带时,应将分隔带做成封闭型,施工时应及时封闭,防止雨水、雪水由分隔带渗入路基。其封闭材料可采用沥青混凝土、水泥混凝土、防渗土工布及其他形式的防渗材料。沿线设施挖基坑后应及时安装回填,不能及时处理时,应用防渗材料将基坑覆盖,不能让水流进入。

(6)盐渍土路段应采取分段连续的施工方式。段落不宜太长,力求一次施工到路基设计高程,并当年铺筑路面。如果当年不能铺筑路面时,应采取防止雨、雪浸入路基的措施。

四、路基毛细水隔断层的设置

路基修筑在强盐渍化细颗粒黏土地区,路基边缘至地下水位高度又不可能达到设计规定,而采用提高路堤或地下水位的措施又不经济或不可能时,可在路基边缘以下0.4~0.6m处的整个路基宽度上设置毛细隔断层。

五、路基高度选择

(1)路基边缘高出地面的最小高度。

(2)路基边缘高出地下水位的最小高度。

根据有关地区的经验,碱土地段路基填土高度可比非盐渍土地段适当降低;在深度饱和的地下盐水地段,路基填土高度可比低矿化度或淡水的地下水情况适当降低。

六、路基边坡与路肩的处理

(1)边坡坡度。盐渍土路堤的边坡值,没有浸水时可按表2-4-8采用;有水浸时,可按表2-4-9采用。

盐渍土地区边坡坡率 表2-4-8

土质类别	弱、中盐渍土	强盐渍土
砾类土	1:1.5	1:1.5
砂类土	1:1.5	1:2~1:1.3
粉质土	1:1.5~1:1.75	1:1.75~1:2.0
黏质土	1:1.5~1:1.75	1:1.75~1:2.0

有水浸时的边坡值 表2-4-9

浸水程度	填细粒土	填粗粒土	备注
短期浸水	1:2~1:1.3	1:1.75~1:2	当流水速度引起冲刷时,边坡应加防护
长期浸水	不可用	1:2~1:1.3	

(2)边坡及路肩加固。对于强盐渍土，无论其路基结构如何，边坡及路肩都必须进行加固，为保证路基有效宽度，当路基容易遭受雨水冲刷、淋溶和松胀时，对强盐渍土及过盐渍土的路基宽度，应较标准路基宽度增加0.5～1.0m。

对于硫酸盐渍土路基的边坡，根据需要与可能，宜采用卵石、砾石、黏土或盐壳平铺在路堤边坡上，用以防止边坡疏松、风蚀等破坏。对长期浸水地段，还需在高出水位以上0.5m做护坡道，并予以防护。

在过盐渍土地区，对路肩的加固，可用粗粒浸水材料掺在当地土内封闭路肩表层，也可用沥青材料封闭路肩或用15cm的盐壳加固。

七、施工质量管理与检查

1. 质量管理

(1)施工中应建立健全有效的质量保证体系，对工程开工前与施工过程中的材料、工序、工艺应进行中间检查和质量控制；工程交工前对已完成工程应按《公路工程质量检验评定标准》(JTG F80/1—2004)进行检查评定。

(2)施工前的材料检查。

开工前应复查自采材料位置、路基填料中盐渍化程度及路基、路面用水的矿化度是否符合设计要求。

应加强对路基填料的含盐量、含水率及其均匀性的检测。按随机抽查频率：路床以下每1000m^3填料不小于1组，路床部分每500m^3填料不小于1组，每组取3个土样作含盐量和含水率分析。

(3)试验路段。

强、中盐渍土地区的高速公路、一级公路路基，在施工前应针对盐渍土的地基处理、路基填筑、隔断层铺设等施工工艺性问题铺筑试验路段。其他等级的公路在缺乏施工经验时，也宜铺筑试验路段。

试验路段应选择在有代表性的盐渍土地段进行，路段长度宜为100～200m。

试验路段应确定盐渍土地基处理的施工方法。

试验路段应确定最佳的机构机械配套和施工组织及相应的松铺厚度、洒水方法、碾压遍数等。

试验路段应确定拟用的隔断层的施工工艺。

试验路段铺筑过程中及完成后，应加强对各项指标的检测，提出试验路总结报告，报批后指导施工。

2. 质量检查

(1)路基压实度

①路基的压实度以重型击实标准为准，每个土料场应作不少于两组的平行试验，求得平均最大干密度和最佳含水率作为标准值。

②砂类土和细粒土路基在检测压实度时应分两步进行：

选点检测：将已压实的段落进行仔细观察，对怀疑有问题的地方做压实度及含水率测定；每100m有10个以上选点的检测结果不符合要求时，应作为不合格工程，不能局部处理，应翻晒或补充洒水后重新碾压；如不符合要求的测点不到10个时可作局部处理。

随机检测：选点检测满足要求时，应做随机检测，在各压实层2000m^2的随机测点不少于4处。

路基压实度的评定与路面压实度的检测及评定，按《公路工程质量检验评定标准》(JTG F80/1—2004)附录B执行。

(2)隔断层

①隔断层材料。

土工布或薄膜质量,应符合设计要求的规定。

砂土保护层砂的规格和质量必须符合规定,保护层内不得有草根和其他杂物。

砾(碎)石隔断层的粒径以及反滤层砂的质量应符合规定,其实测项目按《公路工程质量检验评定标准》(JTG F80/1—2004)执行。

②隔断层压实。

隔断层压实度应符合表2-4-7及有关规定。检查频率每2000m 4处。

③隔断层材料质量评定。

土工布或薄膜实测项目按《公路工程质量检验评定标准》(JTG F80/1—2004)执行。

任务工作单

<table>
<tr><td rowspan="3">学习情境二　特殊路基施工
工作任务四　盐渍土地区路基施工</td><td>班级</td><td colspan="3"></td></tr>
<tr><td>姓名</td><td></td><td>学号</td><td></td></tr>
<tr><td>日期</td><td></td><td>评分</td><td></td></tr>
</table>

一、任务内容

分组讨论盐渍土路基施工方法。

二、基本知识

1. 盐渍土的分类,按盐渍化程度不同,可分为四类:________、________、________和________。

2. 盐渍土路基的主要病害有__________、__________、__________和__________四类。

3. 在碾压之前先将路基边缘稳压两次,再分别由__________向__________稳压一遍,然后遵守“先__________后__________,先__________后__________,先__________后__________”的原则按压实要求遍数碾压。

三、任务实施

盐渍土路基是工程建设中常见的一种特殊土路基,应掌握其施工要点。

1. 盐渍土地区路基施工,对施工季节有何要求?

2. 盐渍土地区路基基底处理有何要求?

3. 盐渍土地区路基填料有何具体规定?

4. 盐渍土地区路基碾压现场含水率应如何控制?

5. 盐渍土地区路基排水有何要求?

四、任务小结

通过此工作任务的实施,各小组集中完成下述工作。

1. 你认为本次任务实施是否达到预期目的?还有什么意见和建议?

2. 盐渍土路基处理的方法有哪些?

工作任务五　多年冻土及季节性冻土地区路基施工

任务概述

1. 应知应会

通过本工作任务的学习与具体实施，学生应学会下列知识：

(1)叙述冻土的特点、分布、常用的工程处理措施；

(2)知道冻土路基的特点与工程危害，处理方案的适用条件和施工工艺；

(3)分析冻土的力学指标，选择合适的处理措施。

应掌握下列技能：

(1)会根据《公路路基施工技术规范》(JTG F10—2006)，完成冻土路基处理施工技术作业；

(2)会选择适当的处理措施，编制施工工艺流程。

2. 学习要求

(1)研读教材内容；

(2)查阅某一公路项目冻土地区路基施工相关资料；

(3)重视理论联系实际。

相关知识

一、多年冻土概述

1. 多年冻土的定义及特性

凡是土温等于或低于0℃，且含有冰的土(石)称为冻土，这种状态保持三年或三年以上者，称为多年冻土。主要集中于我国东北大、小兴安岭和青藏高原。如图2-5-1所示。

图2-5-1　多年冻土地区

多年冻土通常埋藏在地表下不深处，位于季节融化层(或活动层)下。活动层的厚度通常为0.2～3m。一般活动层的底板与多年冻土的上限相连，这种多年冻土称为衔接多年冻土。有时活动层在冬季的冻结深度达不到多年冻土上限，在季节冻结层和多年冻土上限之间隔着一层融土，便形成不衔接多年冻土。

多年冻土随纬度和垂直高度而变化。在北半球，其深度自北向南增大，厚度自北向南减薄以至消失。如西伯利亚北部多年冻土的厚度为200m左右，最厚可达620m，活动层小于0.5m。向南到中国黑龙江省，多年冻土南界厚度仅1～2m，活动层厚达1.5～3.0m。多年冻土的厚度由高海拔向低海拔变薄，活动层也相应增厚。如中国祁连山北坡4000m处多年冻土厚100m，3500m处仅22m。在青藏高原北部的昆仑山区，多年冻土厚180～200m，向南厚度变薄。无论在南北方向或者垂直方向上，多年冻土都存在3个区：连续多年冻土区；连续多年冻土内出现岛状融区；岛状多年冻土区。这些区域的出现都与温度条件有关。年均气温低于－5℃，出现连续多年冻土区；岛状融区的多年冻土区，年均气温一般为－1～－5℃。

(1)多年冻土上下限及冻土厚度

在多年冻土地区，地表以下的一定深度内，每年夏季融化，冬季冻结，该层成为季节融化层。在该深度以下的土，则终年处于冻结状态，称为多年冻土。这一深度成为季节融化层底板或多年冻土上限。从地表到达这一深度的距离即为季节融化层厚度或多年冻土上限的埋深。

多年冻土层的底部称作多年冻土下限，下限处的地温值为0℃，下限以上为多年冻土，以下为融土。上限和下限之间的距离称为多年冻土厚度。

多年冻土厚度是多年冻土的重要标志之一，它反映着冻土的发育程度。冻土层的厚度对评价建筑物地层基础设计不可缺少的依据。多年冻土薄的在10m以下，最厚的多年冻土在大小兴安岭，可超过100m。

(2)多年冻土分类

①多年冻土按含冰量分类，可分为少冰冻土、多冰冻土、富冰凉土、饱冰冻土和含土冰冻层五类，见表2-5-1所示。

冻土的描述定名和融沉性等级分类 表2-5-1

土类	含冰特征		融沉性等级及类别	冻土定名
冻土	一、肉眼看不见凝冰的冻土	1.胶结性差，易碎冻土	Ⅰ级不融沉	少冰冻土
		2.无过剩冰的冻土		
		3.胶结性良好的冻土		
		4.有过剩冰的冻土		
	二、肉眼可见分凝冰，但冰层厚度小于或等于2.5cm的冻土	1.有单个冰晶体，冰包原体的冻土		
		2.在颗粒周围有冰膜的冻土	Ⅱ级弱融沉	多冰冻土
		3.不规则走向的冰条带冻土	Ⅲ级融沉	富冰冻土
		4.层状或明显定向的冰条带冻土	Ⅳ级强融沉	饱冰冻土
厚层冰	冰层厚度大于2.5cm的含土冰层或纯冰层	1.含土冰层	Ⅴ级融陷	含土冰层
		2.纯冰层		ICE

②按冻土的成因分为：

a.后生冻土层。土层堆积后形成的，特点是含冰量少，多为整体结构或层状结构，具裂隙冰；

b.共生冻土层。与堆积土害融沉层同时形成的，特点是含冰量多，多为层状或网状结构。

(3)多年冻土上限的类别及用途

多年冻土上限有天然上限和人为上限两种。

天然状态的多年冻土上限为其天然上限。因受人类活动影响改变了地温和气温热交换条件,破坏了天然条件下的热平衡状态导致多年冻土上限发生变化,变化后的多年冻土上限即为其人为上限。

人为多年冻土上限决定了多年冻土融化下沉计算的下部界限;而天然上限往往是厚层地下冰的埋藏深度。在建筑物地基的融沉计算中,应包括融沉和压密下沉两部分。

2. 多年冻土的力学性质

(1)荷载强度

瞬时荷载强度。多年冻土由于冰的胶结作用,瞬时抗压强度比未冻大许多倍。强度随温度降低而提高,因为温度降低,不仅含冰量增加,冰的强度也增加。

长期荷载强度。在长期荷载作用下,抗压强度比瞬时抗压强度小很多,多年冻土的强度与含冰量和温度有关,由于冰和冰水的存在,在长期荷载作用呈现强烈的流变性。

冻土融化强度。抗压和抗剪强度明显下降,特别是含水率的冻土,融化后的内聚力约为冻结时的1/10,土的固有结构被破坏,融化的冻土变为高压缩性和稀释的土体,这也是多年冻土地基融陷的原因。

(2)冻土的压缩性质

多年冻土在短期荷载作用下,压缩性很低,类似岩石,一般不计变形,但在长期荷载作用下,尤其是在 $-0.1 \sim 0.5$℃的温度下,压缩变形相当大。

融陷变形一部分与压力有关,一部分与压力无关,冻土构造及腐殖质含量对融化下沉系数有很大影响。

(3)冻土的流变性

流变是冻土强度的主要特征,包括蠕变和松弛两个方面。蠕变是不变压力作用下变形随时间而发展,当荷载不超过持久强度时,变形逐渐衰减,趋于稳定,一般荷载超过持久强度,便出现塑-黏性流动,荷载越大,变形速率越大。

松弛是指在固定条件下,压力随时间衰减。

(4)冻土的冻胀与沉陷

影响冻胀力的因素有:水、温度、土质、冻结速度、冻结层厚度等,其中含水率、温度状况和颗粒成分是主要因素。当土质和温度条件一定时,水是主要影响因素,当水和土温一定时,冻胀力和颗粒组成有密切关系,但纯净的粗粒土,几乎不产生冻胀现象,这对实际工程具有重要意义。

冻土融化的沉陷,分为热力沉陷和压实沉陷。胶结冰融化为水使冻土的物理力学性质发生明显变化,使得体积收缩和空隙率减少,产生不均匀沉陷。

3. 多年冻土地区公路路基的主要病害

(1)融沉

路基热融沉陷病害是多年冻土地区最主要的病害类型,是多年冻土地区和季节冻土区、非冻土地区公路病害最根本的差别。路基纵向的不均匀沉陷可以产生波浪病害,而横向的不均匀沉陷又可以诱发路基纵向裂缝。在高含冰量的多年冻土区,尤其是在采用沥青路面的路段,往往由于冻土保护措施不够,路基下的多年冻土发生融化,最终导致路面波浪病害;在阴阳坡差异显著的多年冻土路段,同样由于路基两侧下部冻土的不均匀融化,结果导致路基内部和路面出现纵向裂缝。无论路面波浪，还是路基纵向裂缝，都严重降低了公路的行车能力和行车安全性。在发生路基热融沉陷的路段，其路面病害率均显著高于其他路段，更高于季节冻土区和非冻土区的路面病害率。

多年冻土地区的路基沉陷病害几乎全部发生在高含冰量路段，采用沥青路面公路的沉陷病害要比浅色混凝土或者砂砾路面公路的沉陷病害严重。除了多年冻土的含冰量对公路沉陷病害有决定作用以外，多年冻土的年平均地温也对路基沉陷变形量有重要影响。在不稳定和极不稳定多年冻土区，公路沉陷病害的发生率要大大高于基本稳定和稳定带。另外，多年冻土地区的路基沉陷病害在每年的10月份，即冻土达到最大融化深度时，沉陷病害最严重。随着寒季的到来，活动层回冻，基土冻胀，路基沉陷变形减小。因此，多年冻土地区的路基沉陷变形具有年度周期变化的特点。

(2)冻胀和翻浆

公路翻浆就是指路面下的高含水率垫层材料——泥浆，在行车荷载作用下被从路面挤出的一种现象，是公路病害的一个主要表现形式。虽然翻浆病害在多年冻土区、季节冻土区和非冻土区都有出现，但是寒冷地区的翻浆具有自己的特征。

在季节冻土地区，公路发生翻浆病害以前，路面冻胀现象比较明显；其次，季节冻土区的公路翻浆病害多发生在春季，多是路面下的高含冰量基层材料融化所致。

多年冻土区的翻浆病害特征与季节冻土区既有上面的相似之处，也有不同点。在多年冻土地区，经常可以看到公路在秋季还发生翻浆现象。如果说季节冻土区春季的翻浆是浅层翻浆，是由基层材料引起，那么多年冻土地区的秋季翻浆则可以说是深层翻浆，是由天然基底中的高含冰量冻土融化所引起。

二、季节性冻土概述

季节性冻融地区的路基在冰冻过程中，土中的水分不断地向上移动，使路基上部的水分含量大大增加。春融季节，由于土基含水率过多，强度急剧降低，再加上行车的作用，路面会发生弹簧、裂缝、鼓包、冒泥等现象，行车翻浆，主要发生在我国北方各省及南方的季节性冰冻地区。

翻浆的发生，不仅会破坏路面，妨碍行车，严重的还会中断交通。因此，在翻浆地区修筑公路，对水文及水文地质不良地段，要注意详细调查沿线地面水、地下水、路基土和筑路材料的情况，以便采取相应的处理措施。

翻浆是季节性冻融地区的主要路基病害，如图2-5-2所示。

a)　　b)

图2-5-2　翻浆

1. 翻浆发生的过程及其影响因素

(1)翻浆发生的过程,如图 2-5-3 所示。地处平原地带,地下水位高,排水不畅,特别是土质情况表层为粉性土,下层为透水性差的黏性土地段较多,并且年冻结时间长,初冻时冷暖交替,促使了负温作用下的水分聚流,翻浆道路段在同季节有着不同的变化过程。

秋季是路基水分聚积时期,秋季雨水增多地面水分下渗,地下水位升高,使路基含水率增多甚至达到超饱和状态,这是发生翻浆现象的先决条件。

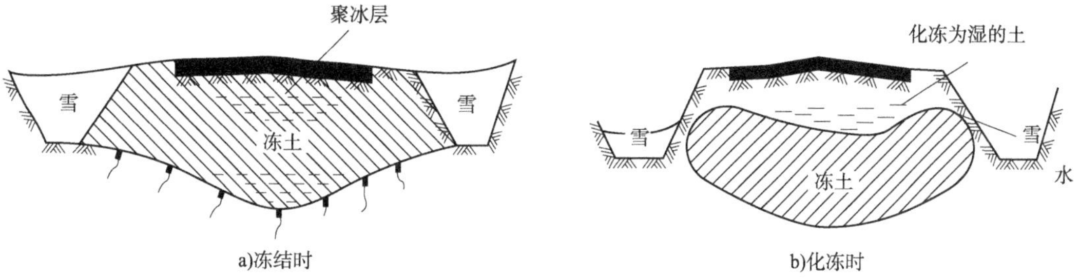

图 2-5-3　翻浆发生的过程

冬季气温下降,路基上层土体开始冻结,路基下部土体温度仍然较高,水分在土体内由温度高处往温度较低处移动。使路基上层土体水分增多并随着温度降低冻结成冰。路面发生冻胀或隆起现象。

春季气温逐渐回升,路基上层的土体首先融化,下层土体尚未解冻,水分渗透不下去,使土基强度很快降低以至失去承载能力,在行车作用下出现翻浆现象。

夏季天气渐暖,蒸发量增大,冻层化透,路基上层水分下渗,土变干,土基强度又逐渐恢复,这就是翻浆发展的全过程。某大街地处市区西北部地势比较低洼,改建以前路基被水常年浸泡,土基含水率过大致使文化大街常发生翻浆现象。

(2)影响道路翻浆的因素。

影响公路翻浆的主要因素有土质、温度、水、路面与行车荷载等。其中,土质、密度、水是形成翻浆的三个自然因素,三者同时作用,才能形成翻浆。

①土质。粉性土是易发生翻浆的土质,这种土的毛细水上升较高且快,在负温作用下水分聚流严重,土体强度降低快,失去稳定性;黏性土毛细水上升虽高,但速度慢,只有水源充足情况下,才能形成翻浆;砂性土在一般情况下不会发生翻浆,这种土毛细水上升高度小,在冻结过程中水分聚流现象很轻,同时,这种土即使含有大量水分,也能保持一定的强度。

②温度。一定的冻结深度和冷量是形成翻浆的重要条件。在同样的冷结深度和冷量的条件下,冬季负温作用的特点和化冻结速度的快、慢对形成翻浆的影响也很大。初冬温度较暖,且冷暖交替出现,温度在 0 ~ 5℃之间停留时间较长,冻结线长期停留在路面下较浅处。大量的水分聚流到路面很近的地方,容易发生翻浆现象。反之,如果冬季一开始就很冷,冻结线很快下降到距离路面较深的地方,土基上部聚冰少就不易出现翻浆现象。除此以外春季气温的变化特点和化冻速度对翻浆也有影响。如果春季化冻快天气骤暖土基急速融化则会加重翻浆的程度。

③水分。翻浆过程就是水分在土基中转移、变化的过程。在某市地势低洼路基附近的地表水及浅的地下水能提供充足的水源。这是该地区形成翻浆的重要条件,加之秋雨过多,土基含量加大,地下水位增高,所以会形成翻浆现象。

④路面结构。翻浆现象和路面结构是有紧密关系的。路面结构对翻浆有一定的影响。如果在比较潮湿的土基上铺筑黑色路面。因该路面结构透气性差,路基中的水分不能通畅地从表面蒸发出来,使路基强度降低,在行车荷载的作用下就会出现严重的翻浆现象。

⑤行车荷载。道路的翻浆现象是通过行车荷载的作用形成暴露出来的,当其他条件相同时在翻浆季节和翻浆路段上交通量越大、车辆越重,翻浆也会越多越严重。

任务实施

一、多年冻土地区路基施工

1. 资料收集

多年冻土地区有关资料的收集,是路基施工前的一项关键性工作。只有对多年冻土地区气象资料、地质资料及冻土的物理力学性质资料等,在施工中进行综合考虑,采用切实可行的技术措施,才能确保工程质量。

2. 路堤施工

(1)填料选择

路堤填料宜选用保温、隔水性能均较好的填料,严禁使用塑性指数大于12,液限大于32%的细粒土和富含腐殖质的土及冻土。高含冰的土不宜用于路基填料。

采用黏性土或透水性不良土填筑路堤时,应控制土的含水率,碾压时含水率控制在最佳含水率±2%范围内。

通过热融湖(塘)的路堤,水下部分必须用透水性良好的填料填筑,填筑高度应高于最高水位0.5m以上。

靠近基底部分有饱冰冻土层且有可能融化时,宜设保温护道和护脚。

应根据设计要求采用土工格栅等技术措施,增加路基整体性和强度。

路基填筑应分层碾压,压实度应符合规范规定。

(2)基底处理

基底处理要根据冻土路基工程特点、季节融化层厚度和多年冻土层含水率、基底地面横坡坡度、路堤填土高度等采用相应的施工方法与措施进行处理。开工前先核对设计文件、搜集相关冻土的工程地质和水文地质资料,了解季节融化层的岩性成分、厚度、多年冻土的类别、地表植被覆盖情况及冻土层上水的发育程度等,并按设计要求进行补充勘察。其次,根据永久性的平面和高程控制点,在施工范围内全面恢复中线,测定处理边界范围。

①低含冰量冻土分布地段路堤基底处理。

路堤通过低含冰量冻土分布地段时,基底处理视地面横坡和路堤高度不同采用以下方法:

地面横坡缓于1.5且路堤高度大于或等于2.5m时,将原地面平整夯实但不得清除地表植被,压实质量标准同路堤本体填土。

地面横坡缓于1.5,路堤高度小于2.5m时,按设计要求深度将基底土层翻挖并回填压实。回填土压实标准按相应路堤本体和基床填土质量标准控制。

地面横坡大于1.5,路堤高度大于或等于2.5m时,将基底原地面挖成不小于1.0m的台阶,并进行压实,压实质量标准与路堤本体填土相同。

地面横坡大于1.5，路堤高度小于2.5m时，按设计要求深度翻挖原地面，并作宽度不小于1.0m的台阶，而后分层回填压实，回填土压实质量标准按相应路堤本体和基床填土质量标准控制。

②高含冰量冻土分布地段路堤基底处理。

路堤通过高含冰量冻土分布地段时，基底处理视地面横坡和路堤高度不同采用以下方法：

地面横坡缓于1.5，路堤高度大于等于最小设计高度时，将原地面压实。基底压实质量标准同路堤本体填土。

地面横坡陡于1.5，路堤高度大于等于最小设计高度时，将基底原地面挖成宽度不小于1.0m的台阶，平整压实。基底压实质量同路堤本体填土。

路堤高度小于最小设计高度时，按设计要求宽度、深度进行基底换填处理。换填宽度、深度要满足设计要求：当地面横坡陡于1.5时，换填基坑底层做成宽度不小于1.0m的台阶；当用细颗粒渗水性土换填时，基坑底部铺设0.3m厚的粗颗粒土作垫层；当基底采用工业隔热层时，在隔热层上、下设厚度不小于0.3m的中粗砂垫层。隔热层铺设要严格按施工工艺执行；当基底采用热棒处理时，基坑的开挖、热棒的安放及回填等按规定严格进行。

换填土要分层回填压实，压实质量达到路堤本体和基床填土质量标准。当用粗颗粒土做换填料时，在地面设复合土工膜防渗层，防渗层表面做成4%的横向排水坡，防渗层铺设和处理要满足设计要求。另外，基底换填时要注意临时隔热防护，防止基坑中高含冰量多年冻土的大量融化，给施工造成困难。防护的主要方法是采用保温材料覆盖和搭遮阳篷等。同时，在基底换填时，要按设计和科研要求埋入多年冻土地温和上限动态观测系统的有关元件。

(3)路堤最小填土高度

保护多年冻土上限不下降的最小高度H_1，按式(2-5-1)计算：

$$H_1 = H_d - H_o \tag{2-5-1}$$

式中：H_1——从天然底面算起的填土高度，m；若其数值小于表2-5-2所列数值时，则采用表中数值；

H_d——保温厚度，m；

H_o——将上限深度换算成保温材料时的当量厚度，m。

有水浸时的边坡值　　表2-5-2

地区＼路面类型	H_1(m)	
	白色路面	黑色路面
青藏高原多年冻土地区	0.5	0.9
兴安岭多年冻土地区	1.0	1.4

防治翻浆和冻胀的最小填土高度H_2可根据当地已有的公路调查资料确定。

饱冰冻土及含土冰层地段路堤。当全用粗颗粒土填筑路堤，其填土高度不能满足H_1的要求时，可在路堤下部换填一层细粒土，细粒土的厚度一般不小于1.0m，以便使核算的填土高度大于或等于最小填土高度H_1。

3. 路堑施工

(1)施工准备

冻土路堑施工前，要做好以下施工准备工作：

首先要核对设计文件,编制实施性施工组织设计及网络施工计划,重点是减少多年冻土暴露时间,防止多年冻土融化,其次要合理选择施工季节。高含冰量冻土分布地段路堑宜在寒季进行开挖,在暖季早期完成基底、边坡的换填和隔热处理以及坡面修整处理。路基面平整以及堑内排水系统的修建可在暖季进行。低含冰量冻土分布地段路堑及石质冻土路堑在寒、暖季节均可施工。

路堑开挖前要正确标出边界线,按设计要求做好堑顶排水系统及土石方施工临时排水系统,防止地表水和冻结层上水流入路堑。

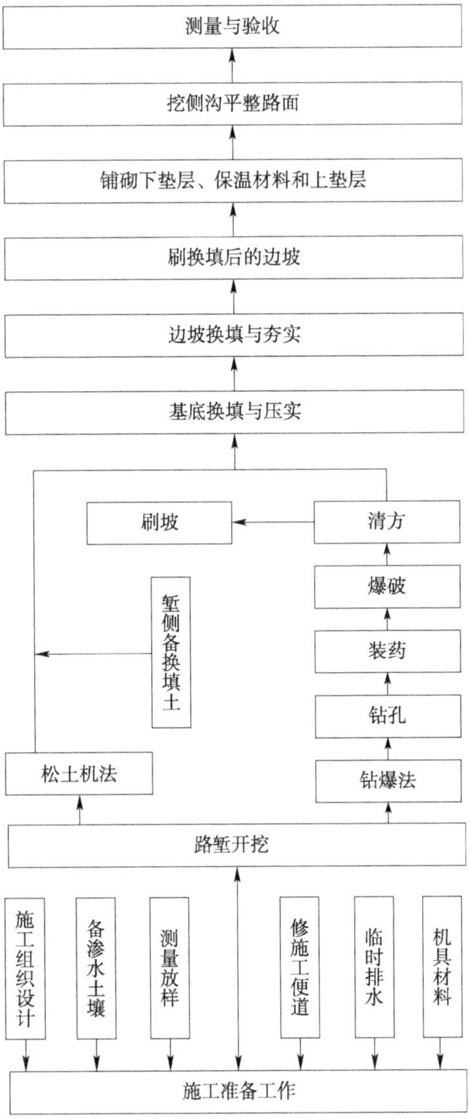

图2-5-4　冻土路堑施工工艺流程

选择好弃土场地,按多年冻土环境保护要求修建施工便道,废弃土石方不得在堑顶堆放。

对于高含冰量多年冻土分布地段路堑开挖前,要备好临时保温和遮阳材料,以便开挖后及时做好临时防护,防止多年冻土大量融化,影响冻土地基的稳定性和施工。

做好冻土(岩)爆破设计,报请甲方和监理工程师批准。

(2)施工方法

少冰冻土、多冰冻土、软岩和风化岩石,首先选用机械开挖。机械无法开挖时,采用爆破作业法开挖。机械开挖采用大马力推土机加松土器、挖掘机并辅以人工配合。爆破开挖采用浅孔、深孔和深孔药壶松动爆破,边坡采用预裂爆破,基床采用光面爆破。根据运距采用推土机推运或自卸汽车运输。

冻土路堑采用全断面分层分段开挖方法施工。

对于高含冰量冻土路堑要视路堑长度分段施工,开挖一段,成型一段,加固防护一段。分段长度可根据多年冻土的工程地质条件和施工力量来确定,以路堑多年冻土暴露时间最短为原则。

爆破开挖路堑时,要根据多年冻土岩性成分、结构构造特征、边坡高度选择适当的爆破方法。爆破方法的选择原则要以保持基床、边坡和堑顶山体稳定,不受松动,爆破出的坡面平顺,底板平整为原则。

(3)施工工艺

冻土路堑施工工艺流程见如图2-5-4所示。

4. 多年冻土地区路基施工注意事项

(1)现场施工冻土路基时,应首先遵守设计说明书中的要求进行施工。

(2)施工前应核查沿线冻土分布、类型、冻土上限、地表水及其他不良冻土地质现象。

(3)在多年冻土地区修筑路基应根据设计要求按下列原则安排施工:

①保持地基的热状态;

②保护地表覆盖层和植被；

③取土以及挖取草皮和临时运输便道的位置应在路堤坡脚或堑顶 20m 以外，地面坡陡于 10°时，不允许在下侧取土；

④充分作好施工准备，排水设施力求在适宜季节中配套完成。

(4)富冰冻土、饱冰冻土和含土冰层以及有冰丘、冰锥、冻土沼泽、热融滑坍、热融湖(塘)等不良地质地段的路基应按个别设计施工。

(5)保温护道的填料、材料应分别堆置。护道垫层与路堤本体垫层使用相同填料时，应连接一起填筑压实。

(6)富冰冻土、饱冰冻土或含土冰层地段路堤施工尚应遵守下列规定：

①各种施工机械和车辆不得沿路堤基底与排水沟之间地带行驶，并尽量少设穿行通道，保持地表平顺完整。

②暖季中修筑不需处理基底的低路堤时，应在最大融化季节前一次填筑完成。

(7)在富冰冻土、饱冰冻土或含土冰层地段，当路堑按保护冻土原则设计时：施工宜在寒季；如需在暖季施工，应采取临时保温措施；所有换填、保温、防护、排水等设施均宜在春融前完成；不得在雨季施工。

(8)多冰冻土路基施工必须防止地表水流入或渗入基底和边坡。在冰丘、冰锥地段，应特别注意地下水的活动变化，防止危及路基，造成病害。

二、季节性冻融翻浆地区路基施工

1. 翻浆的防治

(1)做好路基排水，提高路基高度这种方法可以防止地面水或地下水浸入路基，保证路基干燥。减少冻结时水分聚流的来源，增大聚流途径。这种措施效果显著简便易行也比较经济。

(2)换土地区地下水位高，表层多为粉性土质。针对这种特性在修筑道路时，采用水稳定性好、冰冻稳定性好、强度高的粗颗料土换填路基上部，可以提高强度和稳定性。

(3)改善路基结构常用石灰土、煤渣石灰土。

①石灰土结构层：

a. 石灰土防治翻浆的作用。石灰土具有一定性的板体性，可使行车荷载传至土基上的应力分布均匀并逐渐扩散减少，石灰土水稳定性和冰稳定性较好，力学强度较好。石灰土属于多孔性材料，对土基水温状况有调节作用。

b. 石灰土用料的要求。石灰土基层中的石灰剂量应根据强度和稳定性要求合理选定。上层可采用 8% ~12%，下层可采用 6% ~8%，石灰土垫层的剂量可采用 4% ~6%。石灰中所含活性氧化物不少于 60%，杂质含量不超过 10%，块石灰占总量 70%，如果低于上述要求可相应提高石灰剂量。

对土的要求是采用塑性指数一般在 7 ~15 的黏性土较好，粉性土次之，砂土则不宜使用。不易打碎的黏土和腐殖土不应采用，土中草皮、树根等杂质必须清除。

②煤渣石灰土结构层：灰土结构层防治翻浆的作用与石灰土结构层防治翻浆的作用大致相同，但水稳定性则比石灰土好。煤渣石灰土的重量配比石灰:土:煤渣为 8 ~10:37 ~20:55 ~70。用煤渣石灰土做基层时煤渣，石灰剂量用高限，做垫层时用低限，煤渣石灰土结构层厚度一般不小于 15cm。

2. 季节性冻融翻浆路基施工

(1)路基填料。优先选择矿渣、炉渣、粉煤灰、砂、碎砾石等抗冻稳定性好的材料。这类材料很少发生冻胀。

路床或上路堤采用粉土、黏土填筑时,应使用石灰、水泥、土壤固化剂等进行改良处理。掺量过多浪费,过少达不到改善的目的。

冻土、非透水性过湿土不得直接用于填筑下路堤。

路床换填使用粗粒土时,小于 0.075mm 以下含量不大于 5%。如换填材料中易冻胀的粉性、黏性颗粒过多,仍会产生冻胀问题。

(2)开渠排水。路面经常处于潮湿状态,使路基发软开始翻浆,应及时在路肩上开挖横沟,排除表面积水,沟宽 30 ~ 40cm,间距 5m 左右,沟深至路面基层以下,高于边沟底。路面坑洼严重地段,除设置横沟外,还应顺路面边缘修纵向小盲沟或渗水井。

(3)挖换土壤。将路基翻浆的土和稀泥挖出,换填 40 ~ 60cm 厚的砂性土或碎(砾)石,分层压实后重铺路面。严重翻浆部分,软土全部挖除,填入水稳性良好的砂砾料,并分层压实。

(4)排除路表积水。及时修补路面沟槽和路肩坑洼,使其平整、无堆积物、无积雪等,尽快排除表面积水。

(5)换铺粒料。挖除翻浆路段的稀泥,换填碎石、砖块或炉渣等粒料,整平后通车碾压;或挖除稀泥后填入水稳性较好的干土,再铺粒料垫平后通车碾压。

(6)设置砂桩,如图 2-5-5 所示。当路基翻浆时,可在行车道部位开挖圆形或矩形的渗水井,一般直径或边长为 30 ~ 50cm,将井内的水掏出,边掏水边加深,直至冰冻层以下,当渗水停止后,即可填入粗砂或碎(砾)石,以形成砂桩,其桩距和根数可根据翻浆的轻重程度而定,通常一个砂桩的影响面积为 6 ~ 10m^2。

图 2-5-5　砂桩施工

(7)在交通量较小,重车通过不多的公路上,可用木料、树枝等维持通车。翻浆停止,路基渐趋稳定后,应及时拆除柴排,恢复路基原状。

(8)翻浆严重路段,应控制重型车辆通过或令车辆绕道行驶。

任务工作单

学习情境二 特殊路基施工 工作任务五 多年冻土及季节性冻土地区路基施工	班级			
	姓名		学号	
	日期		评分	

一、任务内容

分组讨论冻土地区路基施工方法。

二、基本知识

1. 凡是土温________ 0℃,且含有冰的土(石)称为冻土,这种状态保持________者,称为多年冻土。

2. 多年冻土的力学性质主要病害有__________、__________、__________和__________四类。

3. ________是季节性冻融地区的主要路基病害。影响公路翻浆的三个自然因素有土质、________、________,三者同时作用,才能形成翻浆。

三、任务实施

冻土地区路基是工程建设中常见的一种特殊土路基,掌握其施工要点。

1. 多年冻土如何分类?

2. 多年冻土力学性质有哪些?

3. 多年冻土地区公路路基有哪些主要病害?

4. 多年冻土地区路堤填料有何要求?

5. 多年冻土地区路基施工要注意哪些问题?

四、任务小结

通过此工作任务的实施,各小组集中完成下述工作。

1. 冻土地区路基处理的方法有哪些?

2. 你认为本次任务实施是否达到预期目的?还有什么意见和建议?

工作任务六　滑坡、泥石流地区路基施工

任务概述

1. 应知应会

通过本工作任务的学习与具体实施，学生应学会下列知识：

(1)叙述滑坡、泥石流地区路基的特点、分布、常用的工程处理措施；

(2)知道滑坡、泥石流地区路基的特点与工程危害，处理方案的适用条件和施工工艺；

(3)分析滑坡、泥石流地区的力学指标，选择合适的处理措施。

应掌握下列技能：

(1)会根据《公路路基施工技术规范》(JTG F10—2006)，完成滑坡、泥石流地区路基处理施工技术作业；

(2)会选择适当的处理措施，编制施工工艺流程。

2. 学习要求

(1)研读教材内容；

(2)查阅某一公路项目滑坡、泥石流地区路基施工相关资料；

(3)重视理论联系实际。

相关知识

一、滑坡

1. 滑坡分类

(1)浅层流动性滑坡。属堆积层滑坡，堆积层在地面水或地下水的影响下，或坡脚被切割(人工开挖或河流冲刷等)而形成。滑坡体一般多沿下伏的基岩顶面、不同地质年代或不同成因的堆积物的接触面，或堆积层本身的松散面滑动。滑坡体厚度一般从几米到几十米。

(2)小规模的圆形滑动。发生在均质或非均质黏土层中的滑坡，滑动面呈圆弧形，一般滑坡厚度小于10m，规模小于1000m^3。

(3)大规模圆形滑动。多发生在均质或非均质的黏土层中，滑动面呈圆形，滑坡体厚度从中层(10～20m)到深层(20m以上)，规模从中型(1万～10万m^3)到大型(10万～100万m^3以上)。

(4)岩石滑坡。多沿岩层层面或其构造软弱面滑动。

2. 滑坡形成的主要原因

路基山坡土体或岩体，由于长期受地面水、地下水活动的影响，使其结构破坏，逐渐失去支撑力，在自重力作用下，整体地沿着一定软弱面(带)向下滑动，这种地质现象称为滑坡。这种滑动一般是缓慢的，可延续相当长的时间。但坡度较陡时，也会突然下滑。

产生滑坡病害的原因很多，主要是地质因素和水的作用。

(1)地质因素

包括具有蓄水构造、聚水条件、能起隔水作用软弱面(带)，以及向路基倾斜的岩层山坡等。遇到以下情况就有可能发生滑坡：

①山坡表层为渗水的土或岩层，下层为不透水土或岩层(形成隔水层)，且岩层向路基倾

斜。在这种情况下,当有地下水经常活动时,就会使表层土(或岩层)沿隔水层滑动造成滑坡;

②山坡岩层软硬交错,且其软弱面向路基倾斜,由于风化程度不同或地下水侵蚀等原因使岩层可能沿某一软弱面向下滑动;

③当边坡上部为松散堆积层,而下面的主要岩层较陡,且伸入路基时,则上部的松散堆积层容易发生滑坡;

④路线穿过软硬不均的岩石断开地带,而断开地带又为地下水集中活动地区时,开挖路堑容易引起滑坡。

(2)水文影响

水是促进滑坡的重要条件。

①边坡上有灌溉渠道、水田或有大量雨水渗入滑坡体内,使土体潮湿软化,增加土体自重,降低土的强度,从而加速滑坡的活动;

②地下水量增加,浸湿滑坡面,降低滑坡面的抗滑能力,从而加速滑坡的形成;

③排水设施布设不合理,例如在渗水性强的边坡上设置天沟,沟内没有铺设防水层,当地面水集中流入天沟内,水分大量渗入土体内部,以致产生滑坡;

④溪河水位涨落,水分渗入坡体内,润湿滑坡面,或河水冲刷滑坡坡脚,减弱支撑力,引起坡体下滑。

二、崩塌

崩塌是斜坡上的岩土块体在长期重力作用下向坡下弯曲,最终发生断裂倾倒的块体运动现象。广义的崩塌还包括坠落(掉块、滚石),坠落是指斜坡上呈悬空状态的岩石块体,长期在重力作用下发生弯曲、折断,以自由落体的方式运动的现象。

1. 崩塌的原因

(1)土质边坡坡度过陡且较高,不符合规范规定或边坡植被差。

(2)不良地质条件。

如山坡为堆积的砂、黏土加碎石、块石、大孤石的土壤;

山坡岩层软硬交错,风化程度不同,尤其下部软岩剥蚀,最易引起上部硬岩崩塌;

公路穿过岩层断裂地带,地面水渗入裂缝,或地下水汇集到裂缝地带活动;

土质及岩石在反复冻融作用下,土体稳定性降低,岩石裂缝加速发展。

(3)人为的破坏,如在边坡上任意取土、撬石、挖空坡脚、不适当的大爆破振松了岩层,在水的侵蚀下都会造成崩塌。

2. 发生崩塌的时间规律

(1)降雨过程之中或稍滞后。这是出现崩塌最多的时间。

(2)强烈地震过程之中。

(3)开挖坡脚过程之中或滞后一段时间。

(4)水库蓄水初期及河流洪峰期。

(5)强烈的机械及大爆破之后。

三、泥石流

1. 泥石流形成条件

在适当的地形条件下,大量的水体浸透山坡或沟床中的固体堆积物质,使其稳定性降

低,饱含水分的固体堆积物质在自重作用下沿斜坡或沟谷突然流动,就形成了泥石流。形成泥石流必须具备以下 3 个条件:

(1)固体松散物质储备丰富;

(2)坡面坡度和沟床纵度较大(谷深坡陡的地形);

(3)可从高强度降水或冰雪融水获得充足的水源供给。

泥石流是一种灾害性的地质现象,经常突然爆发,来势凶猛,可携带巨大的石块,并以高速前进,具有强大的能量,因而破坏性极大泥石流所到之处,一切尽被摧毁。

山岭地区,暴雨或融雪水挟带大量土、石等固体物质汇入沟谷,形成突然的、短暂的、间歇的破坏性水流称为山区泥石流。山区泥石流是在坡面土体疏松、植被稀少、边坡陡峻(300 ~ 350 以上)、细沟微谷发育条件下,由于大强度暴雨或融雪水的作用而形成的。

泥石流是一种突然爆发的含大量泥砂石块的洪流。其对路基的危害主要是通过堵塞、冲刷、撞击等造成的,也可通过压缩、堵塞河路使水位壅升,淹没上游沿河路基,或者迫使主河槽改道,引起对岸冲刷,造成间接水毁。我国泥石流主要分布在西南、西北及华北的山区,华南、台湾及海南岛等地区也有零星分布。

2. 泥石流的分类

(1)按其物质成分分:

泥石流:由大量黏性土和粒径不等的砂粒、石块组成的叫泥石流;

泥流:以黏性土为主,含少量砂粒、石块,黏度大,呈稠泥状的叫泥流;

水石流:由水和大小不等的砂粒、石块组成的谓之水石流。

(2)按其物质状态分:

①黏性泥石流,含大量黏性土的泥石流或泥流。其特征是:

黏性大——固体物质占 40% ~60% ,最高达 80% 。水不是搬运介质,而是组成物质。

稠度大——石块呈悬浮状态,暴发突然,持续时间短,破坏力大。

②稀性泥石流,以水为主要成分,黏性土含量少,固体物质占 10% ~44% ,有很大分散性。水为搬运介质,石块以滚动或跃移方式前进,具有强烈的下切作用。其堆积物在堆积区呈扇状散流,停积后似“石海”。

(3)按泥石流沟的形态分类有:山坡型泥石流、沟谷型泥石流、滑坡型泥石流、融冻泥石流。

①山坡型泥石流。水流冲刷山坡滑落物质而形成的泥石流。山坡或沟岸泥沙由于重力作用而不断地坍塌、碎落或滑坡而落入沟道,在暴雨的冲击下面形成泥石流。这种形式中最严重的是大型滑坡堵断沟道,水流直接由滑坡体上流过或形成溃决,也有的在暴雨时滑坡体中的饱和水与滑坡体一拥而下,形成强大的泥石流。

②沟谷型泥石流。由水流冲刷河床物质而形成的泥石流。水流直接冲动沟底的泥沙而形成泥石流的现象越来越被重视,最危险的是河床表面有粗化层,当沟谷中发生的洪水将粗化层冲走,下部细粒泥沙将发生溃决性冲易,形成大规模的泥石流。

③滑坡型泥石流。由滑坡直接演变为泥石流。滑坡在高速滑动过程中,土体被液化而形成的泥石流。

④融冻泥石流。融冻泥石流原来是指高山地区山坡由于融冻作用而产生向下滑动的液化土体。但近年来发现,在低山的季节性冻土地区的一些黄土或类黄土覆盖的沟谷内,在黄土下部基岩表面的地下水渗出带、冬季出露点一带,由于地表地下水冻结而不往外流,地下水积蓄而液化土体,在化冻季节形成泥石流,在沟道内聚积而向下流动,并形成沟

岸滑塌。

(4)按泥石流的激发因素分类有:雨洪泥石流、冰川泥石流,冰川—雨洪泥石流。

雨洪泥石流由于降雨径流激发而形成;冰川泥石流以冰湖溃决水、冰川及冰雪融水为水动力条件形成;冰川—雨洪泥石流以冰川冰雪融水与降雨作为水动力条件。主要来自中低山区的暴雨径流和高山区的冰雪消融洪水的混合补给。

(5)按泥石流流域大小分类有:大型泥石流,中型泥石流和小型泥石流。

(6)按泥石流发展阶段代发类有:发展期泥石流,旺盛期泥石流和衰退期泥石流等。

任务实施

一、滑坡的防治

根据工程的目的是直接抵抗滑坡推力还是通过消除滑坡诱发因素的间接效果,可将滑坡治理工程技术措施分为减滑工程和抗滑工程。

1. 地面排水

应拦截引开滑坡体以外的地面水,滑坡体上的地面水要做好防渗工作,并尽快汇集引出。主要有环形排水沟、树状排水沟、明暗渗沟、坡面夯实整平绿化防护等。如表 2-6-1。

滑坡排水措施　　表 2-6-1

名　　称	适用条件	布置及设计施工原则
环形截水沟	滑体外	截水沟应设在滑坡可能发展的边界 5m 以外,根据需要可以设置数条,分段拦截地表水,向一侧或两侧的自然沟系排出。在坡度陡于 1:1 的山坡上,常采用陡坡排水槽来拦截山坡上方的坡面径流。沟槽断面以满足滑滑坡面径流为准,如土质渗水性强,应采用黏性土、石灰三合土或浆砌片石铺砌防渗层
树枝状排水系统	滑体内	结合地形条件,充分利用自然沟系,作为排水渠道,汇集并旁引坡面径流于滑坡体外排出,排水沟布置应尽量避免横切滑体,主沟宜与滑移方向一致。支沟与主沟斜交 30° ~45°。如土质松软,可就土夯成沟形,上铺黏性土或石灰三合土加固。通过裂缝处,可采用搭叠式木质水槽或陶管、混凝土槽、钢筋混凝土槽,以防山坡变形拉断水沟,使坡漏水集中下渗
明沟与渗沟相配合的引水工程	滑体内的泉水或湿地	目的在于排除山坡上层滞水和疏干边坡土体含水,埋入地下部分类似集水渗沟,露出地面部分是排水明沟
平整夯实自然山坡坡面	滑体内	如山坡土质疏松,坡面水易于阻滞下渗,应对坡面整平夯实。填塞裂缝,防止坡面径流汇集下渗
绿化工程(植树、铺种草皮)	山坡滑体内	绿化工程是配合表面排水的一项有效措施,特别对渗水严重的山坡

2. 地下排水

排除滑坡地下水的工作措施,应用较多的有各式渗沟。

(1)支撑渗沟

用以支撑不稳定的滑坡体,兼起排除和疏干滑坡体内浅层滞水和地下水的作用,适用深度(高度)为 2 ~10m。

支撑渗沟有主干和分支两种。主干平行于滑动方向，布置在地下水露头处或由土中水形成坍塌的地方；支沟应根据坡面汇水情况合理布置，可与滑坡移动方向成30°～45°交角，并可伸展到滑坡范围以外，以起拦截地下水的作用。

(2)边坡渗沟

当滑坡前缘的路基边坡有地下水均匀分布或坡面大片潮湿时，可修建边坡渗沟，以引排上层滞水或泉水、疏干和支撑边坡；同时，也能起到截阻坡面径流和减轻坡面冲刷的作用。边坡渗沟的平面形状有垂直的、分支的及拱形的。分支渗沟的主沟主要起支撑作用，而支沟则起疏干作用。分支渗沟可以互相连接成网状布置。

(3)截水渗沟

当有丰富的深层地下水进入滑坡体时，可在垂直于地下水流的方向上设置截水渗沟，以拦截地下水，并排出滑坡体外。

3. 减重

减重就是在滑坡体后缘挖除一定数量滑坡体而使滑坡稳定下来。这种措施适用于推动式滑坡，一般滑动面不深，滑床上陡下缓，滑坡后壁或两侧有岩层外露或土体稳定不可能再发展的滑坡。

减重主要是减小滑体下滑力，不能改变其下滑趋势，所以常与其他整治措施配合使用。

削坡减载简单易行，使用广泛效果较好，但减重后应验算滑面从残存滑体薄弱部分剪出的可能性，不合理的削坡反而会进一步降低滑坡的稳定性。

4. 支挡工程

抗滑支挡结构的形式主要有：抗滑片石垛、抗滑挡墙、抗滑桩、抗剪键、锚杆、锚索等，各种支挡结构物的基础必须置于滑动面以下满足设计要求的深度。

开挖基坑务必采用跳槽开挖的方式，不论是减滑工程还是抗滑工程，都必须做好地下水和地表水的处理。

(1)抗滑垛

一般用于滑体不大，自然坡度平缓，滑动面位于路基附近或坡脚下部较浅处的滑坡。主要是依靠片石垛的自重来增加抗滑力的一种简易抗滑措施。片石垛可用片石干砌或用石笼堆成。

(2)抗滑挡土墙

在滑坡下部修建抗滑挡土墙，是整治滑坡常用的有效措施之一。对于大型滑坡，常作为排水、减重等综合措施的一部分；对中、小型滑坡，常与支撑渗沟联合使用。抗滑挡土墙一般多采用重力式结构，其尺寸应经计算确定。

(3)抗滑桩

抗滑桩是一种用桩的支撑作用稳定滑坡的有效抗滑措施。一般适用于非塑性土层和中厚度滑坡前缘，以及使用重力式支撑建筑物圬工量过大，施工困难的场合。抗滑桩按制作材料分为混凝土桩、钢筋混凝土桩；按施工方法分为打入法、钻孔法、挖孔法等。

二、崩塌的防治

1. 整修边坡

在路堑边坡上发现有裂缝、滑动现象或因地下水影响而引起边坡变形，可能造成崩塌时，应自上而下进行修坡，使边坡顺适，达到稳定的边坡坡度；坡顶以上3m内，如有大树也要砍掉，以防暴风雨刮倒大树，横卧公路，造成阻车；当公路发生崩塌阻车时，可先在崩塌体坡脚抢挖出一条单车道通车，然后再进行彻底清除与修复。

2. 做好排水设施

排除地面水可修建截水沟、排水沟；排除地下水，可修建纵、横盲沟。与处理滑坍相类似。

3. 加固边坡

对边坡表面进行加固与防护，可以增加坡面的稳定性，防止风化、剥蚀与冲刷减少地面水渗入土体。

对土方边坡一般采用密铺草皮，取石料方便的地方也可以做石砌护坡。

边坡如为软硬岩石交错组成时，可采用灰浆抹面，在抹面前，应先清除松动岩屑及风化层，并嵌补坡面的坑洼。

对于易风化软质岩层的边坡，特别是节理发达的，可修建浆砌片石护墙或干砌块石护墙(应加水泥砂浆勾缝)来保护。

4. 修筑挡土墙或石垛

挡土墙是防治崩塌的重要措施，它可增加边坡支撑力量。个别危石不能清除，又不必修挡土墙时，可以做浆砌块石石垛、立柱等支撑加固。

禁止在边坡上任意取土挖石。必要时应经由养路部门同意，指定料场，有计划、有步骤地自上而下挖取，以不妨碍边坡稳定为原则。

5. 加强经常养护

在雨季前，要仔细检查易于发生崩塌的地段。对新公路，在初期 2 ~ 3 年内，更应加强检查。发现有崩塌危险的地段，应首先将危险部分土石方清除，以免突然下坍，阻断交通。

对碎落、剥落到路基上的小坍方体，要随时清除，以免妨碍边沟正常排水。对较大堆的坍方，在全部清除之前，要沿坍方底部挖出临时排水沟，以免水漫过路面，集中冲刷下边坡造成缺口。

三、泥石流的防治

针对不同类型的泥石流，其防治工程主体也不同，相应工程措施方案也有所侧重，一般分为以下三类：

治水为主的方案。利用蓄水、引水和截水等工程措施控制地表洪水径流，消减水动力条件，使水土分离。

治土为主的方案。利用支挡工程、支护工程，拦截泥石流固体特质，稳定沟岸，防止崩塌或滑坡以提供形成泥石流的固体源。

排导为主的主案。利用排洪道、渡槽等排泄建筑物将泥石流排走，或修建导流堤、分流堤、护岸、丁坝等调治建筑物，使泥石流沿一定方向和路线经过。

1. 泥石流的治理原则

(1)线路选择：当发生频度大的黏性泥石流及规模较大的稀性泥石流时，经技术经济比较宜采取改线绕避，无法绕避时须避重就轻选择线路；

(2)调治构造物的布设：应根据路段和桥梁所在位置，结合地形、沟槽宽度、泥石流性质、流势及其发展变化规律进行综合考虑确定，宜导不宜挑；

(3)工程和生物水土保持相结合：对于危害性大、涉及面广，且当地人类活动、经济设施有可能促使泥石流发育时，宜与有关部门协商，进行工程和生物水土保持相结合的综合治理。

2. 防治措施

(1)泥石流形成区处治：

①植树造林、植草，特别是在分水岭、山坡、洪积扇上及沟谷内。因草皮只能预防坡面冲刷、剥蚀，因此，对滑动没有停止的边坡，不宜种植；

②平整山坡，填充沟缝。以控制水土流失，防止滑坡发展；

③修筑排水及支挡工程。修筑截水沟、边坡渗沟等排水工程，设置支撑挡墙，加固沟头、沟底、沟坡，稳定山坡。

(2)路线上游通过地区处治：在地质条件好的上游，分级修建砌石或混凝土拦渣坝，以起到沉积、拦阻泥石流的作用。

拦挡坝成群建筑，坝间距离以下游回淤的泥沙能对上一道坝起到防冲护基作用为准。

坝址宜选在能充分停淤的沟谷狭窄处，基础要设置在可靠的地基上，沉积在坝后的泥石，要随时清除。

拦挡坝有实体坝、格栅坝，铁丝石笼坝等多种形式。实体坝适用于各类泥石流沟；格栅坝适用于稀性泥石流沟；铁丝石笼填为临时性措施，适用于泥流沟。

停淤场可设在堆积区中、下部的扇面宽阔处，或设在两扇间的低洼处。

(3)路线通过区处治：

小量的泥石流应在路肩外缘设置碎落台或修建拦渣挡墙，并随时清除冲积的泥石。

采用桥梁或涵洞跨越泥石流，但要考虑淤积问题。

采用明洞及隧道，一般用于路基通过堆积区、泥石流规模大、常发生危害严重且采取其他措施有困难的情况下。

当桥梁跨过泥石流的山前堆积体离顶端很远时，采用挑导坝、丁坝、排洪道、急流槽、导流堤、渡槽等设施使泥石流顺利排走，以防止掩埋道路、堵塞桥涵。

任务工作单

<table>
<tr><td rowspan="3">学习情境二　特殊路基施工
工作任务六　滑坡、泥石流地区路基施工</td><td>班级</td><td colspan="3"></td></tr>
<tr><td>姓名</td><td></td><td>学号</td><td></td></tr>
<tr><td>日期</td><td></td><td>评分</td><td></td></tr>
</table>

一、任务内容

分组讨论滑坡及泥石流地区路基施工方法。

二、基本知识

1. 根据工程的目的是__________还是通过消除滑坡诱发因素的间接效果，可将滑坡治理工程技术措施分为__________工程和__________工程。

2. 一个典型的崩塌，必须具有母体(岩)、破裂壁、锥形堆积体等基本要素。

3. 针对不同类型的泥石流，其防治工程主体也不同，相应工程措施方案也有所侧重，一般分为以下三类：治水为主的方案、__________为主的方案、__________为主的方案。

三、任务实施

滑坡地区路基是工程建设中常见的一种特殊土路基，应掌握其施工要点。

1. 滑坡形成的主要原因是什么?

2. 滑坡地区如何防治? 其技术措施有哪些?

3. 滑坡地区设置抗滑支挡结构物的形式有哪些?

四、任务小结

通过此工作任务的实施,各小组集中完成下述工作。

1. 滑坡地区路基处理的方法有哪些?

2. 你认为本次任务实施是否达到预期目的? 还有什么意见和建议?

工作任务七　冰害、雪害地区路基施工

任务概述

1. 应知应会

通过本工作任务的学习与具体实施，学生应学会下列知识：

(1)叙述冰害、雪害地区路基的特点、分布、常用的工程处理措施；

(2)知道冰害、雪害地区路基的特点与工程危害，处理方案的适用条件和施工工艺；

(3)分析冰害、雪害地区的力学指标，选择合适的处理措施。

应掌握下列技能：

(1)会根据《公路路基施工技术规范》(JTG F10—2006)，完成冰害、雪害地区路基处理施工技术作业；

(2)会选择适当的处理措施，编制施工工艺流程。

2. 学习要求

(1)研读教材内容；

(2)查阅某一公路项目冰害、雪害地区路基施工相关资料；

(3)重视理论联系实际。

相关知识

一、冰害

公路冰害主要有以下几种：

(1)冻拔：在寒冷地区，河水冻结可对桥梁浅桩产生冻拔。

(2)冰塞冻裂：使小桥涵形成冰塞引起构造物冻裂。

(3)流冰冲击：解冻时大量流冰对桥梁墩台产生巨大冲击，以至形成冰坝威胁桥梁安全，若堵塞桥孔则会挤压上部结构导致损坏。

(4)涎流冰：在地下水或地面水漫溢到地面或冰面时，逐层冻结而形成涎流冰。涎流冰覆盖道路，会造成行车道凸凹不平或形成冰块、冰槽等，严重影响行车的安全；涎流冰主要分布在我国东北大、小兴安岭和长白山等寒冷地区及西藏、川西和西北地区海拔 2500 ~ 3000m 以上的高寒山区。

二、雪害

雪害有积雪和雪崩两种形式。

积雪分一般积雪和风吹雪(风雪流)。积雪对公路的危害主要是影响行车安全，严重的则会阻断交通。较严重的积雪，在我国多发于东北地区、青藏高原及新疆等地。

山上大量的积雪突然沿山坡或山沟崩落下来，就会发生雪崩，在我国新疆及西藏的山区多有发生。大量的雪崩不仅能掩埋路基、阻断交通，还能击毁路上的行车及建筑物。

任务实施

一、冰害防治

1. 涎流冰的防治

涎流冰可分为河谷涎流冰和山坡涎流冰，河谷涎流冰是由沿沟谷漫流的泉水和冰泉冻结形成的。前者主要危害桥涵，后者主要危害公路路面。

涎流冰地段，应重点调查各种水源在寒冷季节形成的冰流量和流动范围。涎流冰发育蔓延阶段，可能形成冰坎、冰槽，甚至堵塞桥涵，形成地面冰体漫淤路面。

融化阶段时能渗浸路基路面，降低强度，导致翻浆；融雪洪流通过受阻时易引起路基水毁。

治理的措施，可归结为人工调治构造物、明疏、暗排、堵塞、封闭、蓄汇等方法。在一般寒冷和严寒地区，常采用集水渗井、渗池、排水暗管和渗沟等措施防治涎流冰。

公路上的涎流冰面积一般有数平方米到数千平方米，有的可达数万平方米，其厚度一般为数厘米到数米。

(1)在冰冻或高寒涎流冰地区，路基宜选用水稳性较好的砂砾石填料，施工时尽量减少对原有自然排水系统的影响。

(2)对于河谷涎流冰可选择以下方法防护：

①桥梁上游如有大片地形低洼的荒地，可用土坝截流；

②河床纵坡不大的河流，可于入冬初，在桥下游筑土坝，使桥梁上下游各约50m范围形成水池，水面结冰坚实后，在水池部位上游开挖人字形冰沟，以利集中水源。同时挖开下游河床最深处的土坝，放尽池内存水，保持上下游进出口不被堵塞，使水从冰层下流动；

③于桥位上下游各30～50m的水道中部顺流开挖冰沟，用树枝柴草覆盖，再加铺土或雪保温，并经常检修，保持冰沟不被冻塞，于解冻时拆除。

(3)山坡涎流冰的主要防治措施有：

①聚冰沟与聚冰坑。

聚冰沟多用于拦截冲积扇沟口处的泉水涎流冰和地势较缓的山坡涎流冰；聚冰坑多用于水量较小、边坡不高的堑坡涎流冰，用以积聚涎流冰不使上路。

②挡冰墙。

挡冰墙适用于涌水量不大的山坡涎流冰和挖方边坡涎流冰，用以阻挡和积聚涎流冰，防止其上路。

挡冰墙一般用浆砌片石、块石筑成，高度须根据冰量而定，一般为60～120cm，顶宽40～60cm。基础埋置深度按土质、积冰量及当地冰冻深度等情况确定。当积冰量较大时，可与聚冰坑配合使用。

③挡冰堤。

挡冰堤适用于地势平坦、涌水量不大的山坡涎流冰和径流量不大的小型沟谷涎流冰。挡冰堤修筑在路基外，山坡地下水露头的下侧或沟谷内桥涵的上游，用以阻挡涎流冰，减小其蔓延的范围。

山坡上的涎流冰，可采用柴草、草皮或石砌的长堤予以拦截。在沟谷内一般采用干砌石堤，以利秋夏排水。挡冰堤的长、宽、高和道数按当地的地形及涎流冰数量确定，基础埋置深度按当地土质和冰冻深度而定。

④设置地下排水设施。

适用于一般寒冷和严寒地区，常用的有集水渗井、渗池、排水暗管和盲沟等。

地下排水施工应按设计要求在冻结深度以下，并在不低于路面以下 2m 处做好地下排水设施的隔水层或反滤层。

地下排水设施应在路基完工前完成。

地下排水结构开挖时，应采用有利于排水的方法分层进行，随时排除地下渗水和流冰。上口通过封闭式渗池与含水层衔接，下口位于路基下侧边坡坡面以外，出水口应有保温措施。

集水渗井适用于有较集中的山坡地下水露头处。渗池适用于汇集较分散的山坡地下水。

排水部分在产砂石地区可用渗沟，在不产砂石地区可用暗管。必要时在出口处设置保温措施或出口集水井。保温材料可采用树枝、秸秆、炉渣、泥炭等和土工织物等。加固措施可采用浆砌片石。

对于距公路一定范围内山坡上的泉水形成的涎流冰，由于泉水长年不断，形成的涎流冰较大，一般用截、导、渗的方法处理。

先找出泉眼位置，对单个泉眼，可做保温盲沟，排至路基下方，对于多个泉眼，先用截水沟或保温渗沟汇集到渗池内，然后用保温盲沟或暗管排至路基下方。

⑤涎流冰清除。

对流至路面的涎流冰要及时清除，撒布砂、炉渣、矿渣、石屑、碎石等防滑材料或氯化钙、氯化钠等盐类防冻剂，以防行车产生滑溜，并设置明显标志。当冰层在盐类物质和行车作用下变软时，应立即将冰层铲除，以防降温时重新冻结，并应重撒防滑材料。

2. 其他冰害的防治

(1)为防治桥基冻拔，可适当加大桩深。

(2)对于冰塞现象，除经常清除涵内冰冻外，必要时可适当加大孔径和涵底纵坡或在上游采用聚冰池或冰坝等构造物。

(3)为避免气温突变解冻的流冰对桥梁墩台、桩的冲击，一般可在桥位上游设置破冰体，并在临近解冻前，在桥位下游对封冻冰面用人工或爆破方法开挖冰池及时疏导。

冰池长度为河宽 1 ~ 2 倍，宽为河宽的 1/3 ~ 1/4，并不小于最大桥跨。如水面宽度小于 30m 时，冰池长度宜增加到水面宽的 5 倍，并在接近冰池下游开挖 0.5m 宽的横向冰沟。在危急时，应在下游将冰块凿开逐一送入冰层下冲走，在上游将流冰人工撬开或用炸药炸开予以清除。

二、雪害地段路基防治

1. 积雪的防治

一般积雪系指在风力较弱或无风的情况下，降雪在道路上形成均匀的雪层。当积雪达一定深度时，汽车通行就非常困难；此外，积雪在路上压实冻结，使行车滑溜，容易发生交通事故。因此，对于高等级公路应把除雪防滑作业作为冬季养护的一项重点工作。根据气象资料、沿线条件、降雪情况及其对交通影响的程度，制定计划，及时清除路面积雪。

(1)路基排水应充分考虑春季融雪水的渗透作用,采取措施保证路基的稳定性和构造物的抗冻融性。路基的纵横向排水、防水系统要能保证融雪水顺畅排出。

(2)积雪地段的路基及构造物应采用水稳性和抗冻性较好的材料,坡面防护施工及时,防止温度变化、春融雪水作用破坏坡面。

在雪害地区,路基及构造物材料所遇到的主要问题是春季融雪水的毛细作用和材料冬季冻融变化引起的破坏。应采用水稳性和抗冻性较好的材料。同时,任何坡面都会受到春融雪水、温度变化交替作用破坏。施工时,一定要保证坡面材料的水稳性和冻胀性。

(3)清除积雪可采用以下措施:

除雪应采用机械进行,并将积雪清除至下风口的路堤以外。

清除新雪采用推雪机、雪犁式除雪机;已压实的积雪,采用平地机、推土机或除雪车。

在连续降雪或降雪量大时,需采用旋风式除雪机,必要时并配以铲车、自卸汽车。同时,加强与气象部门的联系,做好降雪预报工作。

对于交通量低于100辆/昼夜的低等级公路,除雪有困难时,也可允许把积雪压实。其厚度按气温及交通量而定。并保持表面平整,横坡采用平坡,以便行车。

降雪前,要备足砂、炉渣、小砾石或小碎石、石屑等防滑材料。重点堆放在陡坡、急弯、桥头和视距不良地段和不易被雪埋没的地方,在发现路面有结冰和滑车现象时,应当即撒布。也可采用盐类或其他融雪剂作为防冻防滑的措施。

(4)当风速大于雪粒的起动风速(4~5m/s)时,即能吹起积雪,并挟带雪粒,随风急速流动,形成风雪流。对风雪流的防护措施有:

①改善路基平纵面、横断面或路基附近地形。如提高路基、放缓边坡;设置储雪场;整修内侧山坡,敞开路基以及在路基一定范围内清除有碍风雪流通过的障碍物等。这是一项治本的防雪措施,但要注意工程量和可能产生的其他病害。

风吹雪灾害原因主要是风速减弱,雪粒沉积堆埋公路,因此风吹雪和地形地物及路基形式有很大关系,路基两侧距边坡坡脚30~50m范围内的弃方及障碍物会引起路基上积雪,应清除,整理平顺,保证风雪顺利通过。

风雪流堆积发生在地形曲率突然变化的地方,施工过程中应时时考虑到如何防止因施工引起风吹雪沉积在路基上。根据最大风速35m/s计算,风雪流的发育长度42m,则取土坑宜设在路堤下风侧距路堤边坡至少50m处,并修成缓坡。

风吹雪段,尽量做到多填少挖、边坡缓比陡好,采用水稳性和抗冻性好的材料填筑。超挖部分应选用水稳性和抗冻融性好的材料回填,压实度大于95%,禁止采用劣质开山料或覆盖土回填,超挖部分不规则或超过80mm时,可用混凝土修补找平。

路堑边坡、积雪平台内易积水,按路基坡脚向外2%坡度整理平顺,以利于路基横向排水。积雪平台应采用级配碎石或水泥稳定碎石、二灰稳定碎石等半刚性材料整平碾压,以保证平台的稳定性。

②栽植防雪林带。这是一项有效的防雪措施。防雪林带应按规定位置栽植,可采用灌木—乔木—灌木接合林带或单一林带。防雪林的树种选择要因地制宜,一般有杨、榆、槐和落叶松等树种。

③设置防雪设施。防雪设施有防雪栅、防雪堤(墙)和导风板三种,因其设备费用较高,须按就地取材、因地制宜的原则,力求经济适用,并只宜在积雪较多而又无其他方法处理的

地段采用。

2. 雪崩的防治

在雪崩地段，由于工程主要在海拔2000～3000m较为陡峻的山坡或沟槽中进行，地形及气候条件复杂，施工危险较大，应在保护生态环境的基础上，科学地组织施工。

有一定积雪和一定坡度的山坡，才有可能发生雪崩，在雪崩区，年降水量很大，丰富的降水形成强烈的流水侵蚀，形成复杂的局域气候。

(1)预防措施

改善生态环境是雪害防治的目的，植树造林既可以从根本上阻止山坡积雪的滑动，又可为国家创造财富，改变气候，在有条件的地方，应尽量采用这种防治雪崩的措施。

用炮击爆破等人为的方法使雪崩提前发生，将雪崩化整为零，可以避免或减轻雪崩引起的严重阻车和人畜伤亡。

(2)工程措施

①用防雪栅栏、土(石)墙等防止雪崩源头风吹雪在积雪区堆雪过厚或在山脊处形成雪檐。这类措施一般适用于相对高差不大，能就地取材及运输较方便的中山地带。

②采用稳雪墙、水平台阶、水平沟、地桩障、篱笆障、稳雪栅栏等设施稳定山坡积雪，不使其滑动。这类设施在经常产生坡面雪崩的山沟及沟槽雪崩的源头，主要适用于高差不大、雪崩源头较小的山坡及沟槽，或作为其他类型工程措施的辅助工程。较常用的主要有以下两种：

a. 水平台阶

在山坡上按一定距离沿等高线修筑水平台阶，以改变山坡微地形，起到稳定山坡积雪的作用，适用于坡度小于45°，土层较厚且透水性好，植被更新快，不易产生滑坡、泥流的山坡上。在积雪厚度较小时，这是一种简单而经济有效的防治工程措施。

水平台阶应自雪崩裂点处开始。沿等高线开挖，挖出的土方直接填于台阶的下方，以增大台阶的有效宽度。

水平台阶的宽度取决于山坡上的最大积雪深度、山坡坡度及雪的物理力学性质等条件。一般地，台阶宽度取0.8倍的最大积雪深度。

b. 积雪栅栏

为防止山坡上积雪的蠕动而沿等高线设置的防雪崩设施，适用于坡度较陡、土层较薄、易于形成滑坡或泥流而不易开挖水平台阶的山坡。由于积雪的蠕动和沉陷会对栅栏产生向下滑动的推力，所以基础稳定是关键。

栅栏的立柱应采用混凝土桩、型钢坚固材料，露出地面部分应大于该处最大积雪深度；立柱的间距不得大于2m；立柱间一般用木条板作栅板，栅板宽与栅板间距均宜保持在10cm左右，也可用铁丝网格或塑料网格。格孔径一般为6～10cm；栅栏与坡面角度宜保持在105°，斜支柱与坡面角宜保持在350～400之间，支撑点应位于立柱高的2/3处。

c. 还可采用导雪堤、防雪走廊、防雪檐和阻雪土丘、楔状构造物群等工程设施。

防雪走廊基础设置在可靠地基上，注意防止风吹雪进入走廊内，为防止走廊春季融雪水的渗透破坏，应做好构造物的排水及抗冻融工作，墙后填土与山坡顺接，以减少雪崩对防雪走廊的直接冲击力。

任务工作单

<table>
<tr><td rowspan="3">学习情境二　特殊路基施工
工作任务七　冰害、雪害地区路基施工</td><td>班级</td><td colspan="3"></td></tr>
<tr><td>姓名</td><td></td><td>学号</td><td></td></tr>
<tr><td>日期</td><td></td><td>评分</td><td></td></tr>
</table>

一、任务内容

分组讨论冰害、雪害地区路基施工方法。

二、基本知识

公路冰害主要有以下几种：冻拔、＿＿＿＿＿＿＿、流冰冲击、＿＿＿＿＿＿＿。雪害有＿＿＿＿＿＿＿和＿＿＿＿＿＿＿两种形式。

三、任务实施

冰害地区路基是工程建设中常见的一种特殊土路基，应掌握其施工要点。

1. 公路冰害有哪几种？

2. 冰害地区应如何防治？

四、任务小结

通过此工作任务的实施，各小组集中完成下述工作。

1. 冰害地区路基处理的方法有哪些？

2. 你认为本次任务实施是否达到预期目的，还有什么意见和建议？

学习情境三　路基排水工程施工

学习情境概述

本学习情境主要讲授路基排水设施的类型和构造特点，路基排水工程施工工艺、操作要点和相应的工艺标准等。根据岗位职业能力的要求，本情境共安排了3个真实的工作任务。

一、职业能力分析

通过本情境的学习，期望达到下列目标：

1. 专业能力

(1)能了解路基排水设施的类型和构造；

(2)能识读路基排水设施结构图；

(3)能根据具体情况，进行合理的路基排水工程设计；

(4)能掌握路基排水设施的施工工艺、操作要点；

(5)能熟悉路基排水工程的工艺标准。

2. 社会能力

(1)通过分组活动，培养团队协作能力；

(2)通过规范文明操作，培养良好的职业道德和安全环保意识；

(3)通过小组讨论、上台演讲评述，培养与他人的沟通能力。

3. 方法能力

(1)通过查阅资料、文献，培养个人自学能力和获取信息能力；

(2)通过情境化的工作任务活动，掌握解决实际问题的能力；

(3)填写任务工作单，制订工作计划，学习和培养工作方法及能力；

(4)能独立使用各种媒体完成学习任务。

二、学习情境描述

水是影响路基质量好坏的重要因素之一。在我国，很多路基出现问题都是因为水的原因，如水对路基的侵蚀作用。另外从保护当地农田和环境的角度出发，也务必要做好路基排水，形成良好的排水系统，并与地区排水取得一致。我们在路基施工中，要注重施工排水，防止水患造成对路基施工的损坏。路基排水主要分为地下排水和地表排水两类。目前，地下排水主要用于暗沟、盲沟、渗井和渗沟等地方；它的主要特点是以渗透的方式实施排水，如果水流量偏大的话，我们就会采用带渗水管的渗沟进行排水。我们采用的地表排水设施有边沟、急流槽、截水沟以及地表的排水管等。

三、教学环境要求

将整个学习内容划分成若干个工作任务，每个工作任务利用多媒体教学设备、课件和视频教学资料，按照“资讯→计划→决策→实施→检查→评估”的六步教学法开展教学，学生在教师指导下制订方案、实施方案，最终评估学习效果。

工作任务一　地 表 排 水

任务概述

1. 应知应会

通过本工作任务的学习与具体实施，学生应学会下列知识：

(1)了解影响路基的两类水源；

(2)掌握路基常用的地表排水设施类型及其构造；

(3)掌握路基常用的地表排水设施的施工工艺。

应掌握下列技能：

(1)会识读路基地表排水设施图；

(2)会进行给定的具体路基地表排水工程的设计。

2. 学习要求

(1)研读教材内容；

(2)查阅某一公路项目地表排水设施的相关资料；

(3)重视理论联系实际。

相关知识

路基的强度和稳定性与水的关系十分密切。路基的病害有多种，形成病害的因素亦很多，但水的作用是主要因素之一，因此路基设计、施工和养护中，必须十分重视路基排水工程。

常用的路基地表排水设施，包括边沟、截水沟、排水沟、跌水与急流槽、拦水带、蒸发池等。这些排水设施，分别设在路基的不同部位，各自的主要功能、布置要求和构造形成，均有所差异。

一、路基排水的目的与要求

路基的强度与稳定性同水的关系十分密切。路基的病害有多种，形成病害的因素亦很多，但水的作用是主要因素之一，因此路基设计、施工和养护中，必须十分重视路基排水工程。

根据水源的不同，影响路基的水流可分为地表水和地下水两大类，与此相适应的路基排水工程，则分为地表排水和地下排水。

地表水包括大气降水(雨和雪)以及海、河、湖、水渠及水库水等。地表水对路基产生冲刷和渗透，冲刷可能导致路基整体稳定性受损害，形成水毁现象。渗入路基土体的水分，使土体过湿而降低路基强度。

地下水包括上层滞水、潜水及层间水等，它们对路基的危害程度，因条件不同而异。轻者能使路基湿软，降低路基强度；重者会引起冻胀、翻浆或边坡滑坍，甚至整个路基沿倾斜基底滑动。水还可能对掺有膨胀土的路基工程造成毁灭性的破坏。

路基排水的任务，就是将路基范围内的土基湿度降低到一定的限度以内，保持路基常年处于干燥状态，确保路基及路面具有足够的强度和稳定性。

路基设计时，必须考虑将影响路基稳定性的地表水，排除和拦截于路基用地范围以外，并防止地表水漫流、滞积或下渗。对于影响路基稳定性的地下水，则应予以隔断、疏干和降低，并引导至路基范围以外的适当地点。

路基施工中，首先应校核全线范围排水系统的设计是否完备和妥善，必要时应予以补充或修改，应重视排水工程的质量和使用效果。此外，应根据实际情况与需要，设置施工现场的临时性排水措施，以保证路基土石方及附属结构物在正常条件下进行施工作业，消除路基和土体内与水有关的隐患，保证公路工程质量，提高施工效率。

路基养护中，对排水设施应定期检查与维修，以保持排水设施正常使用，水流畅通，并根据实际情况不断改善路基排水条件。

二、路基排水设计的一般原则

路基排水设计一般遵循以下几个原则：

(1)排水设计要因地制宜、全面规划、因势利导、综合治理、讲究实效、注意经济，并充分利用有利地形和自然水系。一般情况下地面和地下设置的排水沟渠，宜短不宜长，以使水流不过于汇集，做到及时疏散，就近引流。

(2)各种路基排水沟渠的设置，应注意与农田水利相配合；必要时可适当增大涵管孔径，以防农业用水影响路基稳定，并做到路基排水有利于农田排灌。路基边沟一般不应用做农田灌溉渠道；两者必须合并使用时，边沟的断面应加大，并予加固，以防水流危害路基。

(3)设计前必须进行调查研究，查明水源与地质条件，重点路段要进行排水系统的全面规划，考虑路基排水与桥涵布置相配合，地下排水与地面排水相配合，各种排水沟渠的平面布置与竖向布置相配合，做到综合治理和分期修建。对于排水困难和地质不良的地段，还应与路基防护加固相配合，并进行特殊设计。

(4)路基排水要注意防止附近山坡的水土流失，尽量不破坏天然水系，不轻易合并自然沟渠和改变水流性质，尽量选择有利地质条件布设人工沟渠，减少排水沟渠的防护与加固工程。对于重点路段的主要排水设施，以及土质松软和纵坡较陡地段的排水沟渠，应注意必要的防护和加固。

(5)路基排水要结合当地水文条件和道路等级等具体情况，注意就地取材，以防为主，既要稳固适用，又必须讲究经济效益。可以考虑先重点后一般，先地下后地面，实行分期修建和逐步完善步骤，但应注意不应遗留后患而导致短期内路基、路面的严重破坏，从而影响交通和造成经济等方面的损失。

三、地面排水设施的构造与布置

常用的路基地表排水设施，包括边沟、截水沟、排水沟、跌水与急流槽、拦水带、蒸发池等。高速公路、一级公路的辅道，应有自身的地表排水设施。这些排水设施，分别设在路基的不同部位，各自的主要功能、布置要求和构造形式，均有所差异。

1. 边沟

挖方路基路肩外侧及低填方路基坡脚外侧，与路中线平行的路肩外缘均应设置的纵向人工沟渠，称之为边沟。其主要功能是汇集和排除路基范围内和流向路基的少量地表水，以保证路基稳定。平坦地面填方路段的路旁取土坑，常与路基排水设计综合考虑，使之起到边沟的排水作用。

边沟排水量不大，一般不需要进行水文水力计算，依沿线具体条件，直接选用标准横断面即可。边沟由于紧靠路基，通常不允许其他排水沟渠的水流进入，亦不能与其他人工沟渠合并使用。

边沟不宜过长，应尽量使沟内水流就近排至路旁自然水沟或低洼地带；必要时增设涵洞，将边沟水引入路基另一侧排出。

边沟可采用三角形、流线型、梯形或矩形横断面（图3-1-1），按公路等级、所需排泄的流量、设置位置和土质或岩质选定。高速公路及一级公路宜采用三角形或碟形边沟；受条件限制而需采用矩形横断面时，应在顶面加带槽孔的盖板。二级及二级以下公路可采用梯形横断面，边沟内侧边坡坡度按土质类别采用1:1.0～1:1.5；岩石挖方路段，可采用矩形横断面，其内侧坡面用浆砌片石砌筑以保持直立。矩形和梯形边沟的底宽和深度不应小于0.4m。挖方路段边沟的外侧坡面与路堑下部坡面的坡度一致。

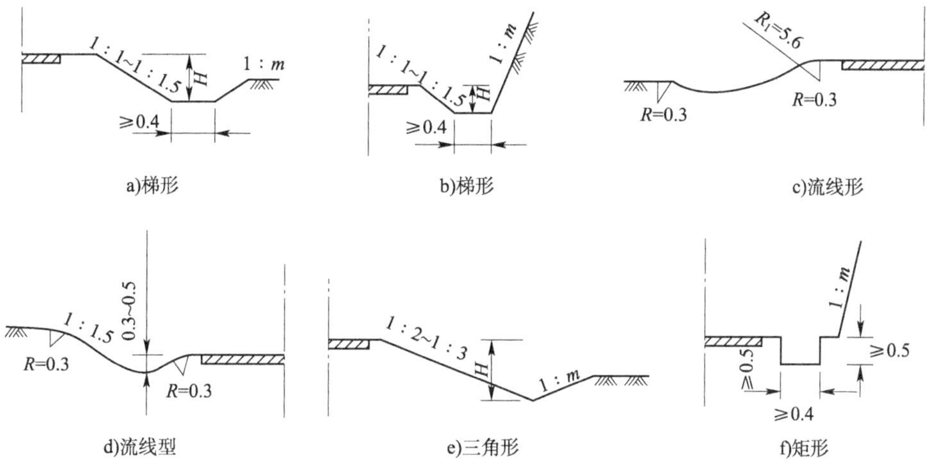

图3-1-1　边沟横截面示意图

边沟的沟底纵坡坡度应结合路线纵坡、地形、土质、出水口位置等情况选定，尽可能与路线纵坡坡度保持一致，并不宜小于0.3%。当路线纵坡坡度小于沟底0.3%～0.5%的最小纵坡度时，边沟应采用沟底最小纵坡坡度，并缩短边沟出水口的间距。边沟出水口附近，以及排水困难路段，如回头曲线和路基超高较大的平曲线等处，边沟应进行特殊设计。高速公路及一级公路的土质边沟，均应采取防护措施。

边沟出水口的间距，一般地区不宜超过500m，多雨地区不宜超过300m，三角形和碟形边沟不宜超过200m。边沟出水口的排放应结合地形、地质条件以及桥涵水道位置，排引到路基范围外，使之不冲刷路堤坡脚。

2. 截水沟

设置在挖方路基边坡顶以外或山坡路堤的上方的适当位置，用以拦截路基上方流向路基的地面水，减轻边沟的水流负担，保护挖方边坡和填方坡脚不受水流冲刷和损害的人工沟渠,称为截水沟(又称天沟)。降水量较少或坡面坚硬和边坡较低以致冲刷影响不大的地段,可以不设截水沟;反之,如果降水量较多且暴雨频率较高、山坡覆盖层比较松软、坡面较高、水土流失比较严重的地段,必要时可设置两道或多道截水沟。

图 3-1-2 为路堑段挖方边坡上方设置的截水沟示例之一,图中距离 d 一般为 5m,土质不良地段可取 10m 或更大。截水沟下方一侧,可堆置挖沟的土方,要求做成顶部向沟倾斜 2% 的土台。路堑上方设置弃土堆时,截水沟的位置及断面尺寸,如图 3-1-3 所示。

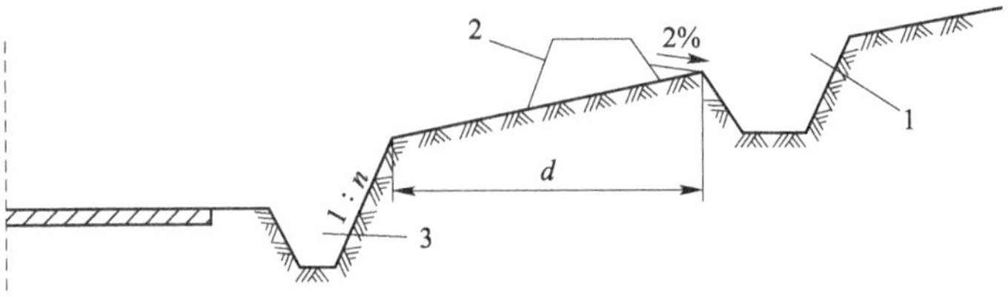

图 3-1-2　挖方路段截水沟示意图

1-截水沟;2-土台;3-边沟

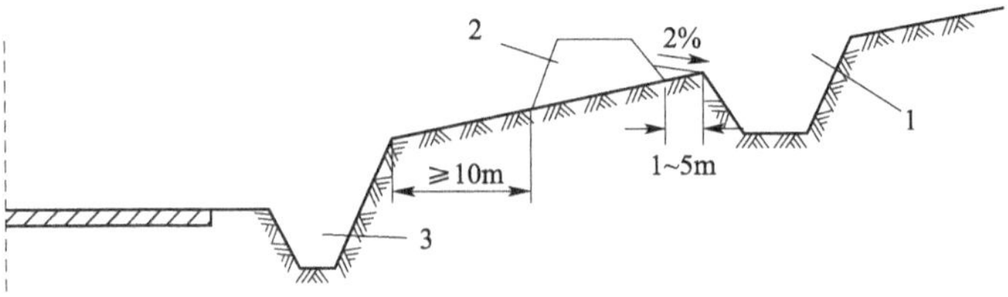

图 3-1-3　挖方路段弃土堆与截水沟的关系

1-截水沟;2-弃土堆;3-边沟

山坡填方路段可能遭受上方水流作用,此时必须设截水沟,以拦截山坡水流保护路堤,如图 3-1-4 所示。截水沟与坡顶之间,要有不小于 2.0m 间距,并做成 2% 的向沟倾斜横坡;如土质良好,路堑边坡不高或沿沟壁进行铺砌时,路堑距坡顶的距离也可小于 2m。截水沟应结合地形和地质条件沿等高线布置,将拦截的水顺畅地排向自然沟谷或水道。截水沟长度以 200 ~ 500m 为宜;超过 500m 时,可在中间适宜位置增设泄水口,由急流槽或急流管分流排引。

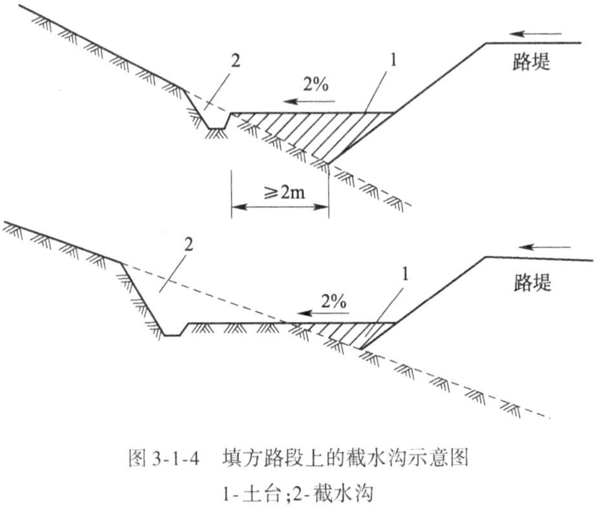

图 3-1-4　填方路段上的截水沟示意图

1-土台;2-截水沟

截水沟一般采用梯形横断面,边坡坡度为 1:1.0 ~ 1:1.5,沟底宽度与沟的深度不宜小于 0.5m;地质或土质条件差,有可能产生渗漏或变形时,应采取相应的防护措施,沟底纵坡不宜小于 0.3%。

3. 排水沟

排水沟主要用于排除来自边沟、截水沟或其他水源的水流，并将其引至路基范围以外的指定地点。排水沟的布置必须结合地形条件，因势利导，离路基尽可能远些，平面上力求短捷平顺，以直线为宜；必须转向时，尽可能采用大半径（10～20m），缓慢改变方向。排水沟距路基坡脚的距离一般不宜小于3～4m，不宜超过300m，沟底纵坡不宜小于0.3%，水流通过坡度大于10%，水头高差大于1.0m的陡坡地段或特殊陡坎地段时，宜设置跌水或急流槽。

排水沟的断面形式一般为梯形，如图3-1-5所示。其截面尺寸由水力、水文计算确定。用于山沟、截面水沟及取土坑出水口处的排水沟，出于其流量较小，不需特殊计算，但底宽与沟深均不得小于0.5m，土沟的边坡率可取1∶1～1∶1.5。

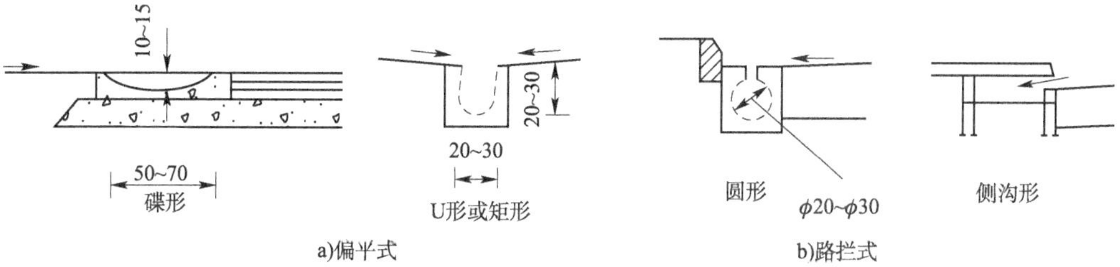

图3-1-5 排水沟横断面形式示意图（尺寸单位：cm）

排水沟内水流注入其他沟渠或水道时，不得使原水道产生冲刷或淤积。通常应使排水沟与原水道水流方向成锐角相交，交角不大于45°；有条件时可采用半径 $R=10b$（b 为沟顶宽）的圆曲线朝下游与其他水道相接。

高速公路、一级公路通过耕地、居民区的填方路基宜设坡脚排水沟。路堤边沟设急流槽地段；排水沟距路基坡脚距离不宜小于2m。

边坡平台设排水沟时，平台应做成2%～5%向内侧倾斜的排水坡度。可采用三角形或梯形横断面，当水量较大时，宜设置30cm ×30cm的矩形、三角形或U形排水沟，排水沟可用水泥预制构件拼装，沟壁厚度5～10cm。排水沟在必要时应予加固，以防止水流对沟渠的冲刷与渗漏。

4. 跌水与急流槽

跌水和急流槽均为人工排水沟渠的特殊形式，可用于陡坡地段，沟底纵坡可达45°，是山区公路路基排水常见的结构物。由于纵坡陡峭，水流湍急，冲刷严重，要求跌水与急流槽的结构必须稳固耐久，通常采用浆砌圬工结构，并且有相应的防护加固措施。

跌水是设置于需要排水的高差较大而距离较短或坡度陡峻地段的阶梯形构筑物，其作用主要是降低流速和消减水的能量。跌水有单级和多级之分，沟底有等宽和变宽之别。单级跌水适用于排水沟渠连接处，由于水的落差较大，需要消能或改变水流方向。如图3-1-6所示为路基边沟水流通过涵洞排泄时，采用单级跃水（相当于雨水井）的示例之一。较长陡地段的沟渠，为减缓水流速度，并予以消能，可采用多级跌水，如图3-1-7所示即为一等截面多级跌水结构设计示意图，槽底具有1%～2%的纵坡。其断面尺寸必须通过水文、水力计算确定。多级跌水底宽和各级长度，均采用各自相等的对称形，亦可根据实地需要，设置为变宽或不等长度与高度。跌水可带消力池，并根据坡度和坡长的不同，设置成单级或多级。不带消力池的跌水，其台阶高度不应大于0.5m，以0.3～0.4m最为适宜，高度和长度之比，应与地面坡度相吻合。带消力池的跌水槽，单级跌水墙的高度以1m左右为宜，如图3-1-8所示，消力槛的高度以0.5m左右为宜，消力槛与跌水墙的距离以5m左右为宜，但高度与长度之比也应结合原地面的坡度确定。消力池台面应设2% ~3%的外倾纵坡,消力槛顶宽不宜小于0.4m,槛底应设泄水孔。跌水的槽身横断面可采用矩形,浆砌片石的槽底厚度为0.2 ~0.4m,槽壁厚0.3 ~0.4m;槽深最小0.2m,槽底宽最小0.25m。

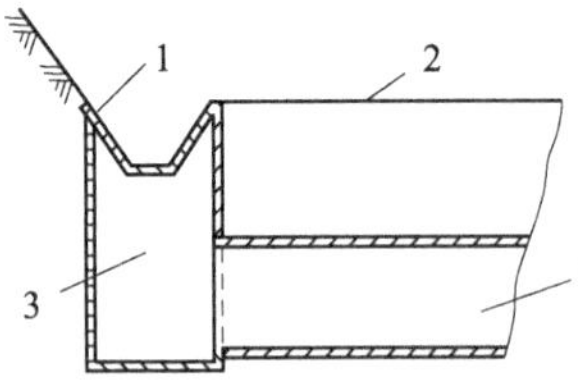

图3-1-6　边沟与涵洞单级跌水连接图

1-边沟;2-路基;3-跌水井;4-涵洞

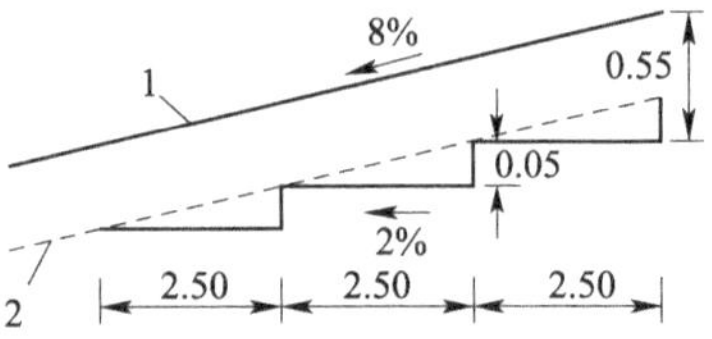

图3-1-7　等截面多级跌水结构图(尺寸单位:m)

1-沟顶线;2-沟底线

跌水两端的土质沟渠,应注意加固,保持水流畅通,不致产生水流冲刷和淤积,以充分发挥跌水的排水效能。在路堤和路堑坡面或者坡面平台上从坡顶向下竖向集中排水时,或截水沟、排水沟纵坡较大时,可设置急流槽或急流管。

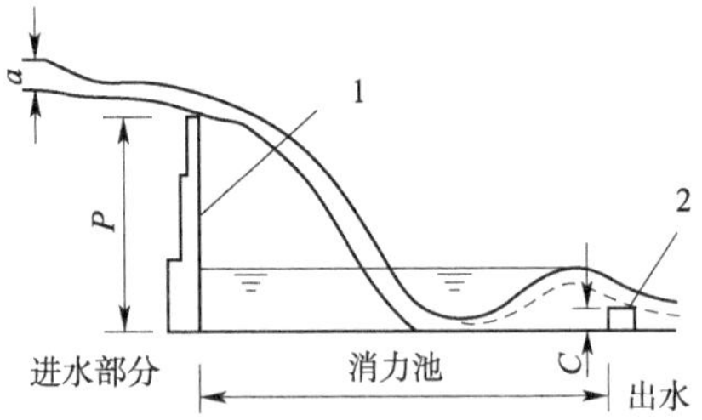

图3-1-8　跌水槽构造示意图

1-护墙;2-消力槛

急流槽是具有很陡坡度的水槽,其纵坡比跌水的平均纵坡更陡,结构的坚固稳定性要求更高,是山区公路回头曲线、疏通上下线路基排水沟渠出水口的一种常见排水设施。急流槽主体部分的纵坡,依地形而定,一般可达1:1.5。当急流槽纵坡陡于1:1.5时,宜采用金属管,管径至少20cm。各节急流管用管桩锚固在坡体上,其接口应采用防水连接,以免管内水流渗漏而冲刷坡面。

急流槽可采用由浆砌片石铺砌的矩形横断面或者由水泥混凝土预制件铺筑的矩形横断面(图3-1-9)。浆砌片石急流槽的槽底厚度可为0.2 ~0.4m,槽壁厚0.3 ~0.4m。

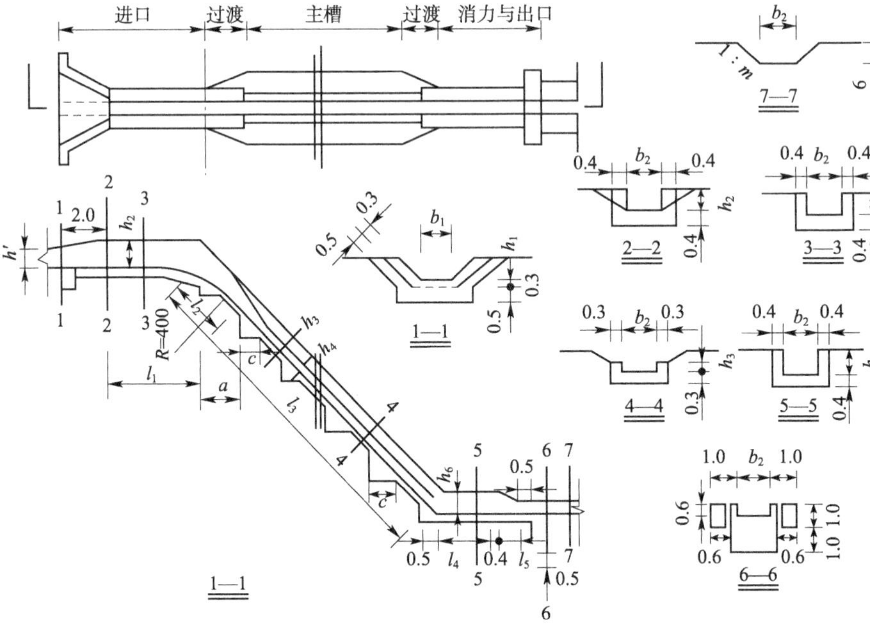

图3-1-9　急流槽的结构(尺寸单位:mm)

急流槽厚度可为0.2～0.3m。槽顶应与两侧斜坡表面齐平。槽深最小0.2m,槽底宽最小0.25m,槽底每隔2.5～5m应设置一个凸榫,嵌入坡体内0.3～0.5m,以避免槽体顺坡下滑。

急流槽或急流管的进水口与沟渠泄水口之间应设置成喇叭式联结,变宽段应为至少15cm的下凹,并设立铺砌防护。急流槽或急流管的出水口处应设置消能设施,可采用石块铺筑的消力坪或消力池。

5. 拦水带

拦水带是路基横断面为路堤时路面表面水的排除方法,设置在路肩外侧处,目的是将路面表面水汇集在拦水带同路肩铺面(或者路肩和部分路面铺面)组成的浅三角形过水断面内;然后通过按一定间距设置的泄水口和急流槽集中排放到路堤坡脚外。对于高速及一级公路,在路堤较高、纵坡较大且土质疏松情况下,虽采用护面防护,仍要选择拦水带和急流槽的排水方式;对于二级及二级以下公路,只有在多雨地区、大纵坡和土质坡面的高路堤才考虑设置拦水带。

对于高速公路及一级公路,要求路表积水只能覆盖路肩宽度;对于二级及二级以下公路,要求路表积水面不能漫过毗邻车道的一半宽度;对于中央分隔带设缘石的高速及一级公路超高段上侧半幅路面,以及未设路肩的道路(如设非机动车道分隔带的道路断面),其拦水带的水面不能漫过毗邻车道的一半宽度。

按汇集路面表面水的要求,拦水带的顶面应略高于过水断面的设计水位高,而后者的限值受制于水面不漫过右侧车道外边缘或中心线的要求,如图3-1-10所示。拦水带的设计外露高度(即过水断面的水深),还取决于设计流量和路肩的横向坡度。在高速及一级公路路堤边缘设防撞护栏时,拦水带的高度可以大些,但一般不超过15cm;在不设防撞护栏时,为了保障偶尔驶出路肩的车辆安全,拦水带的高度不应大于10cm,并且迎车面的斜坡坡度不宜陡于1:2(最好采用1:4),以便车轮能滚过拦水带。拦水带泄水口可做成对称式或非对称式的喇叭口,如图3-1-11所示。其间距应根据流量确定,以保证降水时路面积水能迅速排除,泄水不能进入车行道为原则,一般为20～50m,干旱少雨地区可达100m。泄水口长度一般为2～4m。对称式便于施工,但在有纵坡的路段上,非对称式泄水口的泄水能力由于水流顺畅而优于对称式,因而对于设在纵坡坡段上的泄水口,建议采用非对称式。水流通过泄水口时的水流状态为孔口流,为提高泄水口的泄水量,可在泄水口处设置低凹区。为便于施工,低凹区可设在拦水带内边缘的外侧。低凹区采用与路肩相同的铺面结构,以免受到水流的冲刷破坏。

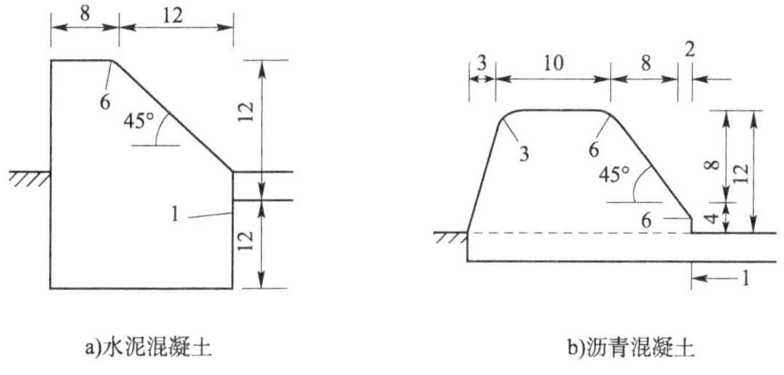

a)水泥混凝土　　b)沥青混凝土

图3-1-10　拦水带(尺寸单位:cm)

为了避免汇集在拦水带内的路表水横向流过相交的道路、匝道、超高段路面、横坡变换处的路面,或者流经相衔接结构物的铺面,应在这些地点设置泄水口,将汇集的水排除出去。

泄水口的间距取决于过水断面水面漫流宽度的要求和泄水口的泄水能力。在凹形竖曲线的底部,须设置3个泄水口,以备设在最低点的泄水口被杂物堵塞后还有2个后备的泄水口可以排放汇集的地表水。

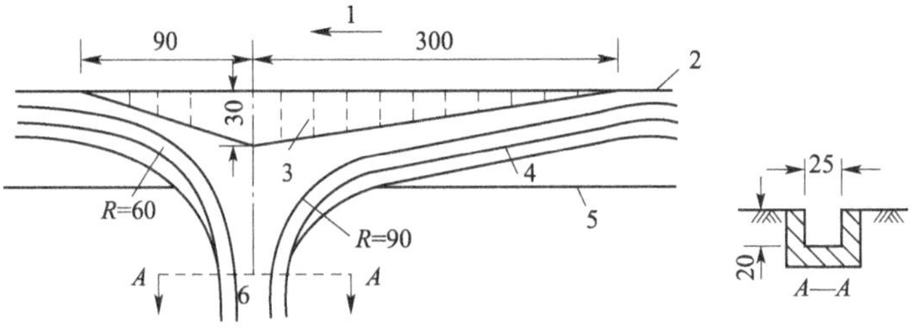

图3-1-11　纵坡坡段上拦水带不对称泄水口的平面布置示意图(尺寸单位:cm)

1-水流流向;2-硬路肩边缘;3-底凹风;4-拦水顶;5-路堤边坡坡顶;6-急流槽

急流槽上端与泄水口应圆滑相连,下端与路基下边部的排水沟应顺适相连,并应防止水流冲出排水沟。宜采用汇集路表水集中排放的方式,但拦水带过水断面由于路肩较窄,汇水宽度或汇水量又较大而显不足时,可以考虑采用土路肩上设置边沟的方式汇集表面水。边沟宜采用U形水泥预制件铺砌而成。

6.蒸发池

气候干旱、排水困难地段,可利用沿线的集中取土坑或专门开挖的凹坑修筑蒸发池,以汇集路表水,并通过蒸发和渗漏使之消散。蒸发池边缘距路基边沟不应小于5m,面积较大的蒸发池不得小于20m^2。蒸发池同边沟或排水沟之间设排水沟相连,池中水位应低于排水沟沟底。池的容量应以一个月内的地表水汇入池中的水量能及时完成渗透和蒸发为依据,但每个池的容量不超过200~300m^3,蓄水深度不应大于1.5m。

蒸发池的平面形状采用矩形或其他的形状,其设置不应使附近地面形成盐渍化或沼泽化蒸发池周围可围筑土埂以防止其他水流流入池中。

7.倒虹吸与渡水槽

当水流需要横跨路基时,可根据流水的需要设置管道或水槽,从路基下部或上空跨过,称为倒虹吸(或渡水槽)。前者相当于涵洞,后者为简易过水桥梁,两者属于造价较高的路基排水结构物,多半因配合两侧农田水利而设。

倒虹吸管的设置,往往是路基穿过原有沟渠,且沟渠水位高于路基,不宜设涵洞,亦不能架空。其布置形式,如图3-1-12所示。

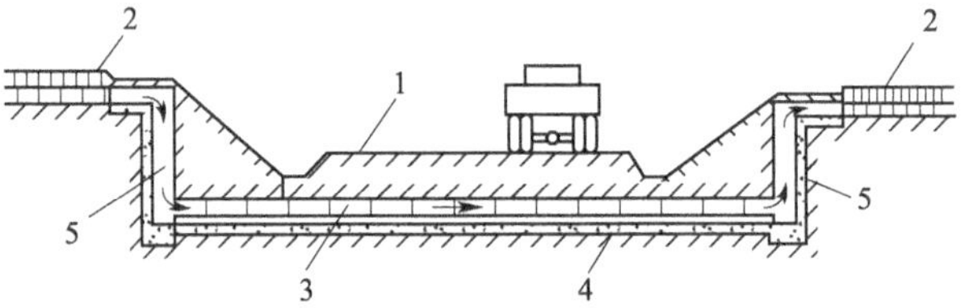

图3-1-12　倒虹吸管示意图

1-路基;2-竖井;3-管道;4-沟渠;5-基底

倒虹吸是利用上下游水位差,迫使水流降落而复升,经路基下部埋设的管道引向另一侧。此种结构为有压管道,水流连续改变方向,水流条件较差,管内易漏水,极易淤塞受阻,亦难以修复与清理,需要采用时,必须进行合理设计。一般情况下,管道选用箱形或圆形,以水泥混凝土或钢筋混凝土的结构为主,有条件时亦可使用铸铁管,孔径约0.5~1.5m。主管埋置深度，要求上面填土的厚度不小于 1.0m，亦不宜埋置过深，以填土不超过 3.0m 为宜。管道两端设竖井，可以竖立或倾斜，视地形和用地条件而定，井底高程低于管道，起沉淀泥砂作用。为减少堵塞现象，除要求管道内具有 1.5m/s 以上的流速外，在进口外宜设置沉砂池和拦泥栅，如图 3-1-13 所示。

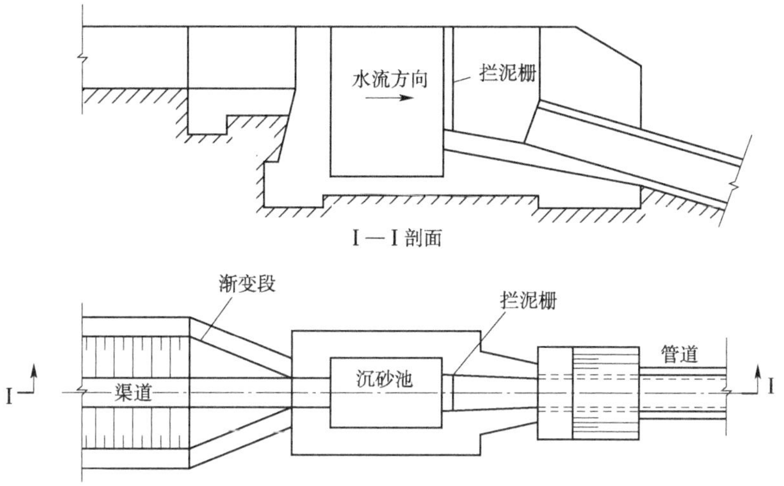

图 3-1-13　倒虹吸管进口结构图

渡水槽相当于过水桥，是穿过农田地区路堑段常用的过水形式之一。图 3-1-14 是渡槽图例的一种。

渡槽可分为进出水口、槽身与下部支承三个结构组成部分，其中进出水口的结构形式，如图 3-1-15 所示。槽身断面小于两端人工沟槽，以提高主槽的流速和降低主体结构的造价。为此主槽与沟槽之间设过渡段，其中，出水段要比进水段增长，过渡段的平面收缩角约为 10°～15°。主槽较短时，槽身与沟的断面尺寸相同，此时不设过渡段。主槽两端连接的土质沟渠，应予以加固。加固的长度，不小于沟内水深的 4 倍。

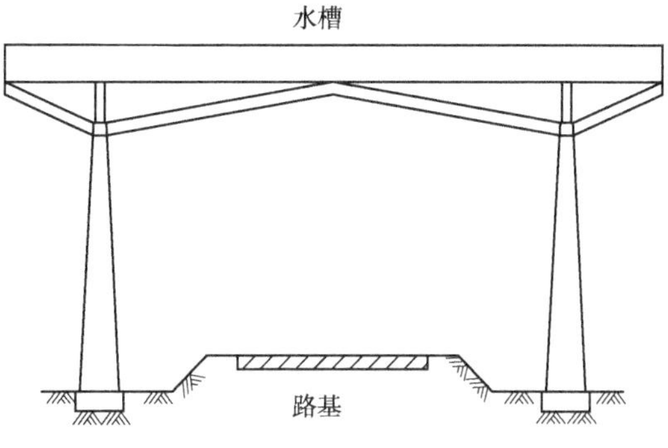

图 3-1-14　渡槽布置示意图

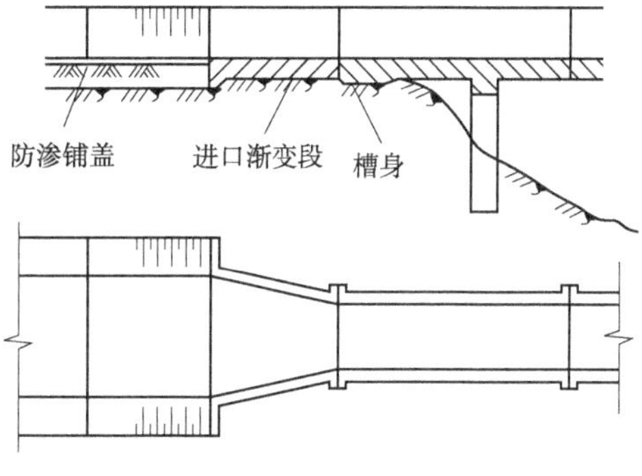

图 3-1-15　渡槽进出口结构图

四、地表排水设施的施工要点

1. 边沟施工要点

（1）挖方地段和填土高度小于边沟深度的填方地段均应设置边沟。

（2）平曲线处边沟施工时，沟底纵坡应与曲线前后沟底纵坡平顺衔接，不允许曲线内侧有积水或外溢现象发生。

(3)土质地段的边沟纵坡大于3%时应采取加固措施。采用干砌片石对边沟进行铺筑时,应选用有平整面的片石,各砌缝要用小石子嵌紧;采用浆砌片石加固时,砌缝砂浆应饱满,沟身不漏水;若沟底采用抹面时,抹面应平整压光。

(4)在边沟与填方路基相邻处设置跌水或急流槽,将水流直接引至填方坡脚以外,以免冲刷边坡,影响路基稳定。

(5)当边沟水流向涵洞进水口时,为避免边沟水流的冲刷,应根据地形条件在涵洞进口处设置窨井、跌水或急流槽等构造物,将水流引入涵洞。

(6)当边沟水流流向桥梁时,应在桥头翼墙或挡土墙之后设置跌水或急流槽,将水引入河道。

2. 截水沟施工要点

(1)截水沟的边缘距挖方路基坡顶的距离视土质情况而定,以不影响路基边坡为原则。一般土质至少应距路堑顶边缘5m,黄土地区不应小于10m,并采取防渗加固措施。

(2)截水沟应按设计要求进行防渗及加固处理。地质不良地段、土质松软地段、渗水性大或裂缝较多地段,截水沟沟底、沟壁、出水口均应进行加固处理,防止水流渗漏和冲刷。

(3)截水沟长度超过500m时,应选择适当的地点设出水口,将水引至沟中或涵洞处。截水沟必须有牢固的出水口,必要时需设置跌水或急流槽。

3. 排水沟的施工要点

(1)排水沟的线形应平顺,尽可能采用直线形,转弯处宜做成弧线形,其半径不宜小于10m。排水沟长度根据实际需要而定,通常不宜超过500m。

(2)排水沟沿路线布设时,应离路基尽可能远一些,距路基坡脚不宜小于3~4m。

(3)当排水沟、截水沟、边沟因纵坡过大导致水流速度大于沟底、沟壁土的容许冲刷流速时,应采用边沟表面加固措施。

(4)排水沟的出水口,应设置跌水和急流槽将水流引出路基或排水系统。

4. 跌水与急流槽施工要点

(1)跌水与急流槽必须采用浆砌圬工结构。跌水的台阶高度可根据地形、地质等条件决定,多级台阶的各级高度可以不同,其高度和长度之比应与原地面坡度相适应。

(2)急流槽的纵坡应按图纸所示进行施工,一般不宜超过1:1.5,同时应与天然地面坡度相配合。较长的急流槽,槽底可设几个纵坡,一般是上段较陡向下逐渐放缓。

(3)当急流槽较长时,应分段砌筑,每段不宜超过10m;接头用防水材料填塞,密实无空隙。

(4)急流槽的砌筑应使自然水流与涵洞进、出口之间形成一个过渡段;基础应嵌入地面以下,其底部应按图纸要求砌筑抗滑平台并设置端护墙。

(5)路堤边坡急流槽的修筑,应能为水流排水沟提供一个顺畅通道;路缘石开口及流水进入路堤边坡急流槽的过渡段应连接圆顺,如采用喇叭口接入。

(6)边沟、急流槽接入涵洞进口处,应加设消力池;当急流槽水流大且流速较大时,为防止溅水上路基,宜在急流槽下部槽口上加设盖板。

5. 拦水缘石施工要点

(1)为避免高路堤边坡被路面水冲毁,可在路肩上设拦水缘石,将路面水流拦截至挖方边沟或在适当地点设急流槽引离路基。拦水缘石与高路堤急流槽连接处应设喇叭口。

(2)拦水缘石必须按设计安置就位。

(3)设拦水缘石路段的路肩宜适当加固。

任务实施

地表排水设施的施工

1. 测量放线

利用设计单位提供的测量控制网,定出边沟中心和路面边缘的控制点位置,在该位置打上标有桩号的木桩并测出桩顶高程,作为边沟施工时的轴线。

2. 土方开挖

边沟和排水沟土方开挖采用反铲开挖,人工配合清理,自卸汽车运输;山坡截水沟开挖采用人工挖掘运送。

3. 砌筑

自制一批尺寸与设计相符的边沟钢筋或木质骨架大样,土方开挖后,将大样的中心与边沟轴线控制点对齐,下底放置在设计高程处,稳定后带上线,根据带线后的边沟大样段面进行片石砌筑。砌筑用的砂浆必须严格按照试验室提供的配合比进行配制。砌筑时片石间距一般控制在 1 ~ 2cm,采用坐浆(挤浆法)施工,使片石能被砂浆充分包裹。砌筑表面必须紧靠着所拉的线,以确保其表面平整。

任务工作单

<table>
<tr><td rowspan="3">学习情境三　<u>路基排水工程施工</u>
工作任务一　<u>地表排水</u></td><td>班级</td><td colspan="3"></td></tr>
<tr><td>姓名</td><td></td><td>学号</td><td></td></tr>
<tr><td>日期</td><td></td><td>评分</td><td></td></tr>
</table>

一、任务内容

分组讨论路基地表排水设施的适用范围。

二、基本知识

1. 根据水源的不同,影响路基的水源可分为__________和__________两大类。

2. 路基排水的目的是将路基范围内的土基湿度降低到一定的限度以内,保持路基常年处于__________状态。

三、任务实施

边沟是地表排水设施中的一种,分组掌握其施工方法及要求。

1. 哪种情况下可以设置边沟?它的主要功能是什么?

2. 边沟有哪些横断面形式？

3. 边沟施工过程中要注意哪些事项？

四、任务小结

通过此工作任务的实施，各小组集中完成下述工作：

1. 常用的路基地表排水设施有哪些？

2. 简述地表排水施工过程。

3. 你认为本次任务实施是否达到预期目的？还有什么意见和建议？

工作任务二　地 下 排 水

任务概述

1. 应知应会

通过本工作任务的学习与具体实施，学生应学会下列知识：

(1)熟悉各种地下排水设施类型及其结构；

(2)掌握地下排水设施的施工方法。

应掌握下列技能：

(1)会识读路基地下排水设施图；

(2)会进行给定的具体路基地下排水工程的设计。

2. 学习要求

(1)研读教材内容；

(2)查阅某一公路项目地下排水设施的相关资料；

(3)重视理论联系实际。

相关知识

由于开挖路堑，边坡或堑底出现流向路基工作区的层间水、集中的泉眼、大面积的渗水；由于填筑的路堤高度不高，堤旁地表长期积水位、堤下地基原地下水位及毛细水上升等各种地下水造成对路基的影响时，应设相应的地下排水设施，起到拦截、汇集、排除地下水或局部范围降低地下水位的作用。

常用的路基地下排水设施有：暗沟、渗沟和渗井等。由于地下排水设施埋置在地面以下，不易维修，在路基建成后又难以查明损失失效情况，因此要求地下排水设施牢固及耐久。

一、暗沟

相对于地面排水的明沟而言，暗沟又称盲沟，具有隐蔽工程的含义。从盲沟的构造特点出发，由于沟内分层填以大小不同的颗粒材料，利用渗水材料透水性将地下水汇集于沟内，并沿沟排泄至指定地点，此种构造相对于管道流水而言，习惯上称之为盲沟，在水力特性上属于紊流。

图 3-2-1 所示为一侧边沟下面所设的盲沟，用以拦截流向路基的层间水，防止路基边坡滑坍和毛细水上升危及路基的强度与稳定性。

图 3-2-2 所示是路基两侧边沟下面均设盲沟，用以降低地下水位，防止毛细水上升至路基工作区范围内，形成水分积聚而造成冻胀和翻浆，或土基过湿而降低强度等。

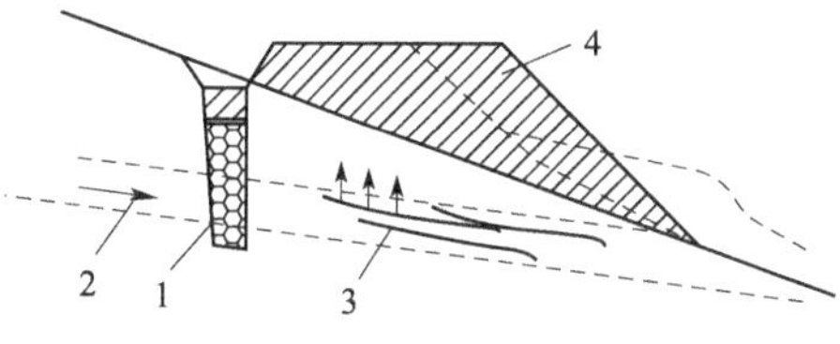

图 3-2-1　一侧边沟下暗沟

1-暗沟；2-层间水；3-毛细水；4-可能滑坡线

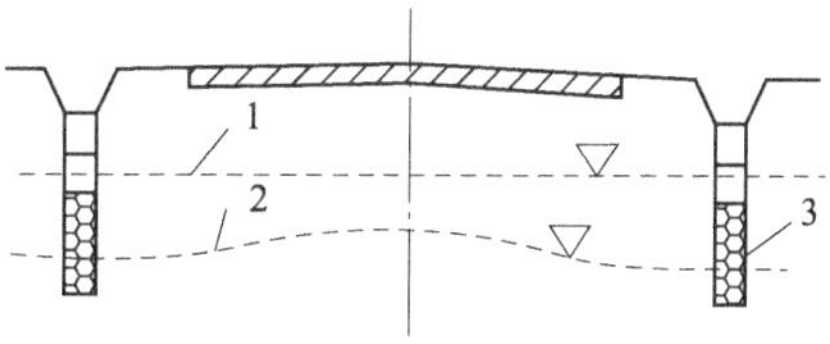

图 3-2-2　两侧边沟下暗沟

1-原地下水；2-降低后的地下水；3-暗沟

图3-2-3所示是设在路基挖方与填方交界处的横向盲沟。它是用以拦截和排除路堑下面层间水或小股泉水，保持路堤填土不受水害。

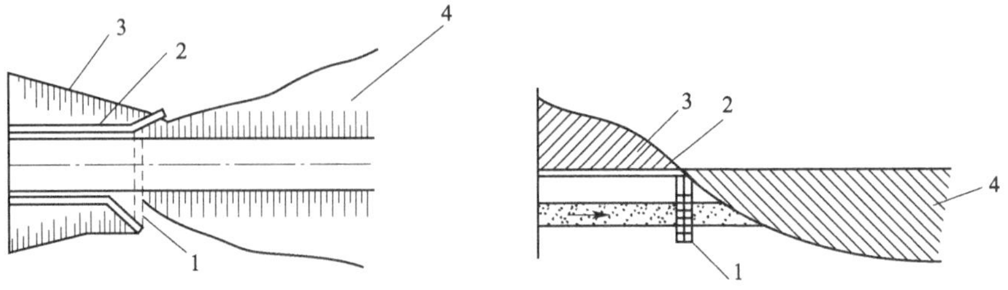

a)平面　　b)纵剖面

图3-2-3　挖填交界处横向暗沟

1-暗沟;2-边沟;3-路堑;4-路堤

以上所述的暗沟，沟槽内全部填满颗粒材料，可以理解为简易暗沟，其构造比较简单，横断面成矩形，亦可做成上宽下窄的梯形，沟壁倾斜度约1:0.2，底宽 b 与深度 h 大致为1:3，深约1.0～1.5m，底宽约0.3～0.5m。暗沟的底部中间填以粒径较大（3～5cm）的碎石，其空隙较大，水可在空隙中流动。粗粒碎石两侧和上部，按一定比例分层（层厚约10cm）填以较细粒径的粒料，逐层粒径比例大致按6倍递减。暗沟顶部和底面，一般设有厚30cm以上的不透水层，或顶部设有双层反铺草皮。

二、渗沟

采用渗透方式将地下水汇集于沟内，并通过沟底通道将水排至指定地点，此种地下排水设施统称为渗沟。它的作用是降低地下水位或拦截地下水，其水力特性是紊流，但在构造上与上述暗沟有所不同。

按照需要排水流量的不同，渗沟可分为填石渗沟（亦称盲沟）、管式渗沟和洞式渗沟三种形式。三种渗沟均应设置排水层（或管、洞）、反滤层和封闭层。有无浆砌块石或水泥混凝土托底，应根据沟底排水水面的高程而定。当沟底排水水流已经进入路基工作区或接近该区时，必须设置托底，否则在渗沟内已经汇集应该排出的水，就会沿程又渗回到路基工作区去。当沟底排水水面在路基工作区以下较远时，则可不设托底。

三、渗井

在平原地区，当路基设计高程不高，但地下水位较高而影响路基工作区时，可设置竖直方向排水设施，把路基范围内的上层地下水，渗流引排到更深的潜水层或透水层中去以降低上层地下水位或者全部排除。这种起到局部降低路基范围内地下水位的竖向排水设施称为渗井，如图3-2-4所示。上述暗沟、渗沟均属于水平方向的排水设施，而渗井则属于竖直方向的排水设施。

渗井的平面布置，以及孔径与渗水量，按水力计算而定，一般直径为1.0～1.5m的圆柱形，也可以是边长为1.0～1.5m的方形。井深视地层构造情况而定，井内由中心向四周按层次，分别填入由粗而细的砂石材料，粗料渗水，细料反滤。填充料要求筛分冲洗，不得粗细材料混杂，以保证渗井达到预期排水效果。

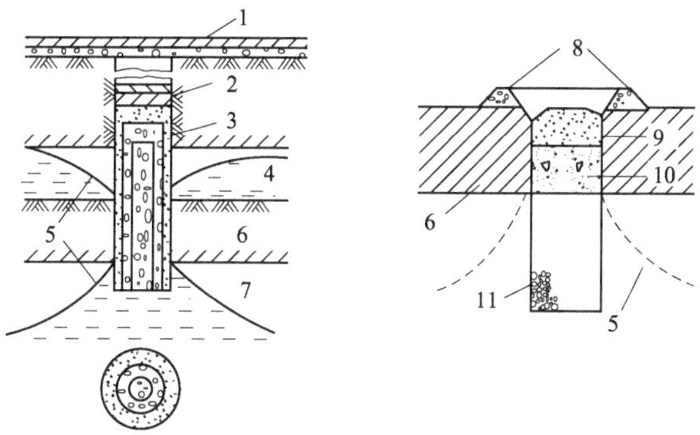

图 3-2-4　渗井结构图

1-路面;2-隔离层;3-反滤层;4-含水层;5-降水曲线;6-不透水层;7-透水层;8-防护土堤;9-粗砂;10-砾石;11-碎砾石

任务实施

一、暗沟施工

当地下水位较高,潜水层埋藏不深时,采用暗沟截流地下水及降低地下水位,沟底宜埋入不透水层内。暗沟采用混凝土浇筑或浆砌片石砌筑时,应在沟壁与含水率地层接触面的高度处,设置一排或多排向沟中倾斜的渗水孔,最下一排渗水孔的底部宜高出沟底不小于0.2m。沟壁外侧应填以粗粒透水材料或土工合成材料做反滤层。沿沟槽每隔 10 ~ 15m 或当沟槽通过软硬岩层分界处时应设置伸缩缝或沉降缝。寒冷地区的暗沟,应采取防冻保温处理措施或将暗沟设在冰冻深度以下。

二、渗沟施工

1. 填石渗沟施工

填石渗沟一般用于流量不大、渗沟长度不长的地段,是目前公路上常用的一种渗沟形式。填石渗沟通常为矩形或梯形,在渗沟的底部和中间用较大碎石或卵石(粒径 3 ~ 5cm)填筑,在碎石或卵石的两侧和上部,按一定比例分层(层厚约 15cm),填较细颗粒的粒料(中砂、粗砂、砾石),作为反滤层,逐层的粒径比例,由下至上大致按 4∶1 递减。砂石颗粒小于0.15mm的含量不应大于5%,用土工合成材料包裹有孔的硬塑管时,管四周填以大于塑管孔径的等粒径碎、砾石,组成渗沟。顶部做封闭层,用双层反铺草皮或其他材料(如土工合成的防渗材料)铺成,并在其上夯填厚度不小于 0.5m 的黏土防水层。

2. 管式渗沟施工

管式渗沟适用于地下水引水较长、流量较大的地区。当管式渗沟长度 100 ~ 300m 时,其末端宜设横向泄水管分段排除地下水。

管径按设计渗流量确定,但最小内径宜为 15cm(渗沟长度不大于 150m 时)或 20cm(渗沟长度大于 150m 时)。排水管周围回填透水性材料,管底回填料的厚度为 15cm,管两侧的回填料宽度不宜少于 30cm。透水性回填料可采用粒径 5 ~ 40mm 的碎石或砾石,但粒径小于2.36mm 的细粒含量不得大于 5% 。含水层内的细粒有可能随渗流进入沟内而堵塞渗沟时,应在渗沟的迎水面沟壁处设置反滤织物(图 3-2-5)。

3. 洞式渗沟施工

在盛产石料地区,也可采用洞式渗沟在路基范围外拦截地下水,如图 3-2-6 所示。其渗沟底部，以浆砌片石组成矩形排水槽，槽顶覆盖水泥条形盖板，形成排水洞。其横断面尺寸按设计渗流量的要求确定。板条间留有宽 20mm 的缝隙，间距不超过 300mm。在盖板顶面铺以透水的土工织物。沟内回填透水性填料，沟顶覆盖 20cm 厚的不透水封闭层。含水层内的细粒有可能随渗流进入沟内而堵塞渗沟时，应在渗沟的迎水面沟壁处按渗滤要求设置若干层粒料反滤层，每层反滤层由厚度为 15 ~ 25cm 的粒料组成。

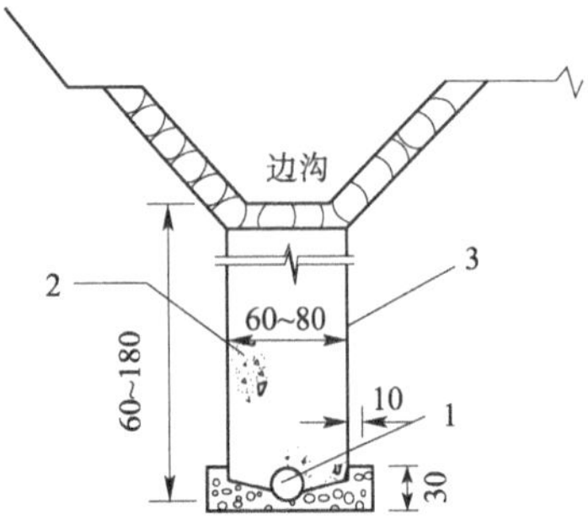

图 3-2-5 管式渗沟(尺寸单位:cm)

1-带槽孔排水管;2-透水性填料;3-反滤织物

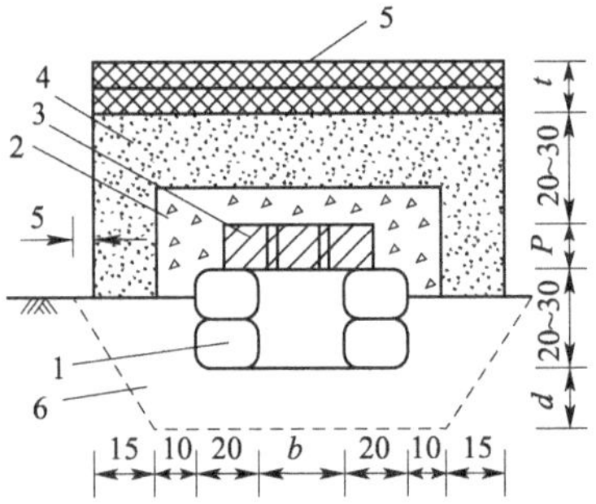

图 3-2-6 洞式渗沟(尺寸单位:cm)

1-浆砌块石;2-碎砾石;3-盖板;4-砂;5-双层反铺草皮或土工布;6-基础

三、渗井施工

渗井的下部必须穿过不透水层而深达透水层(透水层中有潜水时，要注意潜水压力不至于造成渗井内潜水倒灌，具体的分析判断可根据地质钻探资料进行)。透水层离地面较深时，可用钻井机钻孔。

渗井离路堤坡脚不应小于 10m，渗水井顶部四周(进口部除外)用黏土筑堤围护，井顶应加筑混凝土盖，严防渗井淤塞。

渗井平面上的行、列间距布置，以及孔径与渗水量，以满足路基范围内原地下水位降低并脱离路基工作区，使该区内能保持工作在干燥、中湿状态为准则，应需根据渗流流量计算而确定。

鉴于渗井施工不易，单位渗水面积的造价高于渗沟，一般尽量少用。有时，因土基含水率较大，严重影响路基、路面的强度，其他地下排水设施不易布置，其他技术措施如隔离层的造价较高，此时渗井可作为方式之一，设计时应进行分析比较，有条件地选用。

任务工作单

<table>
<tr><td rowspan="3">学习情境三　路基排水工程施工
工作任务二　地下排水</td><td>班级</td><td colspan="3"></td></tr>
<tr><td>姓名</td><td></td><td>学号</td><td></td></tr>
<tr><td>日期</td><td></td><td>评分</td><td></td></tr>
<tr><td colspan="5">一、任务内容
分组讨论常用的地下排水设施及各自起的作用。
二、基本知识
1. 路基地下排水设施有____________、____________、____________等。其作用是____________。
2. 按照需要排水流量的不同，渗沟可分为____________、____________和____________三种形式。</td></tr>
</table>

三、任务实施

渗沟是常用的地下排水设施中的一种，分组掌握其施工方法及要求。

1. 哪种情况下可以设置渗沟？它的主要类型有哪些？

2. 简述填石渗沟的施工要求。

3. 简述管式渗沟的施工要求。

4. 简述洞式渗沟的施工要求。

四、任务小结

通过此工作任务的实施，各小组集中完成下述工作：

1. 常用的路基地下排水设施有哪些？

2. 你认为本次任务实施是否达到预期目的？还有什么意见和建议？

工作任务三　涵洞施工

任务概述

1. 应知应会

通过本工作任务的学习与具体实施,学生应学会下列知识:

(1)熟悉涵洞的分类及适用条件;

(2)了解各类涵洞的施工工艺及方法;

(3)了解涵洞附属工程施工的主要内容。

应掌握下列技能:

(1)会区别不同的涵洞类型;

(2)会完成给定的具体涵洞的布置。

2. 学习要求

(1)研读教材内容;

(2)查阅某一公路项目涵洞施工的相关资料;

(3)重视理论联系实际。

相关知识

涵洞是公路或铁路与沟渠相交的地方使水从路下流过的通道,作用与桥相同,但一般孔径较小,形状有管形、箱形及拱形等。作为公路工程中的重要组成部分之一,涵洞在公路工程中占较大比例,是公路工程的重要组成部分,主要表现在工程数量和工程造价上。据有关资料料介绍:涵洞工程数量约占桥涵总数的60% ~70%,平原地区,每公里有1 ~3座;山岭重丘区,每公里平均有4 ~6座。涵洞工程造价约占到桥涵总额的40%左右。

涵洞是处于大自然环境(风、霜、雨、雪、冰冻、高温、水流冲击)和行车荷载的作用下,因此要求涵洞必须具备如下特点:满足排泄洪水能力,保证在50年一遇洪水的情况下,顺利快捷地排泄洪水;具有足够的整体强度和稳定性,保证在设计荷载的作用下,构件不产生位移和变形;具有较高的可靠性和耐久性,保证在自然环境中,长期完好,不发生破损。

一、涵洞的组成

涵洞是设于路基下的排水孔道,通常由洞身、洞口建筑两大部分组成。

洞身是形成过水孔道的主体,它应具有保证设计流量通过的必要孔径,同时又要求本身坚固而稳定。洞身的作用是一方面保证水流通过,另一方面也直接承受荷载压力和填土压力,并将其传递给地基。洞身通常由承重结构(如拱圈、盖板等)、涵台、基础以及防水层、伸缩缝等部分组成。钢筋混凝土箱涵及圆管涵为封闭结构,涵台、盖板、基础联成整体,其涵身断面由箱节或管节组成;为了便于排水,涵洞涵身还应有适当的纵坡,其最小坡度为0.3%。

洞口是洞身、路基、河道三者的连接构造物。洞口建筑由进水口、出水口和沟床加固三部分组成。洞口的作用是:一方面使涵洞与河道顺接,使水流进出顺畅;另一方面确保路基边坡稳定,使之免受水流冲刷。沟床加固包括进出口调治构造物,减冲防冲设施等。

二、涵洞的分类

1. 按建筑材料分类

(1)石涵:包括石盖板涵和石拱涵。石涵造价、养护费用低,且可节省钢材和水泥。在盛产石料地区应优先考虑采用石涵。

(2)混凝土涵:可现场浇筑或预制成拱涵、圆管涵和小跨径盖板涵。该种涵洞节省钢材,便于预制,但损坏后修理和养护较困难。

(3)钢筋混凝土涵:可用于管涵、盖板涵、拱涵和箱涵。钢筋混凝土涵涵身坚固,经久耐用,养护费用少。管涵、盖板涵安装运输便利,但耗钢量较多,预制工序多,造价较高。

(4)砖涵:主要指砖拱涵。砖涵便于就地取材,但强度较低。在水流含碱量大或冰冻地区不宜采用。

(5)其他材料涵洞:有陶瓷管涵、铸铁管涵、波纹管涵、石灰三合土拱涵等。

2. 按构造形式分类

(1)圆管涵:它由洞身及洞口两部分组成。洞身是过水孔道的主体,主要由管身、基础、接缝组成。洞口是洞身、路基和水流三者的连接部位,主要有八字墙和一字墙两种洞口形式。如图3-3-1所示。

圆管涵的管身通常由钢筋混凝土构成,管径一般有0.75m、1m、1.25m、1.5m和2m等五种,管径的大小根据排水要求选择,多采用预制安装,预制长度通常为2m。当采用0.5m或0.75m管径时用单层钢筋,而孔径在1m及1m以上时采用双层钢筋。0.5m管径时其管壁厚度不小于6cm,0.75m管径时管壁厚度不小于8cm,1m管径时管壁厚度不小于10cm,1.25m及1.5m管径时管壁厚度不小于12cm。

圆管涵的受力性能和对地基的适应性能较好,不需墩台,圬工数量少,造价低。

(2)盖板涵:受力明确,构造简单,施工方便。盖板涵主要由盖板、涵台及基础等部分组成。盖板涵与单跨简支板梁桥的结构形式基本相同,只是盖板涵的跨径较小。如图3-3-2所示。

图3-3-1　圆管涵

图3-3-2　盖板涵

(3)拱涵:它主要由拱圈和涵台(墩)组成,适宜于跨越深沟或高路堤时采用。拱涵承载能力大,砌筑技术容易掌握。如图3-3-3所示。

(4)箱涵:不是盖板明渠,箱涵的盖板及涵身、基础是用钢筋混凝土浇筑起来的一个整体,可用来排水、过人及车辆通过。箱涵适用于软土地基,但造价就会高些。如图3-3-4所示。

3. 按洞顶填土情况分类

(1)明涵:洞顶不填土,适用于低路堤、浅沟渠。

图 3-3-3　拱涵

图 3-3-4　箱涵

（2）暗涵：洞顶填土大于 50cm，适用于高路堤、深沟渠。

4. 按水力性能分类

（1）无压力式涵洞：进口水流深度小于洞口高度，水流流经全涵保持自由水面。

（2）半压力式涵洞：进口水流深度大于洞口高度，但水流仅在进口处充满洞口，在涵洞其他部分都是自由水面。

（3）有压力式涵洞：涵前壅水较高，全涵内充满水流，无自由水面。

（4）倒虹吸管：路线两侧水深都大于涵洞进出水口高度，进出水口设置竖井，水流充满全涵身。

涵洞宜设计成无压力式的。

任务实施

一、混凝土和钢筋混凝土圆管涵的施工

钢筋混凝土圆管涵施工工艺，如图 3-3-5 所示。

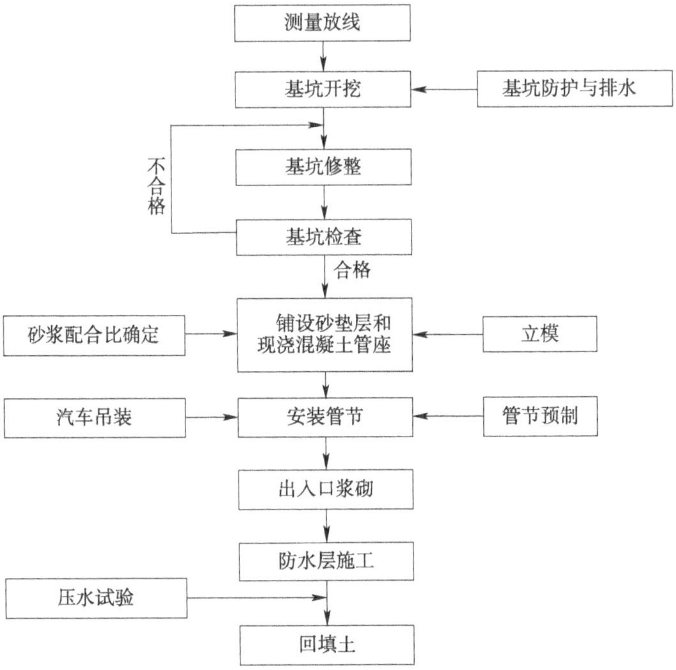

图 3-3-5　钢筋混凝土圆管涵施工工艺流程

1. 施工前准备

在已清表的路基上用仪器放出涵洞的中心桩及其轴线，并在适当位置进行保护。据此进行涵洞的施工放样。根据放出的轴线与现行的排灌系统进行比较，如有涵洞在位置、角度上与设计意图不相符的地方就应立即上报监理工程师。待经有关部门批复后方可进行施工。

在涵洞附近路基范围以外不易碰到的地方加密一水准点，以此进行施工高程的测量和复核。如果涵洞所在位置处在现有排灌水系处，则应将原有水系进行改道或必要时进行围堰处理，采用草袋进行围堰，然后进行基坑开挖和清淤。

2. 基坑开挖

基坑开挖采用人工配合挖掘机进行，挖方边坡采用 1:0.75，从基坑中挖出的淤泥运出路基范围按监理工程师指定的地点进行堆放。将基坑控制桩延长于基坑外 2m 加以固定，并且开挖应保持良好的排水，在基坑外深挖集水井以利基础底面排水彻底。基坑应开挖至设计高程 +20cm 处时，由人工挖除剩余 20cm 土，以免机械扰动基底土。

3. 软土地基处理

基坑开挖好后，应立即通知监理工程师进行验收，在有软土地基的地方先进行软土地基处理（软土地基按过塘路基处理方案进行）后进行砂垫层的施工。对于圆管涵的软土地基处理，一般采用砂垫层法。砂垫层比软土有较大的变形模量和强度，基础底面的压力通过砂垫层的扩散作用分布到较大的面积上。

4. 砂垫层施工

回填管底的砂垫层采用中粗砂填筑，砂垫层采用人工回填，行走式夯机进行夯实；每层填筑松铺厚度不超过 20cm，压实厚度不超过 15cm，压实到规定的压实度。

5. 管基第一层混凝土浇筑

砂垫层填至设计高程后，应在其上精确放样立模后进行管基第一层混凝土和端头侧墙混凝土的浇注；混凝土采用 250L 拌和机拌和，溜槽进行浇注，采用插入式振捣器进行振捣，最后用木抹子仔细找平。此时注意在管节接头处预留壁厚及安装管节坐浆混凝土 2 ~ 3cm。

对于处在软土地基处的涵洞，应在管基上设置预拱度，预拱度值为此涵洞处路基施工后沉降量的一半。涵洞中心处预拱度值最大，端部为 0，在涵洞中心与端部按直线比例进行分配。

6. 管节安装

安装管节前，先在混凝土面上精确放出涵洞的中心线及轴线，并量出每一节管的接头位置。安装时以此作为控制每一管节的具体位置。施工放样时，必须注意管涵的全长与管节的配置以及洞口端墙的精确位置。斜交管涵首先配置两端各一斜管节和若干个 2m 正管节，余下不足 2m 部分以 0.5m 正管节调整，安装时随管节安装进度在管底铺设一层 2 ~ 3cm 的 1:2的水泥砂浆。采用 8t 吊车或装载机从涵洞中心向两端进行安装，吊装时注意保护管节端头不被钢丝绳损坏。管节平稳安放在管基上后，摘下钢丝绳，用撬杠缓缓移动直至两管对接，并注意两管接头处内侧管底平顺、不错台，在对接前在接头处铺设两层 10cm 宽的油毡，油毡下放一根铅丝，两管对接完成后将油毡用铅丝在接头处捆绑。沉降缝处两管间设 1 ~ 1.5cm的缝宽用沥青麻絮填塞，按此程序一节一节地安装直至完成。

7. 管基第二层混凝土浇筑

管节安装完毕后，在已凿毛的管基上支模并在沉降缝处放好沥青木丝板，后经监理工程师验收后浇注管基第二层混凝土。采用插入式振捣器振捣，使管底三角区混凝土充分密实与管壁紧密贴合。

8. 抹带

混凝土浇筑完成后进行抹带、管口内砂浆勾缝，在管节接头处铺一层玻璃丝布或钢丝网，然后用砂浆抹带，抹带完成后及时覆盖养生。并在涵管的整个表面涂抹两层沥青。

9. 回填

混凝土强度达到设计强度100%后可进行回填，采用砂砾在涵洞两侧对称分层填筑，回填范围为涵底基础向外各2m范围，在靠路基填土一侧按1:0.5边坡开挖向上形成锯齿状。

回填时采用行走式夯机进行夯实，每层填土厚度不超过15cm，压实度达到95%。

涵顶的第一层填土厚度不应小于30cm，碾压时采用压路机静压，在涵顶以上50cm范围内重型机械不能从涵洞上经过。

10. 洞口铺砌及截水墙

圆管涵的洞口铺砌和截水墙均为M7.5浆砌片石，在基底平面平整夯实后即可进行施工。先在铺砌层的下面铺筑一层砂垫层，含泥量不超过5%，垫层应与铺砌层配合铺筑，随铺随筑。片石在使用前必须浇水湿润，表面如有泥土、水锈，应清洗干净；砂浆应有良好的和易性，随拌随用，已凝结的砂浆不得使用。采用浆砌片石进行河床铺砌时，石块应相互咬接，砌缝砂浆饱满，砌缝宽度40～70mm。进行洞口铺砌时注意其顶面高程、平整度及顺直度。在进行基础砌筑时，片石应分层砌筑，宜以2～3层砌块组成一个工作层，每一工作层的水平缝应大致找平，各工作层竖缝应相互错开，不得贯通。外圈定位行列和转角石，应选择形状较为方正及尺寸较大的片石，并长短相间地与里层砌块咬接。砌筑上层石块时，应避免振动下层砌块。砌筑工作中断后恢复砌筑时，已砌筑的砌层表面应加以清扫和湿润。较大的石块应用于下层，安砌时应选取形状有尺寸较为合适的石块，尖锐突出部分应清除。竖缝较宽时应在砂浆中塞以小石块，不得在石块下面用高于砂浆砌缝的小石片支垫。洞口铺砌勾缝采用M10砂浆勾平缝，待砂浆初凝后，洒水覆盖养生7～14d，养护期间避免碰撞、振动或承重。

二、混凝土和钢筋混凝土盖板涵的施工

1. 基坑开挖

基坑开挖采用人工配合挖掘机作业，当挖至高于设计30～40cm时，用人工配合继续开挖修整成型。并留20cm保护层，铺底时再突击挖至设计高程后，随即浇筑基础。在开挖中如发现水文、地质情况与设计不符时，须根据实际情况提出处理措施，报业主和设计单位批准后方可实施。为缩短基坑暴露时间，要预计基坑成型的时间且提前通知监理工程师，在基坑达到设计要求后立即进行检查，基底经监理工程师检验符合设计要求并签订隐蔽检查证后立即浇筑基础；如基底承载力达不到设计要求，应立即用砂砾石进行换填至达到设计要求后才能进行基础混凝土浇筑。

2. 浇筑基础混凝土和基坑回填

混凝土用料采用符合设计要求的砂、卵石和水泥。卵石粒径不得超过结构物最小尺寸的1/4和钢筋最小净距的3/4；水泥采用普通硅酸盐水泥32.5R，要确保混凝土强度等级和质量。每隔4～6m或地基土质变化处或填挖交界处必须在板接缝处设一道沉降缝，缝宽1～2cm，沉降缝平行路中线布设，在每浇筑一层之后用符合设计要求的材料填塞。基础混凝土浇筑完毕后按设计要求对基坑进行回填。基础混凝土一次浇筑，不留施工缝。

3. 基础与墙身连接方式

基础混凝土浇筑完后，立即在基础表面安置卵石，卵石潜入基础混凝土深度不低于

5cm,露出部分不小于5cm,按30cm的间距成梅花状布置。

4. 涵身浇筑

涵洞墙身混凝土用料要求同基础混凝土。涵洞墙身采用搭支架、支模板现浇施工。支模时,必须严格检查其位置的准确性和垂直度各部尺寸规格,校验无误后,支撑牢固,经监理工程师验收签字确认后,方可浇筑混凝土,对混凝土的搅拌、浇筑、拆模、养生均严格按照规范要求施工。

5. 盖板预制

为方便吊装,钢筋混凝土盖板就近集中预制,盖板预制必须严格按照设计文件尺寸及要求施工,待预制强度达到100%、涵台强度达到设计强度75%后,用汽车吊安装。安装前首先检查盖板及涵台尺寸,盖板与涵墙身必须顶紧,安装完成后用水泥砂浆填塞。

6. 铺设防水层

用做防水层的油毛毡等在施工前有材质检查的试验报告,符合设计和规范的要求才能使用。沥青熬制中不断搅拌至全部成为液态,使用中的热沥青不低于150℃。涂敷前将圬工表面清刷干净,且保持干燥,不附着泥土和水等其他杂物。铺设油毛毡在先涂敷的热沥青还未凝固前进行,使之能黏结成一体并消除皱褶和空鼓等现象。

7. 进出水口

进出水口应严格按图纸所示,采用圬工结构修筑,施工工艺应符合规范规定。进出水口的沟床应整理顺直,使上下游水流稳定畅通。当设有跌水井和急流槽时,应按图纸或监理工程师的指示进行施工。

8. 涵背两侧的填筑

在涵洞防水层做好且盖板混凝土强度达到要求后即安排涵洞台背回填,涵洞两侧对称均匀分层同步进行填筑施工,在涵洞两侧不少于2倍孔径范围内对称进行,涵台背后1.0m范围内采用轻型夯实机械施工。当顶部填筑厚度大于1.0m后允许使用重型施工机械,涵洞台背回填必须分层填筑压实,并检测每一层压实度,符合规范要求后再进行下一层填筑,分层填筑厚度为20~30cm。

9. 涵洞盖板顶面填土

涵洞盖板顶面填土应在涵洞盖板强度达到要求后分层填筑,第一层松铺厚度不小于50cm,使用压路机碾压时以静压方式进行。

三、钢筋混凝土箱涵的施工

1. 基础处理

基础采用人工配合机械开挖,开挖前注意做好防排水设施,开挖按变形缝设置跳槽开挖,必要时做好临时支护工作。基底须整平夯实,并做基底承载力检测,若达不到150kpa,则需换填碎石或砂砾。基底满足设计要求承载力后,按设计要求立模施作混凝土垫层。

2. 底板及侧墙钢筋绑扎

在垫层上测量放线并画出钢筋布置大样及立模边线,然后绑扎底板及侧墙钢筋。绑扎侧墙钢筋时,在外侧用钢管搭设临时支架以防钢筋笼变形。钢筋主筋保护层为3㎝(墙身钢筋靠内模侧绑双峰式垫块),底板下层筋保护层为4㎝,钢筋锚固长度为35d,搭接长度为42d,钢筋搭接接头百分率不大于25%。

3. 内支撑及内模施工

内支撑采用 ϕ50 钢管搭设，纵横向布距不大于 1m，竖向布距不大于 1.2m。顶部用可调托撑顶纵梁，纵梁上布置横梁，横梁上为顶模。内支撑的横向钢管应与内侧模在横竖带节点处用钢管卡子连接（内外模的横竖带均采用双根钢管），起到横向内支撑作用。内模采用 1.5m^2 的大平面模板制作，表面要求光洁无错台，模板接缝加贴密封胶条。

4. 绑扎顶板钢筋、立外模

顶板钢筋底垫双峰式垫块，严格按规范及设计要求绑扎；支撑箍筋应适当予以点焊，保证上层钢筋网片不变形。外模采用普通钢模板组拼，外模的固定采用 ϕ16 拉杆内外对拉，并以圆木或钢管辅助支顶。

5. 混凝土浇筑

混凝土采用商品混凝土。灌注入仓采用吊车配合下料漏斗进行，振捣采用插入式振捣棒。

6. 变形缝处理

箱涵涵身每隔 10 ~ 18m 设变形缝一圈（包括基础），凡地基土质发生变化以及地基填挖交界处，均设置变形缝，缝宽 2 ~ 3cm。变形缝橡胶止水带采用 QZ5-400 型橡胶止水带。

箱涵在变形缝设置处，外围混凝土应加厚一圈，加厚尺寸为 25cm，在变形缝设置处内侧镶嵌 3cm 厚油浸软木板，外侧填塞止水密封膏。为了保证整个变形缝竖直且在一个截面上，立模堵头处须立分离式两块模板（夹紧止水带），并与内外模板以螺丝杆连接，油浸木板对应中空管处用胶粘贴在堵头钢模上。

7. 箱涵两侧台背、涵顶填土

箱涵两侧台背、涵顶的回填，与圆管涵相同。

四、石拱涵的施工

石拱涵施工工艺，如图 3-3-6 所示。

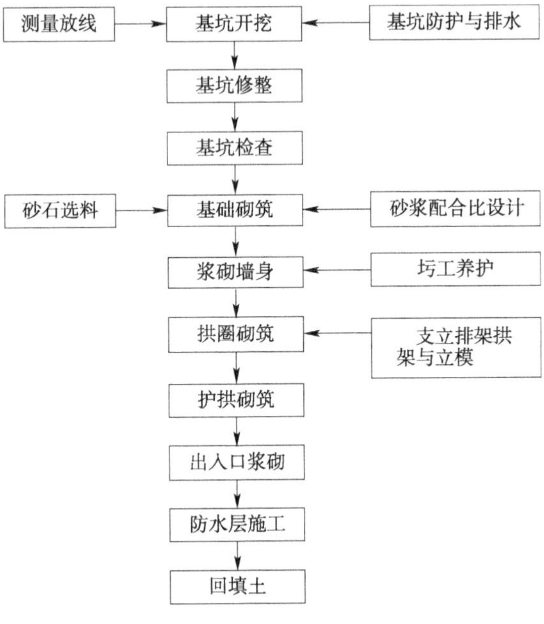

图 3-3-6　石拱涵施工工艺

根据工程特点,施工时特别做到以下几点:

(1)地基充分均匀地碾压密实,防止因不均匀沉降造成涵台身断裂。

(2)特别做好分段分次施工的连接,其分段部位设沉降缝处理。

(3)石拱涵台背填筑在涵台及涵底部铺砌的砂浆强度达到70%以上,且块石拱圈砌筑后方可进行,并在填筑时,两侧同时对称进行,并严格控制材料粒径及每层厚度、压实度。对于边角部位重型压路机无法碾压的地方,则采用蛙式打夯机进行反复夯打碾压,以确保台背填土密实。

任务工作单

<table>
<tr><td rowspan="3">学习情境三　路基排水工程施工
工作任务三　涵洞施工</td><td>班级</td><td colspan="3"></td></tr>
<tr><td>姓名</td><td></td><td>学号</td><td></td></tr>
<tr><td>日期</td><td></td><td>评分</td><td></td></tr>
</table>

一、任务内容

分组讨论圆管涵、盖板涵、拱涵的主要构造。

二、基本知识

1. 涵洞是设于路基下的排水孔道,通常由__________和__________两大部分组成。

2. 涵洞按建筑材料分类,可分为__________、__________、__________、砖涵等;按构造形式分类,可分为__________、__________、__________及__________;按洞顶填土情况分类,可分为__________和__________;按水力性能分类,可分为无压力式涵洞、半压力式涵洞、有压力式涵洞及倒虹吸管。

三、任务实施

1. 简述涵洞与桥的区别。

2. 简述涵洞的种类、特点及使用条件。

3. 简述涵洞出入口建筑的类型及特点。

4. 简述单孔无圬工基础管涵施工顺序。

四、任务小结

通过此工作任务的实施,各小组集中完成下述工作:

你认为本次任务实施是否达到预期目的?还有什么意见和建议?

学习情境四　路基防护工程施工

学习情境概述

本学习情境主要讲授路基坡面防护、冲刷防护、防滑防护的各种防护措施及其施工工艺流程。根据岗位职业能力的要求，本情境共安排了3个真实的工作任务。

一、职业能力分析

通过本情境的学习，期望达到下列目标：

1. 专业能力

(1)能掌握路基边坡常用的防护措施；

(2)能分析路基边坡防护类型的优缺点，选择合适的防护类型；

(3)能根据《公路路基施工技术规范》(JTG F10—2006)，完成边坡防护措施，编制施工工艺流程；

(4)能独立完成给定的具体路基工程的防护施工内容。

2. 社会能力

(1)通过分组活动，培养团队协作能力；

(2)通过规范文明操作，培养良好的职业道德和安全环保意识；

(3)通过小组讨论、上台演讲评述，培养与他人的沟通能力。

3. 方法能力

(1)通过查阅资料、文献，培养个人自学能力和获取信息能力；

(2)通过情境化的工作任务活动，掌握解决实际问题的能力；

(3)填写任务工作单，制订工作计划，学习和培养工作方法及能力；

(4)能独立使用各种媒体完成学习任务。

二、学习情境描述

各种复杂的自然因素、长期行车的作用下，保证路基的强度与稳定性，不仅与路基位置、横断面尺寸、岩土组成等方面密切相关外，路基的防护工程，也是不可缺少的主要工程技术措施之一。随着公路等级的提高，交通量的急剧增长，防护工程对保证公路使用品质、提高经济效益更具有重要的意义。特别是在强调公路应与自然环境、人文环境和谐统一的今天，更加显得重要。

坡面防护，主要是保护路基边坡表面免受雨水冲刷，减缓温差及湿度变化的影响，防止和延缓软弱岩土表面的风化、破碎、剥蚀演变进程，从而保护路基边坡的整体稳定性，在一定程度上还可以兼顾路基美化和协调自然环境。

堤岸冲刷防护，主要对沿河滨海路堤、河滩路堤、水泽区路堤，也包括桥头引道及路基旁边的防护路堤等。堤岸防护，主要针对水流的破坏作用而设，起防治水害和加固堤岸双重功效。

防滑防护，主要是指为防止路基填土变形、支挡路基土体的位移或山坡土体坍塌，以保证其稳定性。而修筑的承受土体侧压力的墙式构造物，在道路工程中，它广泛地用于路堤或路堑边坡、隧道洞口、桥梁两端及河流堤岸等。

路基防护种类和方法多种多样，设计、施工中应遵循“因地制宜、就地取材、经济适用、照顾景观”的原则。

三、教学环境要求

将整个学习内容划分成若干个工作任务，每个工作任务利用多媒体教学设备、课件和视频教学资料，按照“资讯→计划→决策→实施→检查→评估”的六步教学法开展教学，学生在教师指导下制订方案、实施方案，最终评估学习效果。

工作任务一　路基坡面防护

任务概述

1. 应知应会

通过本工作任务的学习与具体实施，学生应学会下列知识：

(1)熟悉路基坡面防护的目的；

(2)了解路基坡面防护种类；

(3)分析路基坡面防护的内容与方法。

应掌握下列技能：

(1)会根据《公路路基施工技术规范》(JTG F10—2006)，完成路基坡面防护施工技术作业；

(2)能正确完成给定的具体路基工程的坡面防护施工，并达到验收标准。

2. 学习要求

(1)研读教材内容；

(2)查阅某一公路项目路基坡面防护施工相关资料；

(3)重视理论联系实际。

相关知识

坡面防护，主要是保护路基边坡表面，免受雨水冲刷，减缓温差及温度变化的影响，防止和延缓软弱岩土表面的风化、碎裂、剥蚀演变进程，从而保护路基边坡的整体稳定性，在一定程度上还可美化路容，协调自然环境。

一、植物防护

植物防护是一种简便、经济和有效的坡面防护措施。植物能覆盖表土，防止雨水冲刷；

调节土壤湿度,防止裂缝产生;固结土壤,防止坡面风化剥落,同时还能起到绿化、美化环境的作用。植物防护适用于比较平缓的稳定土质边坡,可美化路容,起到固结和稳定边坡的作用。不同的植被还可起到交通诱导、防眩、吸尘和隔音的作用。在沙漠和积雪地区路基的两侧植树,可起到防砂栅或防雪栅的作用。

为防止采用植物防护的路堑边坡坡脚因列车震动和雨水冲蚀作用而先破坏,从而导致整个防护工程的破坏或出现边坡坍塌,一般宜在坡脚处设高 1 ~ 2m 浆砌片石护坡或护墙。

1. 种草

(1)作用

草能覆盖表土,防止雨水冲刷,调节土的温度,防止裂缝产生,固结地表土壤,防止坡面风化剥落,加强路基的稳定性。

(2)适用条件

种草适用于边坡稳定、坡面冲刷轻微的路堤或路堑边坡。对于土质适宜种草,种草边坡坡度不宜陡于 1:1,不浸水或短期浸水但地面径流速度不超过0.6m/s 的路基边坡可以选择种草防护。

对不宜种草的边坡,可以先铺 5 ~ 10cm 厚的种植土层,土层与原坡面接合稳固。

(3)草种选择

草籽的品种,应适应当地土壤和气候条件,同时还应考虑施工季节,通常容易生长,根系发达,茎叶低矮或有匍匐茎的多年生长的草种,也可几种草籽混种。

2. 铺草皮

(1)作用

铺草皮对坡面的防护同种草,但效果更好,收效更快。

(2)适用条件

铺草皮适用于各种土质边坡。特别是当坡面冲刷比较严重,边坡较陡,径流速度大于 0.6m/s 而又需要快速绿化时,采用铺草皮防护比较适宜。

(3)草皮选择与要求

草皮应选择根系发达、茎矮叶茂耐旱草种,不宜采用喜水草种,严禁采用生长在沼泽地的草皮。

3. 植树

(1)作用

在路基边坡和漫水河滩上植树,对于加固路基与防护河岸可收到良好的效果。它可以降低水流速度,种在河滩上可促使泥沙淤积,防止水流直接冲刷路堤。在风沙和积雪地面,林带可以防沙防雪,保护路基不受侵蚀。此外,还可以美化路容,调节气候,改善高等级道路的美学效果。

(2)适用条件

植树适用于各种土质边坡和风化极严重的岩石边坡,边坡坡度不陡于 1:1.5。

(3)树种选择和要求

植树防护宜选用在当地土壤与气候条件下能迅速生长、根系发达、枝叶茂密的树种。用于冲刷防护时,宜选用生长很快的杨柳类或不怕水淹的灌木类;公路弯道内侧边坡严禁栽植高大树木。

4. 客土植生

(1)适用条件

客土植生是对各种表层土质不宜于植物生长的边坡进行植物防护的一种方法,即采取在边坡坡面上铺设或置换一定厚度适宜植物生长的土壤(或混合料)作为种植土(客土),然后植草的方法。其边坡坡率不应陡于1:1,且边坡高度不宜过高,一般不超过8m。

(2)材料选择和要求

种植土(客土)应尽量破碎均匀,最大粒径应小于30mm。种植土(客土)应含有植物生长必需的平衡养分和矿物元素,且应具有保水、保温和便于养护等性能。客土作为类似表土的表层结构,是植物生长的基础,且对维持自然生态起到举足轻重的作用,其所需主要材料及要求如下:

①以天然有机质土壤改良材料为主体,混入含有各种对植物生长有效的有机质和无机质材料;

②采用木质纤维作为养生材料,增加混合料强度及孔隙率,使其稳定性增强;

③采用高分子聚合物及天然植物加工而成黏结剂,使客土混合料相互紧密连接形成一定厚度的客土层,并与坡面表面黏结在一起,形成良好的团粒结构;

④采用高效化学合成肥料及缓效肥料,提供植物生长不同时期所需营养。

5. 喷混植生

(1)适用条件

喷混植生是对各种表层土质不宜于植物生长的边坡进行植物防护的一种方法,即采用专用的喷射机,将拌和均匀的种植基材(植生材料)喷射到坡面上,植物依靠"基材"生长发育,形成坡面植物防护。其边坡坡率不陡于1:0.75,且边坡高度不宜过高,一般不超过10m。

(2)材料选择和要求

①喷播植草混合料的配合比(植生土、土壤稳定剂、水泥、肥料、混合草籽、水等)应根据边坡坡度、地质情况和当地气候条件确定。混合草籽用量每1000m^2不宜少于25kg。

②气温低于+12℃不宜喷播作业。

二、骨架植物防护

1. 浆砌片石或混凝土骨架护坡

对当地雨量较多、边坡土质较差、坡面冲蚀较严重的土质(如膨胀土、粉土、砂类土等)、全风化的硬岩和易风化的软岩块边坡(粗粒花岗岩、砂砾岩、粉砂岩、泥质岩类等)或边坡较高、坡面比较潮湿、岩性较破碎的一般土质边坡和岩质边坡,采用浆砌片石或混凝土骨架护坡可有效地加强边坡的抗冲蚀、防风化能力,保证边坡的长期稳定。

根据边坡的岩土质状况、边坡高度及坡率、水文地质特征等条件,骨架内可采用植草、空心砖内植草或客土植生、喷混植生、干砌片石、喷浆或喷混凝土等防护措施。宜于草皮生长和铺填5~10cm厚黏性土(客土)后草皮能很好生长的砂类土、碎石类土等土质贫瘠的边坡,骨架内宜采用植草或客土植生;当地雨量多且集中,冲刷严重,宜采用带排水槽的骨架内植草或空心砖内植草;边坡经常有少量地下水渗出或比较潮湿,含水率较大,易发生溜坍或比较严重的坡面冲刷,当地有较丰富的石料来源,骨架内可采用干砌片石;易风化的强风化~弱风化的岩石路堑边坡,不宜于植物生长且岩体切割破碎,地下水不发育,坡面较干燥,骨架内宜采用客土植生、喷混植生、干砌片石、喷浆或喷混凝土等防护。

(1)骨架内植草护坡的边坡坡率不陡于1:1,单级边坡高度不宜大于15m,否则宜设置边坡平台,宽不小于2m。

(2)草种应因地制宜地选用。

(3)结构及材料要求:

①骨架应嵌入坡面一定深度,其表面应与草皮表面平顺。在雨量大且集中的地区,骨架可做成截水形式,以分流排除地表水。

②浆砌片石骨架一般采用拱形、人字形、方格形几种形式。骨架及其顶部和两侧0.5m及底部1.0m范围内镶边加固均应用M7.5水泥砂浆砌片石砌筑。

③为便于养护,应在适当位置设阶梯形踏步。

2. 卵石方格护坡

(1)在有丰富卵石来源的地区,对土质路基的边坡冲刷防护或沙漠路基的风蚀防护,可采用卵石方格护坡,边坡坡率不陡于1:1.5。

(2)结构及材料要求:

①卵石方格应相互垂直,并与水平线成45°。栽砌卵石应使其长轴与坡面垂直,入土深度不得小于卵石长度的一半。

②一般土质路基卵石方格防护四周应栽砌卵石加固。风蚀沙漠路堑堑顶,路堤坡脚应平铺1.5m宽卵石加固。

三、工程防护

1. 砌石防护

(1)干砌片石防护

为防止雨、雪水或河水冲刷、侵蚀,公路填方边坡、沿河路堤边坡可采用砌石防护。砌石防护可分为干砌和浆砌两种,如图4-1-1所示。

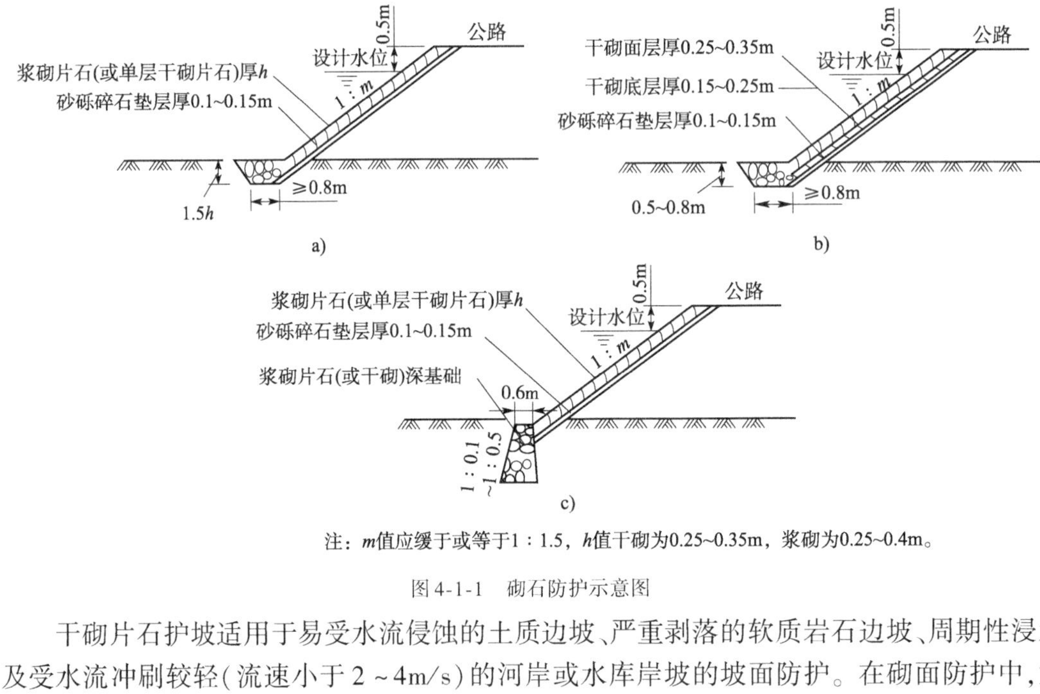

注:m值应缓于或等于1:1.5,h值干砌为0.25~0.35m,浆砌为0.25~0.4m。

图4-1-1 砌石防护示意图

干砌片石护坡适用于易受水流侵蚀的土质边坡、严重剥落的软质岩石边坡、周期性浸水及受水流冲刷较轻(流速小于2~4m/s)的河岸或水库岸坡的坡面防护。在砌面防护中,宜首选干砌片石结构，这不仅为了节省投资，而且可以适应边坡有较大的变形。在盛产石料的地区，对易受表水冲刷的土质路堤边坡和经常有少量地下水渗出的路堑边坡，采用干砌片石护坡可防止边坡溜坍变形并利于排除地下水，保证边坡的稳定。其边坡坡率一般应等于或缓于1:1.25。但干砌片石受水流冲击时，细小颗粒易被流水冲刷带走而引起大的沉陷。

(2)浆砌片石护坡

浆砌片(卵)石护坡一般适用于易受水侵蚀的土质边坡、严重剥落的软质岩石边坡、强风化或较破碎岩石边坡、残坡积较厚而松散的边坡。当采用干砌片石护坡不适宜或效果不好时，或防护流速较大(3～6m/s)、波浪作用较强、有流水、漂浮物等撞击时宜采用浆砌片石护坡。对过分潮湿或冻害严重的土质边坡应先采取排水措施再行铺筑。

2. 浆砌片石护墙

对各种土质边坡及易风化剥落的岩石边坡，采用浆砌片石护墙时，边坡坡率不应陡于1:0.5。浆砌片石护墙分为实体护墙、空窗护墙、肋式护墙和拱式护墙。其适用范围分别为：

实体护墙：适用于土质或破碎岩石边坡。

空窗护墙：当边坡坡率等于或缓于1:0.75时，可采用空窗护墙。如地下水不发育，坡面比较干燥，空窗内采用喷护；如地下水发育，空窗内采用干砌片石。

肋式护墙：适用于边坡岩层完整，且坡度较陡的情况。

拱式护墙：适用于边坡下部较完整，仅需保护上部边坡的情况。

3. 坡面处治

当不适宜采用植物防护或考虑就地取材时，可采用碎(砾)石、砂、水泥、石灰、工业废渣等无机物或沥青类有机材料，进行坡面处治，将边坡上的岩石裂隙、缝穴、风化层及坡面予以堵塞或封闭，以防止进一步风化或地表水下渗。常用方法有喷护、锚杆挂网喷护和封面及捶面等形式。

1)喷护

(1)适用条件

对边坡坡率缓于1:0.5，易风化但未遭强风化的岩石边坡可用喷护形式防护。

(2)优缺点

优点：防护喷护初期强度高、抗雨水能力强，可在边坡表面形成保护层阻止面层风化，防止边坡剥落与碎落。

缺点：造价高，缺乏景观效果，不符合“绿色环保”的要求。

2)锚杆挂网喷护

(1)适用条件

对坡面为碎裂结构的硬质岩石或层状结构的不连续地层以及坡面岩石不与基岩分开并有可能下滑的挖方边坡可采用锚杆挂网喷浆防护的形式防护，其实施方案应在规范规定范围内结合现场情况分析确定。

(2)优缺点

优点：技术先进成本低，与浆砌防护相比可降低20%的成本。施工速度快，施工简便，不受部位和方向的限制。质量有保证，具有较好的力学性能和整体性，可在坡面形成封闭的、具有较高强度的混凝土保护壳，防止雨水对坡面的冲刷破坏。

缺点：造价高，缺乏景观效果，不符合“绿色环保”的要求。

(3)封面

封面适于石质挖方坡面，岩石表面易风化，但比较完整，尚未剥落，如页岩、泥沙岩、千枚岩的新坡面。对此应及时予以封面,以预防风化成害。

(4)捶面

捶面适用于易受雨水冲刷的土质边坡和易风化的岩石边坡。边坡坡度不大于1:1.5,使用年限为10~15年。

任务实施

一、植物防护施工

1. 种草施工流程

种草施工流程,如图4-1-2所示。

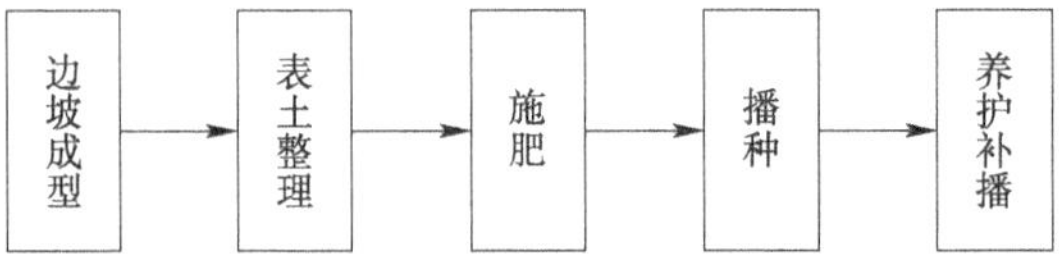

图4-1-2　种草施工流程

2. 铺草皮施工

(1)铺草皮施工流程,如图4-1-3所示。

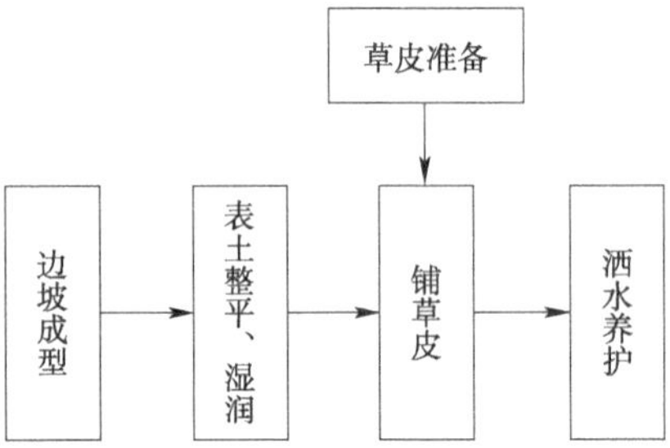

图4-1-3　铺草皮施工流程

(2)施工注意事项:

①铺草皮的方式有平铺(平行于坡面)、水平叠置、垂直坡面或与坡面成一半坡角的倾斜叠置,以及采用片石铺砌成方格或拱式边框,方格式框内铺草皮等,如图4-1-4所示。

②播铺草皮需预先备料,草皮可就近培育,切成整齐块状,然后移铺在坡面上。

③草皮的规格一般为20cm×25cm、25cm×40cm及30cm×50cm的块状,或宽25cm、长200~300cm的带状;草皮厚约6~10cm,干旱和炎热地区为15cm。草皮端应斜切成平行四边形。

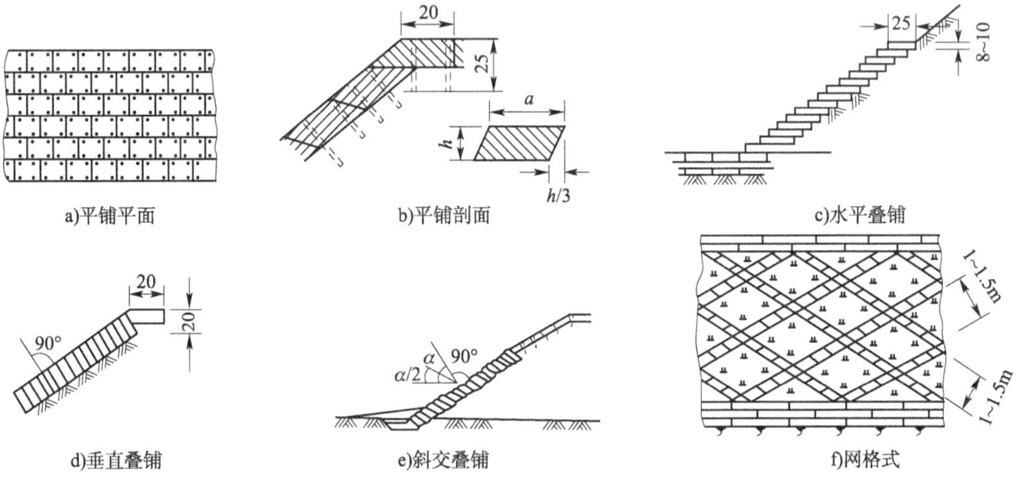

图4-1-4　草皮防护示意图

图中:h为草皮厚度,约5~8cm;a为草皮边长,约为20~25cm。

④铺时应自下而上,并用竹木小桩将草皮钉在坡面上,使之稳固。

⑤草皮根部土应随草切割,坡面要预先整平,必要时还应加铺种植土,草皮应随挖随铺,注意相互贴紧。

⑥铺草皮施工时,应将边坡表面挖松整平,并尽可能在春秋季或雨季进行,不宜在冰冻时期或解冰时期施工。

⑦铺种的草皮应洒水养护,使坡面湿润,直至草皮成活。

3. 植树施工注意事项

(1)种植后在树木未成长前,应防止流速大于3m/s的水流侵害。

(2)必要时应在树前方设置障碍物加以保护;植树防护最好与种草结合使用,使坡面形成一个良好的覆盖层,才能更好地起到防护作用。

(3)栽种应在当地的植树造林季节。

(4)边坡如有不利于灌木生长的砂石类土,则栽种的坑内应换填宜于灌木生长的黏质土。

(5)灌木栽种后,坑中应及时填土压实,并经常浇水,使坑内保持湿润,直到灌木发芽成活。

4. 客土植生施工注意事项

(1)种植土(客土)厚度应视边坡岩土质、高度、坡率及草种等条件确定,一般不宜小于5cm。铺设或置换的种植土(客土)应与边坡坡面密贴连接,必要时应采取措施增加坡面的粗糙度,保证种植土(客土)的稳定而不滑动。

(2)草种的选择及播种要求,参见撒种草籽(植草)或喷播植草防护设计。

5. 喷混植生施工注意事项

(1)施工前做好天沟,清除边坡表面松动土石,平整坡面,然后喷射种植基材。

(2)边坡有地下水出露时,必须设泄水孔将其引出。

(3)种植基材(植生材料)的喷射厚度,应根据所加固边坡的岩床状况、降水量及边坡坡率等综合确定,一般为8~10cm。

材料混合应在搅拌装置内充分搅匀。喷射时,应控制喷射压力,注意不破坏岩床表面,均匀稳定地进行喷射施工。喷射作业完毕后,边坡太干燥时要进行洒水养护。

二、骨架植物防护施工

1. 浆砌片石或混凝土骨架护坡施工注意事项

(1)施工前应清刷坡面浮土,填补坑凹,使坡面大致平整。

(2)骨架内应采用植物或其他辅助防护措施。植草草皮下宜有50~100mm厚的种植土,草皮应与坡面和骨架密贴。

(3)应及时对草皮进行养护。

2. 卵石方格护坡施工注意事项

(1)铺砌卵石前应将坡面松散土层清刷掉,并使坡面大致平整。

(2)铺砌卵石应自下而上进行,首先立铺方格骨架,再平铺方格内卵石。铺砌卵石时,卵石间应互相密贴紧实,缝隙应用小石子嵌紧。

三、工程防护施工

工程防护施工石料应选用未风化的硬质石料,砌筑应紧密、错缝,严禁通缝、叠砌、贴砌和浮塞,勾缝应均匀饱满、美观,坡面应平顺。

1. 干砌片石砌石防护施工流程及注意事项

(1)干砌片石护坡厚度不小于0.3m,并在其下设碎石或砂砾垫层厚不小于0.1m。基础选用较大石块砌筑,其埋深至侧沟底;基础与侧沟相连时,采用M7.5水泥砂浆浆砌(图4-1-5)。砌筑石料的最低强度等级为MU30。

(2)边坡应符合路基边坡稳定要求,坡度一般为1:1.5~1:2。

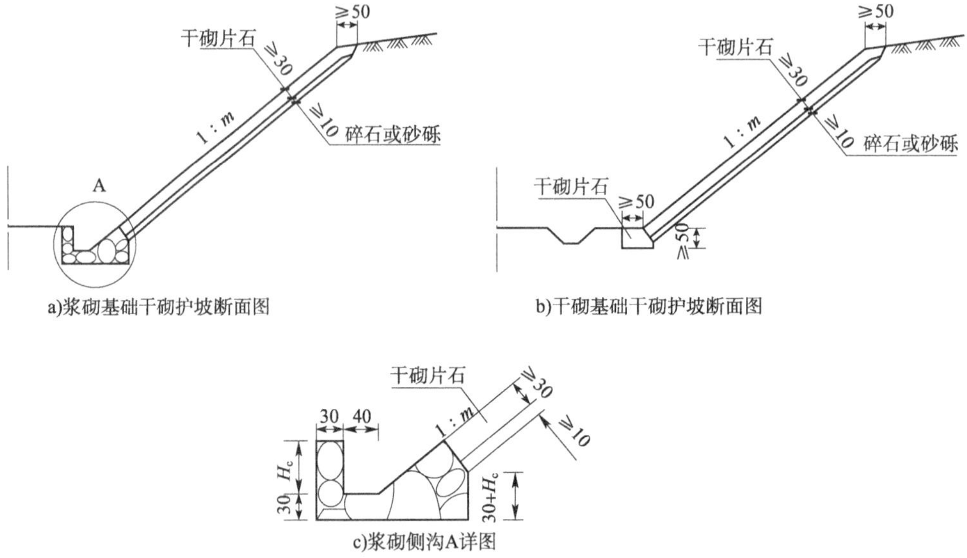

图4-1-5 干砌片石护坡(尺寸单位:cm)

(3)干砌片石防护一般有单层铺砌、双层铺砌和网格内铺石几种,流速较大时宜采用网格内铺石的防护。单层铺砌厚度为0.25~0.35m;双层的上层为0.25~0.35m,下层为0.15~0.25m。如图4-1-5。

(4)砌石防护应先在片石下面设置0.1~0.15m厚的碎(砾)石或砂砾混合物垫层,以起到整平、反滤的作用,并可增加抗冲击能力。

(5)由下而上平整铺砌片石,要错缝嵌紧,并用砂浆勾缝,以防渗水。

(6)石砌护坡坡脚处应设置埋石基础。在无河水冲刷时,基础埋置深度一般为护坡厚度的1.5倍。当受水流冲刷时,基础应埋置在冲刷线以下0.5~1.0m处,或采用石砌深基础。

(7)干砌片石施工质量,应符合表4-1-1的规定。

干砌片石施工质量标准　　表4-1-1

序　号	检查项目	允许偏差	检查方法与频率
1	厚度(mm)	±50	每100m² 抽查8点
2	顶面高程(mm)	±30	水准仪:每20m抽查5点
3	外形尺寸(mm)	±100	每20m或自然段,长宽各测5点
4	表面平整度(mm)	50	2m直尺:每20m测5点

2. 浆砌片石护坡施工流程及注意事项

(1)施工前必须清刷坡面松动土层,必要时进行夯实以防由于坡面沉落而引起护坡破坏;在路堤边坡上采用浆砌片石护坡时,应待路堤沉降基本停止后再施工。

(2)砂浆终凝前,砌体应覆盖;砂浆初凝后,立即进行养生。

(3)路堤边坡采用浆砌片石护坡,宜在路堤沉降稳定后施工。

(4)在冻胀变化较大的土质边坡上,护坡底面应铺设100～150mm厚的碎石或砂砾垫层。

(5)浆砌片石护坡每10～15m应留一伸缩缝,缝宽20～30mm。在基底地质有变化处,应设沉降缝,可将伸缩缝与沉降缝合并设置。

(6)泄水孔的位置和反滤层的设置应符合设计要求。

(7)浆砌砌体施工质量,应符合表4-1-2的规定。

浆砌片石施工质量标准 表4-1-2

序号	检查项目	允许偏差		检查方法与频率
1	砂浆强度	不小于设计强度		每1工作台班2组试件
2	顶面高程(mm)	料石、块石	±15	水准仪:每20m抽查5点
		片石	±20	
3	底面高程(mm)	-20		每20m或自然段,长宽各测5点
4	坡度或垂直度(%)	料石、块石	0.3	吊锤线:每20m检查5点
		片石	0.5	
5	断面尺寸(mm)	料石、混凝土块	±20	尺量:每20m检查5点
		块石	±30	
		片石	±50	
6	墙面距路基中线(mm)	±50		尺量:每20m检查5点
7	表面平整度(mm)	料石、混凝土块	10	2m直尺:每20m检查5处
		块石	20	
		片石	30	

3.浆砌片石护面墙施工工艺及要求

护面墙指为覆盖各种软质岩层和较破碎岩石的挖方边坡,以免其受自然因素影响,防止雨水渗入而修的墙。

(1)护面墙应紧贴边坡坡面修建,只承受自重,不承受墙背土侧压力。故要求挖方边坡必须符合稳定性要求。护面墙厚度尺寸的设定,可参照表4-1-3所示。

护面墙厚度参考表 表4-1-3

护面墙高 H(m)	路堑边坡	护面墙厚度(m)	
		顶宽 b	底宽 d
≤2	1:0.5	0.40	0.40
≤6	>1:0.5	0.40	$0.40+H/10$
$6<H\leq10$	1:0.5～1:0.75	0.40	$0.40+H/20$
$10<H\leq16$	1:0.75～1:1	0.60	$0.60+H/20$

(2)修筑护面墙前,应清除边坡风化层至新鲜岩面。对风化迅速的岩层,清挖到新鲜岩面后应立即修筑护面墙。

(3)护面墙的基础应设置在稳定的地基上,地基承载能力不够,应采取加固措施;基础埋置深度应根据地质条件确定,冰冻地区应埋置在冰冻深度以下至少250mm。

(4)护面墙背必须与路基坡面密贴,边坡局部凹陷处,应挖成台阶后用与墙身相同的圬工砌补,不得回填土石或干砌片石。坡顶护面墙与坡面之间应按设计要求做好防渗处理。

(5)应按设计要求做好伸缩缝。当护面墙基础修筑在不同岩层上时,应在变化处设置沉降缝。

(6)泄水孔的位置和反滤层的设置应符合设计要求。

4. 坡面处治

(1)喷护

①喷护施工流程,如图4-1-6所示。

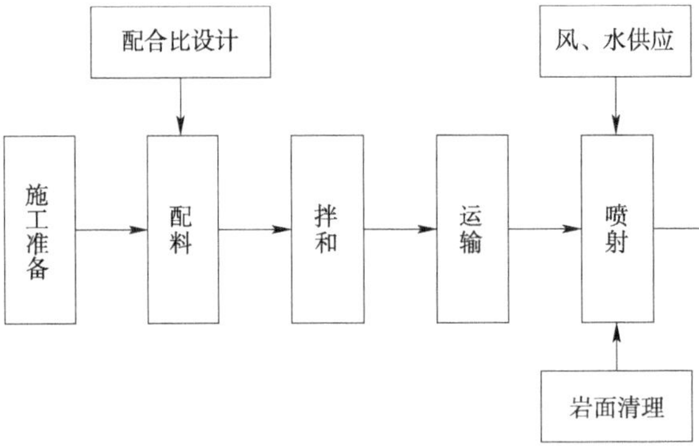

图4-1-6　喷护施工流程

②喷浆防护施工应符合下列规定:

a. 喷护前应采取措施对泉水、渗水进行处治,并按设计要求设置泄水孔,排、防积水。

b. 喷射顺序应自下而上进行。

c. 砂浆初凝后,应立即开始养生,养护期一般为5~7d。

d. 应及时对喷浆层顶部进行封闭处理。

③喷射混凝土防护施工应符合下列规定:

a. 作业前应进行试喷,选择合适的水灰比和喷射压力。喷射混凝土宜自下而上进行。

b. 做好泄水孔和伸缩缝。

c. 喷射混凝土初凝后,应立即养生,养护期一般为7~10d。

(2)锚杆挂网喷护

①锚杆挂网喷护施工流程,如图4-1-7所示。

②施工注意事项:

a. 首先清刷边坡表面松动土石及全风化岩层,并使坡面大致平整,凹坑进行嵌补。采用预制铁丝网时堑顶挖截水沟,两侧凿槽,采用机编铁丝网或土工格栅的堑顶设浆砌片石封闭平台。

b. 锚杆应嵌入稳固基岩内,锚固深度根据设计要求结合岩体性质确定。锚杆孔深应大于锚固长度200mm。

c. 钢筋保护层厚度不宜小于20mm。

d. 固定锚杆的砂浆应捣固密实;钢筋网应与锚杆连接牢固。

e. 铺设钢筋网前宜在岩面喷射一层混凝土,钢筋网与岩面的间隙宜为30mm,然后再喷射混凝土至设计厚度。

f. 喷射混凝土的厚度要均匀,钢筋网及锚杆不得外露。

g. 做好泄、排水孔和伸缩缝。

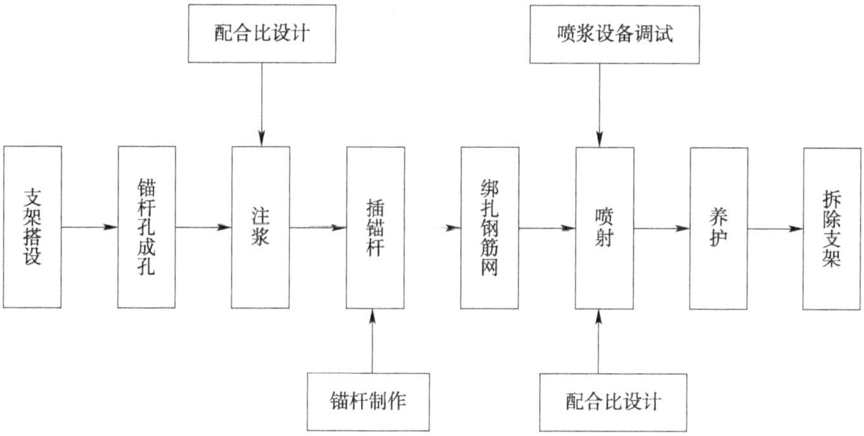

图 4-1-7 锚杆挂网喷护施工流程

(3)封面施工工艺、要求及注意事项

①封面防护不宜在严寒冬季和雨天施工。封面作业前,应对被处置的边坡加以清理,去掉风化层、浮土、松动石块并填坑补洞,洒水湿润,以利牢固耐久。

②常用的封面材料有石灰浆等,其中石灰为胶结料,要求精选。混合料如加纸筋或竹筋,可提高强度,防止开裂;如掺加适量制盐副产品卤水,因含有氯化钙与氯化镁,可使封面加速硬化和预防开裂。

③封面厚度应符合设计要求,封面应分两层进行施工,底层为全厚的 2/3,面层为全厚的 1/3。封面厚度要均匀,表面光滑,封面与坡面应密贴稳固。

④大面积封面宜每隔 5 ~ 10m 设伸缩缝,缝宽 10 ~ 20mm。

⑤封面初凝后应立即进行养生。

⑥按设计要求做好边坡封顶和排水设施。

⑦封面防护施工质量,应符合表 4-1-4 的规定。

(4)捶面施工工艺、要求及注意事项

①捶面前应清理坡面,当边坡有坑凹时,应填补处理。在土质边坡上,为使捶面与坡面贴牢,可在坡面挖小台阶或锯齿,齿深 5 ~ 10cm,间隔 50 ~ 100cm。

②厚度要均匀,表面光滑,捶面与坡面应密贴稳固。

③捶面施工时先洒石灰水润湿坡面,捶面夯拍用力要均匀,提浆要及时,提浆后 2 ~ 3h 进行洒水养护 3 ~ 5d。

④伸缩缝设置、边坡封顶、排水、养生方法、气候要求与封面防护施工要求相同。

⑤封面、捶面防护施工质量,应符合表 4-1-4 的规定。

封面、捶面防护施工质量标准 表 4-1-4

检查项目	允许偏差	检查方法与频率
厚度	+20%、-10%	每 10m 检查 1 个断面,每 3m 检查 2 个点

任务工作单

<table>
<tr><td rowspan="3">学习情境四　<u>路基防护工程施工</u>
工作任务一　<u>路基坡面防护</u></td><td>班级</td><td colspan="3"></td></tr>
<tr><td>姓名</td><td></td><td>学号</td><td></td></tr>
<tr><td>日期</td><td></td><td>评分</td><td></td></tr>
</table>

一、任务内容

分组讨论路基坡面防护的方法。

二、基本知识

1. 坡面防护，主要是保护路基边坡表面，免受__________冲刷，减缓__________及__________变化的影响，防止和延缓软弱岩土表面的风化、碎裂、剥蚀演变进程，从而保护路基边坡的__________，在一定程度上还可美化路容，协调自然环境。

2. 路基坡面防护主要分为__________和__________两大类。

3. 下图所示为一喷护施工流程，请按顺序填写在对应的框线内。

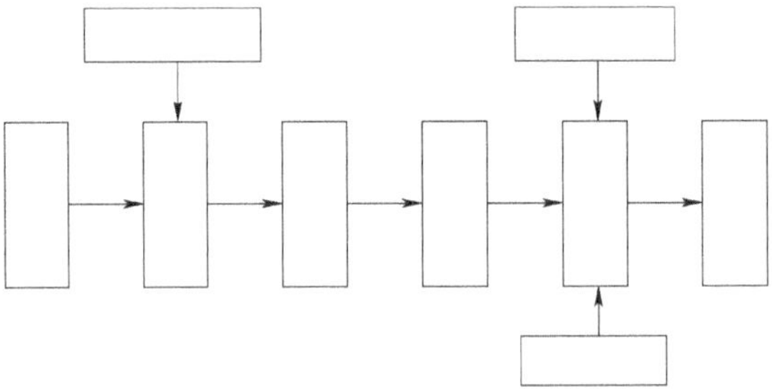

三、任务实施

浆砌片石护墙是路基坡面防护中的一种，分组掌握其施工方法及要求。

1. 浆砌片石护墙适应什么情况下的边坡？对边坡坡度有何要求？

2. 浆砌片石护墙有哪些形式？

3. 浆砌片石护墙结构及材料有哪些要求？

4. 浆砌片石护墙施工过程中要注意哪些事项？

四、任务小结

通过此工作任务的实施，各小组集中完成下述工作：

1. 路基坡面防护的方法有哪些？

2. 你认为本次任务实施是否达到预期目的？还有什么意见和建议？

工作任务二　路基冲刷防护

任务概述

1. 应知应会

通过本工作任务的学习与具体实施,学生应学会下列知识:

(1)掌握路基冲刷防护常用的措施;

(2)了解路基冲刷防护类型的适用条件和施工工艺;

(3)分析路基冲刷防护类型的优缺点,选择合适的防护类型。

应掌握下列技能:

(1)会根据《公路路基施工技术规范》(JTG F10—2006),完成冲刷防护施工技术作业;

(2)会选择适当的冲刷防护措施,编制施工工艺流程。

2. 学习要求

(1)研读教材内容;

(2)查阅某一公路项目路基冲刷防护施工相关资料;

(3)重视理论联系实际。

相关知识

冲刷防护与加固主要对沿河滨海路堤、河滩路堤及水泽区路堤,亦包括桥头引道,以及路基边坡的防护堤岸等。此类堤岸常年或季节性浸水,受流水冲刷、拍击和淘洗,造成路堤浸湿、坡脚淘空或水位骤降时路基内细粒料流失,致使路基失稳,边坡崩坍。所以堤岸冲刷防护与加固,主要针对水流的破坏作用而设,起防水治害和加固堤岸双重功效。

冲刷防护的原理就是根据水流的动水压力、波浪和壅水高及冲刷作用等水流特性,结合线路位置及地形地质因素,设置合理、适宜及足够坚固的冲刷防护工程,使其满足适应水流性质和抵抗水流的破坏作用的要求,防止岸坡及基础因冲刷作用而失稳,从而确保线路路基的稳定和运营安全。

冲刷防护措施有两种:一种是加固岸坡的直接防护,如坡面防护、抛石防护、石笼防护等;另一种是改变水流性质的间接防护,主要指导治结构物,如丁坝、顺坝、防洪堤、拦水坝等。

一、直接防护

直接防护措施包括植物防护和砌石防护与加固或抛石与石笼防护两种,常用的有植树、铺石、抛石或石笼等。此法直接加固稳定边坡,很少干扰或不干扰原来水流的性质。植物防护与砌石防护,与坡面防护相近,只是要求更高。

在宽阔的河滩、凸岸、台地边缘及流速不大,流向与河岸接近平行等水流冲刷作用较弱的地段或山区河谷狭窄,以下蚀为主的V形河谷地段,应优先考虑设置直接防护。防护工程的范围应根据最不利水位时水流的趋势来决定,要包括所有可能受水流冲刷的地段。工程两端均应有足够的长度嵌入稳定的河岸或路基边坡内,并与河流上下游建筑物平顺衔接,防止恶化水流条件。

路堤边坡与河岸岸坡的冲刷防护工程类型及其适用条件,根据表4-2-1采用。

冲刷防护工程常用类型及适用条件　　表4-2-1

防护类型	结构形式	适用条件		注意事项
		容许流速(m/s)	水流方向,河道地貌等	
植物防护	铺草皮	1.2~1.8	水流方向与线路近乎平行;不受各种洪水主流冲刷的浅滩地段路堤边坡防护	—
	种植防水林、挂柳		有浅滩地段的河岸冲刷防护	
干砌片石护坡	单层厚0.25~0.35m;双层厚:上层0.25~0.35m,下层0.25m	2~3	水流方向较平顺的河岸滩地边缘;不受主流冲刷的路堤边坡;无漂浮物和滚石的河段	应设置垫层
浆砌片石护坡	厚0.3~0.6m	4~8	主流冲刷及波浪作用强烈处的路堤边坡	有冻胀变形的边坡上应设置垫层。有流木、流冰、滚石时,应适当加厚
混凝土护坡	厚0.08~0.2m			
抛石	石块尺寸根据流速、波浪大小计算,不宜小于0.3m	3	水流方向较平顺,无严重局部冲刷的河段;已浸水的路堤边坡与河岸	抛石厚度不应小于石块尺寸的2倍
石笼	镀锌铁丝制成箱形或圆形,笼内装石块	4~5	受洪水冲刷但无滚石河段和大石料缺乏地区	—
大型砌块	2m×2m×2m 3m×3m×2m	5~8	受主流冲刷严重的河段	常与脚墙配合使用
浸水挡土墙	—	5~8	峡谷急流和水流冲刷严重的河段	—
土工合成材料防护	土工织物沉枕	4~5	受洪水冲刷深水急流和浪大处的护坡护底工程	—
	土工格栅和土工网石笼			
	土工膜袋	≤1.5	不受主流冲刷的路堤边坡,边坡不陡于1:1	

1. 植物防护

(1)草皮护坡

草皮是土的坚实表层,其中草根盘根错节,是天然的防护材料,适用于水流速度小于或等于1.8m/s地段的河岸防护。

(2)植树防护

在河岸或路基外侧种植防水林是一种有效而又很便宜的冲刷防护措施,适用于水流速度1.2~1.8m/s地段的河岸防护。

2. 干砌片石护坡

用于河漫滩或阶地边缘,受季节性浸水的路基边坡防护。适用于水流较平顺,不受主流冲刷且流速为2~3m/s的地段。护坡的厚度按水流速度或波浪大小的计算决定。其结构形式为单层厚0.25~0.35m;双层厚:上层0.25~0.35m,下层0.25m。

3. 浆砌片石护坡

浆砌片石护坡,用于经常浸水且受主流冲刷及波浪作用强烈的路基边坡和河流或水库岸坡的防护。其容许流速为 4 ~ 8m/s。

4. 混凝土板护坡

混凝土板护坡,其功用大致与浆砌片石相同,并能抵抗更大一些的波浪作用和冰压力,其容许流速 4 ~ 8m/s,波浪高 2m 以上。其结构形式,如图 4-2-1 所示。

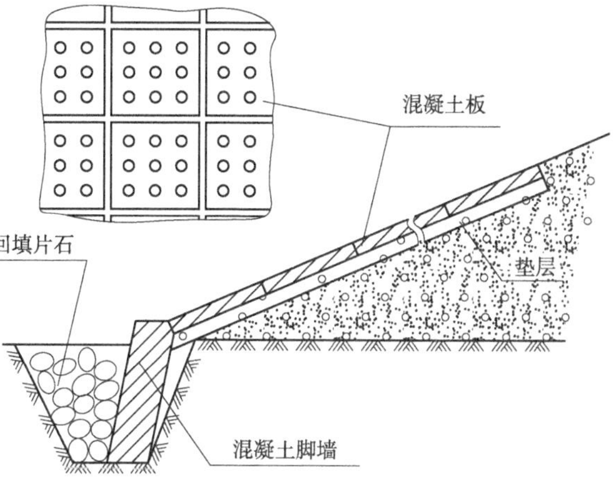

图 4-2-1　混凝土板护坡断面示意图

5. 抛石(或堆石)防护

(1)适用条件

当水流速度达到 3.0 ~ 5.0m/s,路基经常浸水且水流方向平顺,河床承载力较好,无严重冲刷时,宜采用抛石防护。一般在枯水季节施工,附近盛产大块砾石、卵石以及废石方较多的路段,应优先考虑采用此种方法。抛石一般多用于抢修工程,如图 4-2-2 所示。

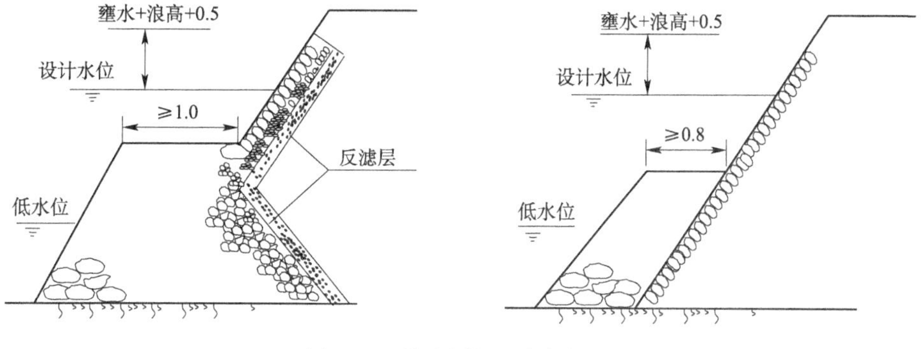

图 4-2-2　抛石防护(尺寸单位:m)

(2)一般规定

①石料选取。抛石防护类似在坡脚处设置护脚,所抛石料应选用坚硬不易风化的石料。抛石粒径视水深与流速而定,一般不小于 30 ~ 50cm。石料粒径与水深、流速的关系,如表 4-2-2所示。为了使抛石有一定的密实度,宜用大小不同的石块掺杂抛投。

②抛石坡度。抛石切忌乱抛,抛石坡度应根据水深、流速和波浪情况确定。抛石边坡坡度值,如表 4-2-3 所示。

③抛石厚度:宜为粒径的 3 ~ 4 倍;用大粒径时,不得小于 2 倍。

④抛石类型。常用的抛石类型有普通抛石和带反滤层抛石。反滤层的作用是为了在洪水退后,使路堤本身迅速干燥,减少路基土被冲走,适用于黏质土路堤并应在枯水时施工。

反滤层一般分层设置，从里向外第一层可用 10 ~ 15cm 厚的粗中砂；第二层可用厚 10 ~ 20cm、粒径为 1 ~ 3cm 的砾石；第三层可用厚度为 20cm 的碎石或卵石。

抛石粒径与水深、流速的关系 表 4-2-2

抛石粒径(cm)	水深(m)				
	0.4	1.0	2.0	3.0	5.0
	容许流速(m/s)				
15	2.70	3.00	3.40	3.70	4.00
20	3.15	3.45	3.90	4.20	4.50
30	3.50	3.95	4.25	4.45	5.00
40	—	4.30	4.45	4.80	5.05
50	—	—	4.85	5.00	5.40

抛石边坡坡度值 表 4-2-3

水位条件	采用边坡	水位条件	采用边坡
水浅，流速较小	1:1.2 ~ 1:2.5	水深大于 6m，在急流中施工	缓于 1:2
水深 2 ~ 6m，流速较大，波浪汹涌	1:2 ~ 1:3		

6. 石笼防护

(1)适用条件与作用

沿河路堤坡脚或河岸，当受水流冲刷和风浪侵袭，且防护工程基础不易处理或沿河挡土墙、护坡基础局部冲刷深度过大时，可采用石笼防护。当缺乏大石块时，或水流速度达到或超过 5.0m/s 时，则改用石笼防护，如图 4-2-3 所示。

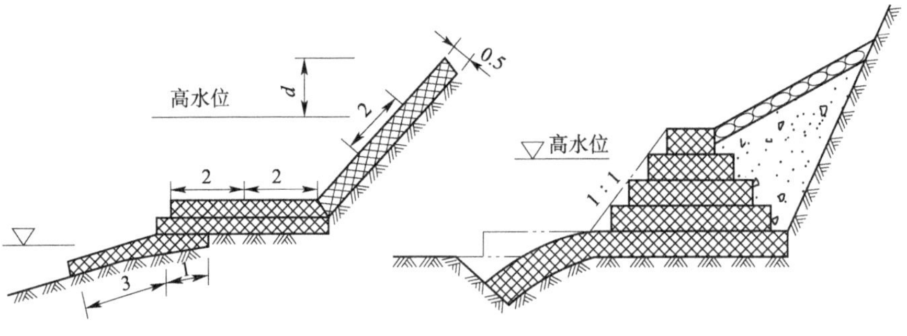

a) b)

图 4-2-3 石笼防护(尺寸单位：m)

(2)石笼防护的优缺点

优点：具有较好的强大和柔性，而且可利用较小的石料。当水流中含有大量泥沙时，石笼中的空隙能很快淤满，而形成一个整体的防护层。

缺点：铁丝网易锈蚀，使用年限一般只有 8 ~ 12 年。当水流中带有较多的滚石时，容易将铁丝网冲破，此时一般不宜采用。

二、间接防护

在河床宽阔，冲刷和淤积大致平衡，水流方向易于改变并且有设置导流建筑位置的河段，可采用间接防护。设计时应根据河道的地形、地质条件和演变规律，规划好导流线，要防止对上下游和对岸的建筑物和农田的冲刷加剧。

间接防护是采用导流与调治构造物，改变水流方向，消除和减缓水流对堤岸直接破坏，同时可减轻堤岸近旁淤积，彻底解除水流对局部堤岸的损害作用，起安全保护作用，主要有导流结构物丁坝、顺坝、拦河坝及防护林带，改河工程等。导流结构物是桥涵和路基的重要附属工程，由于涉及水流方向，影响范围较大，工程费用亦较高，务必慎重。采用间接防护时，或多或少地侵占了一部分河床断面，因而不同程度地压缩和紊乱了原来的水流，加重了其他地方的冲刷和淘刷作用。所以应特别注意修建这类防护建筑物后对被防护地段上下游及对岸的影响，应防止对农田水利、居民点及重要建筑物造成损害而引起纠纷。

导流结构物主要是设坝，按其与河道的相对位置，一般可分为丁坝、顺坝和格坝，如图4-2-4所示。

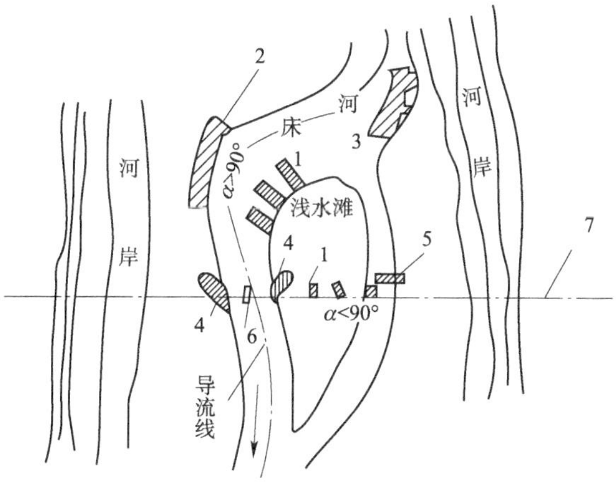

图4-2-4　河流导流构造物布置示意图

1-丁坝；2-顺坝；3-格坝；4-导流坝；5-拦水坝；6-桥墩；7-路中线

1. 导流坝

(1)丁坝

丁坝也叫挑水坝。它是与河岸或路基导流堤等成丁字形，与水流方向的夹角约为60°～90°的构造物，其作用是将水流挑离河岸或构造物，并使泥沙在坝根附近的三角形地带沉积形成新的水边线，以达到保护河岸和构造物免受冲刷的目的。丁坝可以单个使用，也可几个并列成丁坝群使用。丁坝适用于宽浅变迁河段用以挑流或减低流速，减轻水流对河岸或路基的冲刷；它一般采用铁丝笼或相互铰接的预制混凝土块等柔性结构物，也可采用石砌或现浇混凝土等刚性结构物。

挑水坝可由柴排及乱石堆砌而成，其断面一般采用梯形，坝身的顶宽一般为2～3m，坝头顶宽3～4m。下游边坡较缓，一般为1:1.5～1:2；上游为1:1.0～1:1.5。坝的长度不宜太长，一般不超过稳定河宽的1/4。挑水坝的布置间距，山区弯曲河段可考虑为坝长的1～2.5倍；顺直河段则为坝长的3～4倍。

由于挑水坝坝根与河岸相接，容易被冲开而使挑水坝失去作用，所以应结合地质及水流特点将坝根嵌入岸边3～5m，并在上下游加设冲刷设施。

挑水坝群的布置形式有上挑、下挑及垂直布置。上挑式坝轴线与水流方向的夹角小于90°，下挑式坝轴线与水流方向的夹角大于90°，垂直布置坝轴线与水流方向的夹角为90°。按洪水淹没情况又分为漫水式和不漫水式。不漫水的挑水坝宜布置成下挑式，以减轻水流对坝头的冲击作用。漫水的挑水坝宜布置成垂直或上挑式，以减轻坝顶溢流的速度。在平原、半山区的宽浅河段，水流易于摆动；当流速和冲刷力不大时，也可将漫水水坝布置成垂直或上挑的形式，以促进坝间淤积，较快地形成新岸。

丁坝由坝头、坝身、坝根三部分组成。断面形状为梯形。丁坝往往多个成群设置。

(2)顺坝

顺坝指坝轴线基本沿导流线边缘布置，使水流较顺缓地改变流向，起疏导水流作用。适用于河床断面较窄、基础地质条件较差的河岸或沿河路基防护，调整流水曲线度和改善流态。

顺水流方向设置于河岸旁的构造物，通常设置在预计要形成新水边线的河床上。顺坝上游端嵌入河岸，下游端或坝的中部可留缺口，供少量水流出入。顺坝高度一般在高水位和中水位之间，水位较低时，顺坝可引导水流；水位较高水流漫过坝顶时，顺坝还能使水流挟带的泥沙沉积于坝后的低洼处，起到巩固河岸的作用。

顺坝的结构，大体与挑水坝相同。顺坝坝长与被防护段长度基本相等，一般采用石砌或混凝土结构，横断面为梯形；坝顶宽度应根据稳定性计算确定，坝头受力比挑水坝小，一般无须加宽，顶宽 1 ~ 2m，迎水面边坡为 1:1.5 ~ 1:2.5，背水边坡为 1:1.0 ~ 1:1.5，坝的长度一般为河岸长的 2/3。

(3)格坝

当顺坝较长，距离河岸间距较大时，为了加速坝后淤填速度，防止水流冲走沉积泥沙，可在顺坝和河岸之间的低洼地上修筑几道垂直于顺坝的格坝，使坝体与河岸相连。

2. 防护林带

植林须有适宜的条件，主要应该有利于林带的成活和快速生长。适宜于被防护的路基外侧有宽阔的河滩或仅在洪水时才被淹没的台地，河滩及台地的土质适宜树木生成，有洪水时的流速不大于 3.0m/s。

防护林带的作用是洪水期使流速降低，减缓冲刷和泥沙沉积，从而达到防护的效果。

3. 改移河道

为了将直冲路基的水流引开以防止水流对路基的危害，或为了防止公路路基过多占用河道加剧水流冲刷，除做好冲刷防护外，必要时可考虑改移河道。改河移道可以将直接冲刷及淘刷路基的水流引离路基。挖滩改河，清除孤石，有利布置路线，减少桥涵。但改河移道涉及水流改向，影响大且投资高，故改河通常在较短的河道上进行，并力求顺应河势，使新河槽符合自然河流特征，不致使水重归故道。

当防护地段很长，河道水流性质变化较大的地段，可采用不同的防护类型，合理布置进行设计，但应注意衔接平顺。在可能发生风浪的宽深河流上，还须对波浪的冲击破坏作用进行校核。

改移河道工程，一般限于小型工程，如裁弯取直、挖滩改道、清除孤石等，可在小河的局部段落上进行。

沿河路基受水流冲刷严重，或防护工程艰巨，以及路线在短距离内多次跨越弯曲河道时可改移河道。对主河槽改动频繁的变迁性河流或支流较多的河段不宜改河。

改移河道防护时，挖河道的工程量较大，施工时应组织机械设备赶在洪水期之前完成，以保证已施工路基的安全。

改移河道施工时，应按设计要求开挖河道及处理弃方。

这些措施,需经多方论证,慎重考虑,确有必要时方可按设计实施。

任务实施

一、直接防护施工

1. 植物防护施工

(1)经常浸水或长期浸水的路堤边坡,不宜采用种草防护。

(2)沿河路堤边坡铺草皮防护,宜采用平铺、叠铺草皮的方法(见图4-2-5);坡面及基础部分的铺置应符合设计要求。基础部分的铺置层的表面应与地面齐平。种植草皮应符合“工作任务一”中种草皮的有关规定。

(3)植树防护宜采用带状或条形。防护河岸路基或防御风浪侵蚀,宜采用横行带状;防护桥头引道路堤,宜采用纵行带状。

(4)植树应选用喜水性树种,林带应由多行树木组成,乔灌木要密植。

(5)植树后,应采取有效措施加以保护。

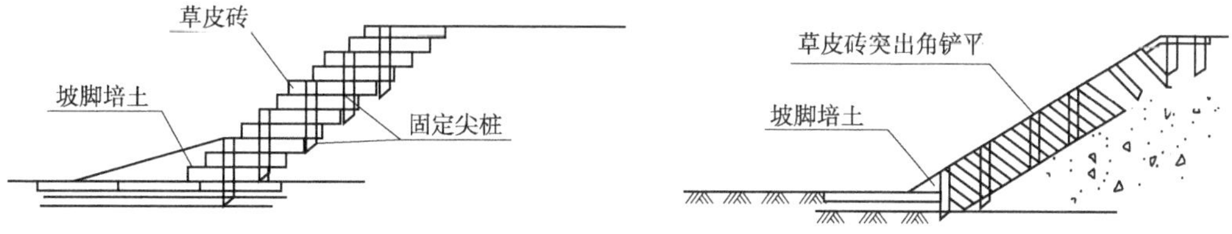

a)台阶式叠砌　　b)竖立式叠砌

图4-2-5　叠铺草皮护坡断面图

2. 砌石防护施工

(1)石料应选用未风化的坚硬岩石。

(2)开挖基坑时,应核对地质情况,与设计要求不符时,应进行处理。基础完成后应及时用符合设计要求的材料回填。

(3)铺砌层底面的碎石、砂砾石垫层或反滤层,应符合设计要求。

(4)坡面密实、平整、稳定后方可铺砌。砌块应交错嵌紧,严禁浮塞。砂浆应饱满、密实,不得有悬浆。

(5)每10~15m宜设伸缩缝,基底土质变化处应设沉降缝,并按设计要求做好伸缩缝、沉降缝及泄水孔。

(6)采用干、浆砌片石时,不得大面平铺,石块应彼此交错搭接,不得松动。采用干、浆砌河卵石时,必须长方向垂直坡面,成横行栽砌牢固。采用铺砌混凝土预制块时,应按设计规格和要求检验合格后方可铺筑。就地浇筑混凝土板时,宜采取措施提高早期强度,混凝土表面应平整、光滑。

3. 抛石防护施工

(1)抛石体边坡坡度和石料粒径应根据水深、流速和波浪情况确定,石料粒径应大于300mm,宜用大小不同的石块掺杂抛投。坡度应不陡于抛石石料浸水后的天然休止角。

(2)抛石厚度,宜为粒径的3~4倍;用大粒径时,不得小于2倍。

(3)抛石石料应选用质地坚硬、耐冻且不易风化崩解的石块。

(4)抛石防护除特殊情况外,宜在枯水季节施工。

4. 石笼防护施工

(1)根据设计要求或根据不同情况和用途,合理选用石笼形状。

(2)应选用浸水不崩解、不易风化的石料。

(3)基底应大致整平,必要时用碎石或砾石垫层找平。

(4)石笼应做到位置正确,搭叠衔接稳固、紧密,确保整体性。

二、间接防护施工

1. 丁坝防护施工

(1)施工前应制订合理的施工方案,合理安排工期,避免因工期过长引起农田、村庄、上下游路基冲刷。

(2)丁坝坝头应做平面防护。

(3)应处理好坝根与相连接的地层或其他防护设施的衔接。

(4)丁坝间的河岸或路基边坡所承受的容许流速小于水流靠岸回流流速时,应缩短坝距或对河岸及路基边坡采取防护措施。

2. 顺坝防护施工

(1)顺坝与上下游河岸的衔接,应使水流顺畅,起点应选择在水流匀顺的过渡段,坝根位置宜设在主流转向点的上方。

(2)坝根嵌入稳定河岸内的距离应符合设计要求,坝根附近河岸应防护加固至上游不受水流冲击处。

3. 改移河道施工

(1)改移河道工程应在枯水时期施工。一个旱季不能完成时,应采取防洪措施。

(2)河道开挖应先挖好中段,然后再开挖两端,确认新河床工程已符合要求后,方可挖通其上游河段。

(3)利用开挖新河道的土石填平旧河道时,在新河道未通流前,旧河道应保持适当的流水断面。

(4)通流时,改河上游进口河段的河床纵坡宜稍大于设计坡度。

(5)河床加固设施及导流构造物的施工应合理安排,及时配套完成。

任务工作单

<table>
<tr><td rowspan="3">学习情境四　路基防护工程施工
工作任务二　路基冲刷防护</td><td>班级</td><td colspan="3"></td></tr>
<tr><td>姓名</td><td></td><td>学号</td><td></td></tr>
<tr><td>日期</td><td></td><td>评分</td><td></td></tr>
<tr><td colspan="5">一、任务内容
分组讨论路基冲刷防护的方法。
二、基本知识
冲刷防护措施有两种:一种是加固岸坡的__________防护,如__________防护、抛石防护、石笼防护等;另一种是改变水流性质的__________防护,主要指__________,如丁坝、顺坝、防洪堤、拦水坝等。
三、任务实施
抛石防护是冲刷防护中的一种,分组掌握其施工方法及要求。</td></tr>
</table>

1. 抛石防护适应什么情况下的边坡？对水流流速有何要求？

2. 抛石防护对石料有何要求？

3. 抛石边坡坡度有何要求？

4. 抛石防护施工过程中要注意哪些事项？

四、任务小结

通过此工作任务的实施，各小组集中完成下述工作：

1. 路基冲刷防护的方法有哪些？

2. 你认为本次任务实施是否达到预期目的？还有什么意见和建议？

工作任务三　路基防滑防护

任务概述

1. 应知应会

通过本工作任务的学习与具体实施，学生应学会下列知识：

(1)叙述路基防滑防护常用的防护类型；

(2)分析路基防滑防护类型的优缺点，选择合适的防护类型。

应掌握下列技能：

(1)会根据《公路路基施工技术规范》(JTG F10—2006)，完成防滑防护施工技术作业；

(2)会选择适当的防滑防护措施，编制施工工艺流程。

2. 学习要求

(1)研读教材内容；

(2)查阅某一公路项目路基防滑防护施工相关资料；

(3)重视理论联系实际。

相关知识

公路滑坡的防护与加固主要应根据滑裂面情况，采取防滑加固措施。一般公路滑坡防护常用的方法有抗滑桩、挡土墙、预应力锚索、预应力土层锚杆等。

一、抗滑桩

抗滑桩是穿过滑坡体深入于滑床的桩柱，用以支挡滑体的滑动力，起稳定边坡的作用，适用于浅层和中厚层的滑坡，是一种抗滑处理的主要措施，如图4-3-1、图4-3-2所示。

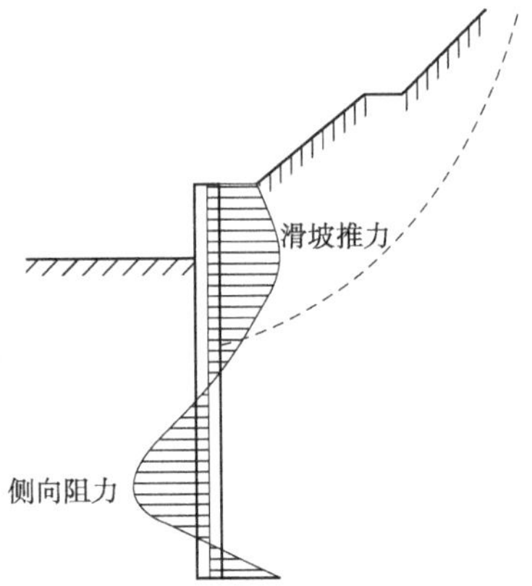

图4-3-1　抗滑桩工作原理示意图

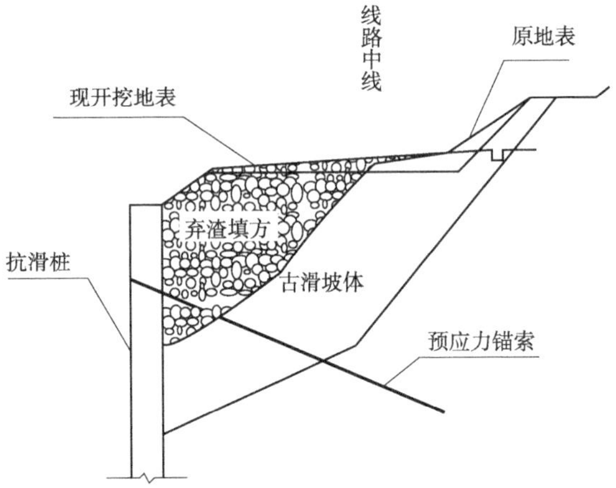

图4-3-2　抗滑桩设计剖面图

抗滑桩与一般桩基类似，但主要是承担水平荷载。对正在活动的滑坡打桩阻滑需要慎重，以免因震动而引起滑动。使用抗滑桩，土方量小，施工需有配套机械设备，工期短，是广泛采用的一种抗滑措施。

1. 抗滑桩的类型

抗滑桩按材质分类，有木桩、钢桩、钢筋混凝土桩和组合桩。

抗滑桩按成桩方法分类,有打入桩、静压桩、就地灌注桩。就地灌柱桩又分为沉管灌注桩、钻孔灌注桩两大类。在常用的钻孔灌注桩中,又分为机械钻孔桩和人工挖孔桩。

抗滑桩按结构形式分类,有单桩、排桩、群桩和有锚桩。排桩形式常见的有椅式桩墙、门式刚架桩墙、排架抗滑桩墙(图 4-3-3)。有锚桩常见的有锚杆和锚索,锚杆有单锚和多锚,锚索抗滑桩多用单锚(图 4-3-4)。

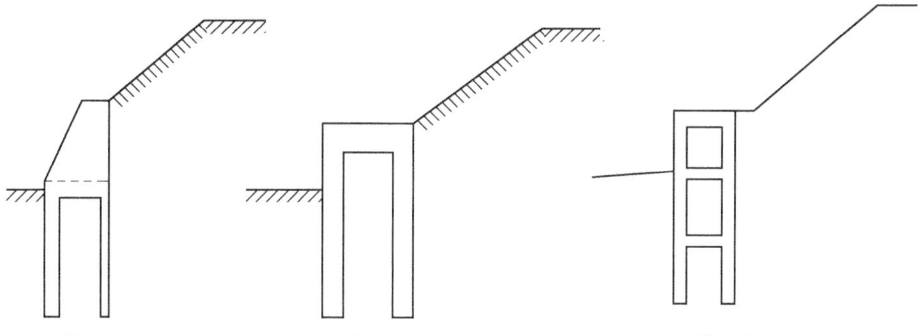

a)椅式　　b)门式　　c)排架式

图 4-3-3　抗滑桩排桩形式

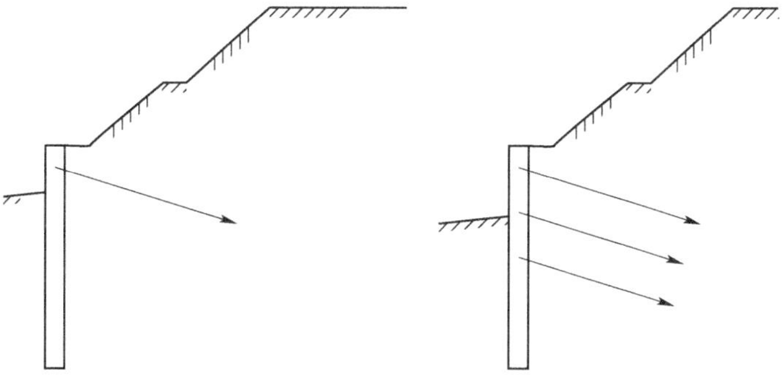

a)单锚　　b)多锚

图 4-3-4　有锚抗滑排桩

抗滑桩按桩身断面形式分类,有圆形桩、方形桩和矩形桩、"工"字形桩等。

从桩的埋入情况分类,有全埋式和半埋式(悬臂桩)。

从布置形式分类,有密排桩(桩顶以混凝土承台连接的为承台式桩)和相互分离的单排桩及多排桩。

2. 抗滑桩的特点及适用条件

木桩是最早采用的桩,其特点是就地取材、方便、易于施工,但桩长有限,桩身强度不高,一般用于浅层滑坡的治理、临时工程或抢险工程。钢桩的强度高,施打容易、快速,接长方便,但受桩身断面尺寸限制,横向刚度较小,造价偏高。钢筋混凝土桩是边坡处治工程广泛采用的桩材,桩断面刚度大,抗弯能力高,施工方式多样,可打入、静压、机械钻孔就地灌注和人工成孔就地灌注,其缺点是混凝土抗拉能力有限。

抗滑桩的施工采用打入时,应充分考虑施工振动对边坡稳定的影响,一般是全埋式抗滑桩或填方边坡可采用,同时下卧地层应有可打性。抗滑桩施工常用的是就地灌注桩,机械钻孔速度快,桩径可大可小,适用于各种地质条件,但对地形较陡的边坡工程,机械进入和架设困难较大,另外,钻孔时的水对边坡的稳定也有影响。人工成孔的特点是方便、简单、经济,但速度较慢，劳动强度高，遇不良地层（如流沙）时处理相当困难，另外，桩径较小时人工作业困难，桩径一般应在1000mm以上才适宜人工成孔。

单桩是抗滑桩的基本形式，也是常用的结构形式，其特点是简单，受力和作用明确。当边坡的推力较大，用单桩不足以承担其推力或使用单桩不经济时，可采用排桩。排架桩的特点是转动惯量大，抗弯能力强，桩壁阻力较小，桩身应力较小，在软弱地层有较明显的优越性。有锚桩的锚可用钢筋锚杆或预应力锚索，锚杆（索）和桩共同工作，改变桩的悬臂受力状况和桩完全靠侧向地基反力抵抗滑坡推力的机理，使桩身的应力状态和桩顶变位大大改善，是一种较为合理、经济的抗滑结构。但锚杆或锚索的锚固端需要有较好的地层或岩层，对锚索而言，更需要有较好的岩层以提供可靠的锚固力。

抗滑桩群一般指在横向2排以上，在纵向2列以上的组合抗滑结构，类似于墩台或承台结构，它能承担更大的滑坡推力，可用于特殊的滑坡治理工程或特殊用途的边坡工程。

二、挡土墙

为防止路基填土或山坡土体坍塌而修筑的承受土体侧压力的墙式构造物，称为挡土墙。在公路工程中，它广泛地用于支撑路堤填土或路堑边坡，以及桥台、隧道洞口和河流堤岸等处。

路基工程中，挡土墙的建筑费用较高，故路基设计时，应与其他可能的工程方案进行技术经济比较，择优选定。

1. 挡土墙的分类、用途及使用条件

（1）挡土墙的分类与用途

公路工程中的挡土墙主要按下述几种方法进行分类。

按照挡土墙设置的位置，挡土墙可分为：路堑墙、路堤墙、路肩墙和山坡墙等类型，如图4-3-5所示。

按照结构形式，挡土墙可分为：重力式挡土墙、锚定式挡土墙、薄壁式挡土墙、加筋土挡土墙等。

按照墙体材料，挡土墙可分为：石砌挡土墙、混凝土挡土墙、钢筋混凝土挡土墙、钢板挡土墙等。

挡土墙各部分名称，如图4-3-5a）所示。靠回填土或山体的一侧面称为墙背；外露的一侧面称为墙面，也称墙胸；墙的顶面部分称为墙顶；墙的底面部分称为基底或墙底；墙面与墙底的交线称为墙趾；墙背与墙底的变线称为墙踵；墙背与铅垂线的夹角称为墙背倾角。

挡土墙设置位置不同，其用途也不相同。

路堑墙设置在路堑边坡底部，主要用于支撑开挖后不能自行稳定的山坡；同时可减少挖方数量，降低挖方边坡的高度（图4-3-5a））。

路堤墙设置在高填土路堤或陡坡路堤的下方，可以防止路堤边坡或路堤沿基底滑动；同时可以收缩路堤坡脚，减少填方数量，减少拆迁和占地面积（图4-3-5b））。

路肩墙设置在路肩部位，墙顶是路肩的组成部分，其用途与路堤墙相同。它还可以保护临近路线的既有的重要建筑物（图4-3-5c））。沿河路堤，在傍水的一侧设置挡土墙，即浸水墙，可以防止水流对路基的冲刷和侵蚀，也是减少压缩河床的有效措施（图4-3-5d））。

山坡墙设置在路堑或路堤上方，用于支撑山坡上可能滑坍的覆盖层、破碎岩层或山体滑坡（图4-3-5e）、图4-3-5f））。

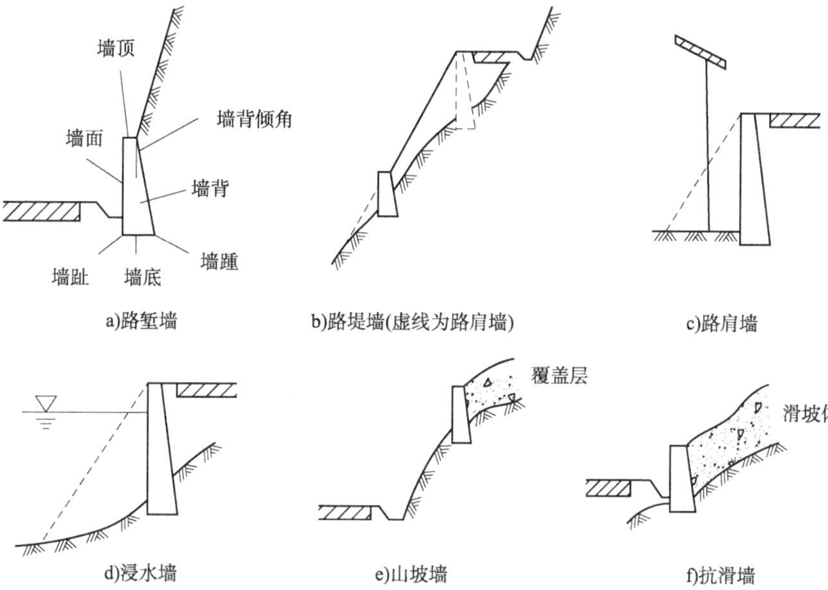

图 4-3-5　设置挡土墙的位置

(2)挡土墙的使用条件

挡土墙应综合考虑工程地质、水文地质、冲刷深度、荷载作用情况、环境条件、施工条件、工程造价等因素,经论证后选择使用。

①重力式挡土墙。它是指依靠墙身自重抵抗土体侧压力来维持其稳定的挡土墙。一般多用片(块)石砌筑,在缺乏石料的地区有时也用混凝土修建。图 4-3-5 所示的挡土墙均为重力式挡土墙。重力式挡土墙形式简单,施工方便,可就地取材,适应性较强,故被广泛应用。但其圬工数量较大,对地基的承载能力要求较高,适用于一般地区、浸水地区和地震地区的路肩、路堤和路堑等支挡工程。其墙高不宜超过 12m,干砌挡土墙的高度不宜超过 6m。高速公路、一级公路不应采用干砌挡土墙。

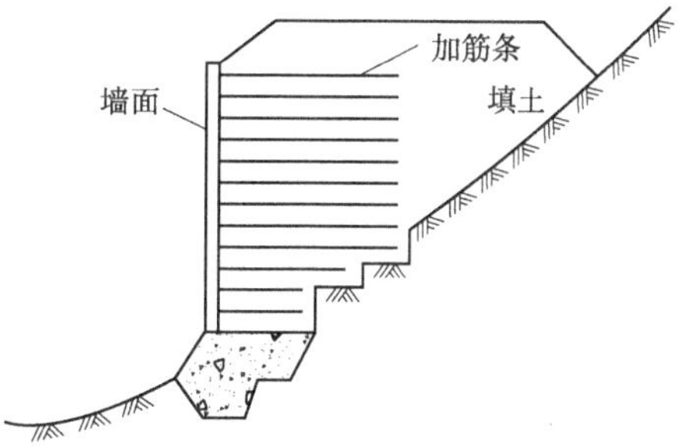

图 4-3-6　加筋土挡土墙

②加筋土挡土墙。它是填土、拉筋、面板三者的结合体,如图 4-3-6 所示。填土和拉筋之间的摩擦力改善了土的物理力学性质,而使得填土与拉筋接合为一个整体。在这个整体中起控制作用的是填土与拉筋之间的摩擦力,面板的作用是阻挡填土坍落挤出,迫使填土与拉筋接合为整体。加筋土挡土墙按设置位置分为路堤式、路肩式;按设置方式分为双面交错式、双面分离式、台阶式等,如图 4-3-7 所示。

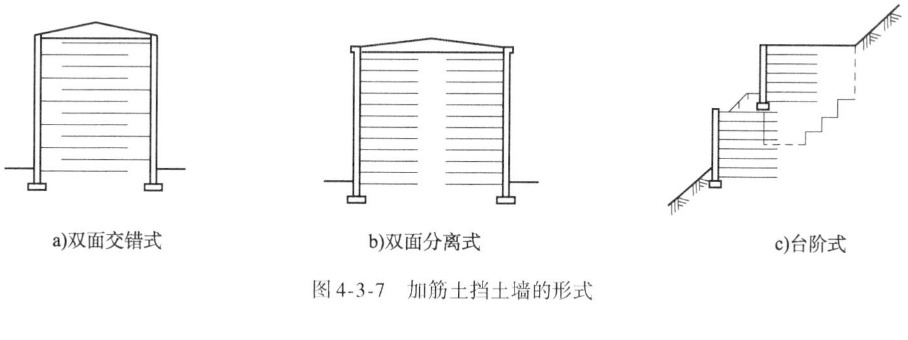

图 4-3-7　加筋土挡土墙的形式

加筋土挡土墙属于柔性结构,对地基变形适应性大,建筑高度大,具有省工、省料、施工方便、快速等优点,适用于一般地区的路肩式挡土墙、路堤式挡土墙,但不应修建在滑坡、水流冲刷、崩塌等不良地质地段。高速公路、一级公路墙高不宜大于12m,二级及二级以下公路墙高不宜大于20m。当采用多级墙时,每级墙高不宜大于10m,上、下级墙体之间应设置宽度不小于2m的平台。

③锚定式挡土墙。它可分为锚杆式和锚定板式两种。

锚杆式挡土墙是指由钢筋混凝土墙板和锚杆组成,依靠锚固在岩层内的锚杆的水平拉力来承受土体侧压力的挡土墙,如图4-3-8a)所示。锚杆的一端与立柱连接,另一端被锚固在山坡深处的稳定岩层或土层中。墙后侧向土压力由挡土板传给立柱,由锚杆与稳定岩层或土层之间的锚固力,使墙获得稳定。它适用于墙高较大的岩质路堑地段,具有锚固条件的路堑墙,对地基承载力要求不高。可用作抗滑挡土墙,可采用肋柱式或板壁式单级墙或多级墙,每级墙高不宜大于8m,多级墙的上下级间应设置宽度不小于2m的平台。

锚定板式挡土墙是指由钢筋混凝土墙板、拉杆、锚定板以及其间的填土共同形成的一种组合挡土结构,如图4-3-8b)所示。它借助于埋在填土内的锚定板的抗拔力抵抗侧向土压力,保持墙的稳定。锚定板式挡土墙的特点在于构件断面小,工程量省,不受地基承载力的限制,构件可预制有利于实现结构轻型化和施工机械化。它适用于缺少石料地区的路肩墙或路堤墙,但不应修建于滑坡、坍塌、软土及膨胀土地区;可采用肋柱式或板壁式,墙高不宜超过10m,肋柱式锚定板挡土墙可采用单级墙或多级墙,每级墙高不宜超过6m,上下级墙体之间应设置宽度不小于2m的平台,上下两级墙的肋柱宜交错布置。

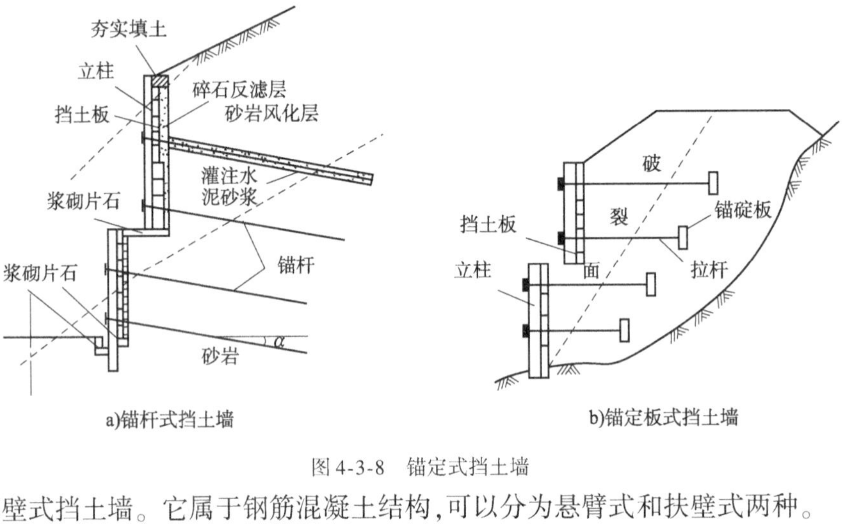

图4-3-8　锚定式挡土墙

④薄壁式挡土墙。它属于钢筋混凝土结构,可以分为悬臂式和扶壁式两种。

悬臂式挡土墙是指由立壁、墙趾板和墙踵板三个钢筋混凝土悬臂式构件组成的挡土墙,如图4-3-9a)所示。扶壁式挡土墙是指沿悬臂式挡土墙的立壁,每隔一定距离加设一道扶壁(肋板),将立壁与踵板连接起来的挡土墙,如图4-3-9b)所示。薄壁式挡土墙结构的稳定不是依靠本身的重量,主要依靠墙踵板上的填土重量来保证。它们具有断面尺寸小,自重轻,能修建在较弱的地基上等优点,适用于城市或缺乏石料的地区及地基承载力较低的填方地段。悬臂式墙高不宜超过5m;扶壁式墙高不超过15m。其缺点是需耗用一定数量的水泥和钢筋,施工工艺较为复杂。

⑤桩板式挡土墙。它由钢筋混凝土锚固桩和挡土板组成,如图4-3-10所示。它利用深

埋的锚固段的锚固作用和被动抗力抵抗侧向土压力,从而维护挡土墙的稳定。它适用于表土及强风化层较薄的均质岩石地基,挡土墙高度可较大,也可用于地震区的路堑或路堤支挡或滑坡等特殊地段的治理。

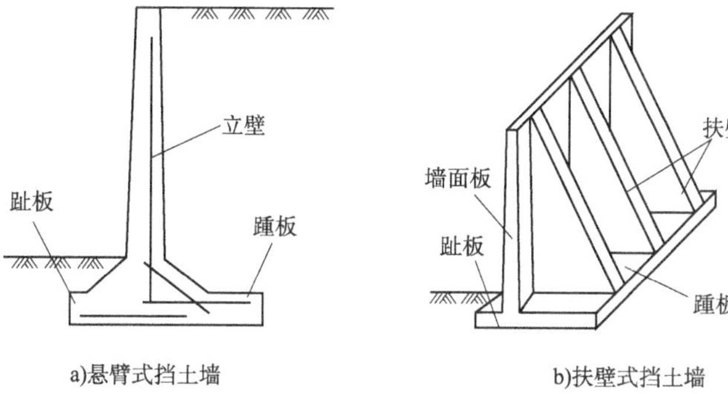

图 4-3-9　薄壁式挡土墙

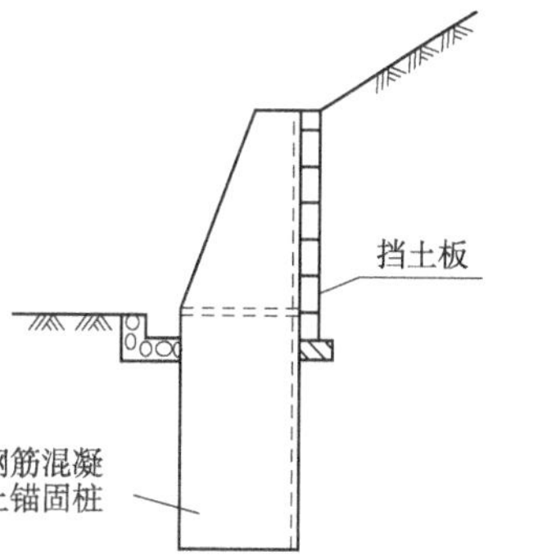

图 4-3-10　桩板式挡土墙

2. 重力式挡土墙的构造

常用的重力式挡土墙一般是由墙身、基础、排水设施和伸缩缝等部分组成。

1)墙身

(1)墙背

可做成仰斜、垂直、俯斜、凸形折线和衡重式等形式,分别如图 4-3-11 所示。仰斜式墙背所受的土压力较小,故墙身断面较经济。用于路堑墙时,墙身与开挖面坡较贴合,故开挖量与回填量均较小。但当墙趾处地面横坡较陡时,会使墙身增高,断面增大故仰斜墙背适用于路堑墙及墙趾处地面平坦的路肩墙或路堤墙。仰斜式墙背的坡度不宜缓于 1:0.3,以免施工困难。

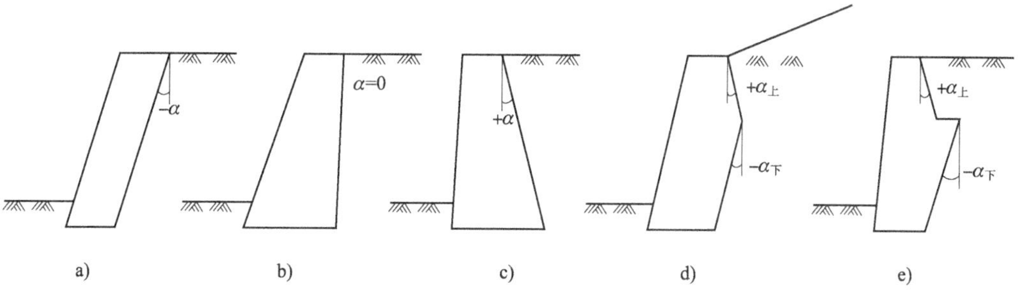

图 4-3-11　重力式挡土墙的断面类型

俯斜式墙背所受的土压力较大。在地面横坡陡峻时,俯斜式挡土墙可采用陡直的墙面,借以减小墙高。俯斜式墙背也可做成台阶形,以增加墙背与填料间的摩擦力。

垂直式墙背的特点介于仰斜和俯斜墙背之间。

凸形折线式墙背是将仰斜式挡土墙的上部墙背改为俯斜,以减小上部断面尺寸,多用于路堑墙,也可用于路肩墙。

衡重式墙在上下墙这之间设置衡重台,并采用陡直的墙面。适用于山区地形陡峻处的路肩墙和路堤墙,也可用于路堑墙。上墙俯斜墙背的坡度 1:0.25 ~ 1:0.45,下墙仰斜墙背的坡度在 1:0.25 左右,上下墙的墙高比一般采用 2:3。

(2)墙面

墙面一般均为平面,其坡度应与墙背坡度相协调。墙面坡度又直接影响挡土墙的高度。

因此，在地面横坡较陡时，墙面坡度一般为1:0.05～1:0.20，矮墙可采用陡直墙面；地面平缓时，一般采用1:0.20～1:0.35较为经济，但不宜缓于1:0.4，以免过分增加墙高。

根据经验，俯斜式和衡重式、凸形折线式挡土墙可采用1:0.05近乎陡直的墙面坡度。仰斜式挡土墙的墙面坡度可采用与墙背坡度相同的坡度，两者也可不同，视墙前地面横坡可采用1:0.15～1:0.25的墙面坡度。垂直式挡土墙墙面坡度常采用1:0.25左右。

(3)墙顶

墙顶最小宽度，浆砌挡土墙不小于50cm，干砌不小于60cm。浆砌路肩墙顶一般宜采用粗石料或混凝土做成顶帽，厚40cm。如不做顶帽，对路堤墙和路堑墙，墙顶应以大块石砌筑，并用砂浆勾缝，或用5号砂浆抹平顶面，砂浆厚2cm。干砌挡土墙墙顶50cm高度内，应用M25砂浆砌筑，以增加墙身稳定。干砌挡土墙的高度一般不宜大于6cm。

(4)护栏

为保证交通安全，在地形险峻地段，或过高过长的路肩墙的墙顶应设置护栏。为保持土路肩最小宽度，护栏内侧边缘距路面边缘的距离，二、三级路不小于0.75cm，四级路不小于0.5cm。

2)基础

地基不良和基础处理不当，往往会引起挡土墙的破坏，因此必须重视挡土墙的基础设计，事先应对地基的地质条件作详细调查，必要时须先作挖探或钻探，然后再来确定基础类型与埋置深度。

(1)基础类型

绝大多数挡土墙，都直接修筑在天然地基上。

当地基承载力不足，地形平坦而墙身较高时，为了减小基底压应力和增加抗倾覆稳定性，常常采用扩大基础如图4-3-12a)，将墙趾或墙踵部分加宽成台阶，或两侧同时加宽，以加大承压面积。加宽宽度视基底应力需要减少的程度和加宽的合力偏心距的大小而定，一般不小于20cm。台阶高度按加宽部分的抗剪、抗弯拉和基础材料的刚性角的要求确定(刚性角：浆砌片石35°，混凝土45°)。

当地基压应力超过地基承载力过多时，需要的加宽值较大为避免加宽部分的台阶过高，可采用钢筋混凝土底板如图4-3-12b)，其厚度由剪力和主拉应力控制。

地基为软弱土层(如淤泥、软黏土等)时，可采用砂砾、碎石、矿渣或灰土等材料予以换填，以扩散基底压应力，使之均匀地传递到下卧软弱土层中，如图4-3-12c)。一般换填深度h_2与基础埋置深度h_1之总和不宜超过5m，对淤泥和泥炭等应更浅些。

当挡土墙修筑在陡坡上，而地基又为完整、稳固、对基础不产生侧压力的坚硬岸石时，可如图4-3-12d)所示，设置台阶基础，以减少基坑开挖和节省圬工。分台高一般约1m，台宽视地形和地质情况而定，不宜小于0.25m，高宽比可以采用3:2或2:1。最下一个台阶的底宽应满足偏心距的有关规定，不宜小于1.5～2.0m。

如地基有短段缺口(如深沟等)或挖基困难(如需水下施工等)，可采用拱形基础，以石砌拱圈跨过，再在其上砌筑墙身如图4-3-12e)，但应注意土压力不宜过大，以免横向推力导致拱圈开裂。设计时，对拱圈应予以验算。

(2)基础埋置深度

为保证挡土墙基础的稳定性，必须根据下列要求，将基础埋入地面以下适当深度。

应保证基底土层的容许承载力大于基底可能出现的最大应力，避免地基产生剪切破坏。

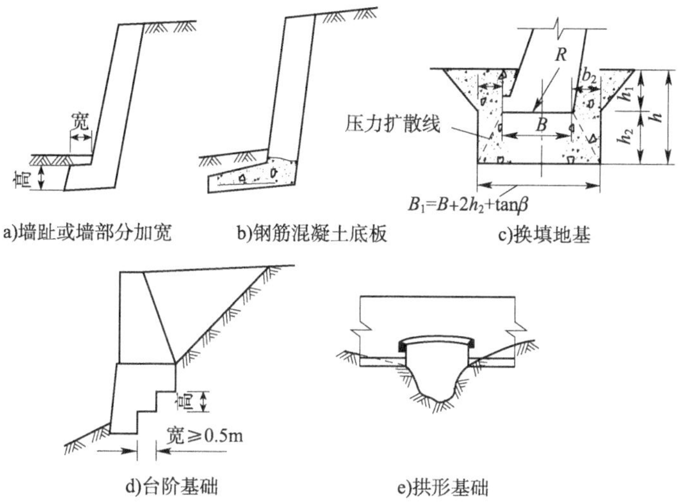

图 4-3-12　重力式挡土墙的基础类型

应保证基础不受冲刷，在墙前地基受水冲刷地段，如未采取专门的防冲刷措施，应将基础埋置冲刷线以下，以免基底和墙趾前的土层被水掏蚀。

在季节性冰冻地区，应将基础埋置到冰冻线以下，以防止地基因冻融而破坏。

对于岩石地基，应清除表面风化层。当风化层较厚难以全部清除时，可根据地基的风化程度及其容许承载力将基底埋入风化层中。基础嵌入岩层的深度，可参照表 4-3-1 确定。墙趾前地面横坡较大时，应留出足够的襟边宽度（趾前至地面横坡的水平距离），以防止地基剪切破坏。

基础嵌入岩层的深度　　表 4-3-1

岩层种类	基础埋深 h(m)	襟边宽度 L(m)	嵌入示意图
较完整的硬质岩石	0.25	0.25～0.50	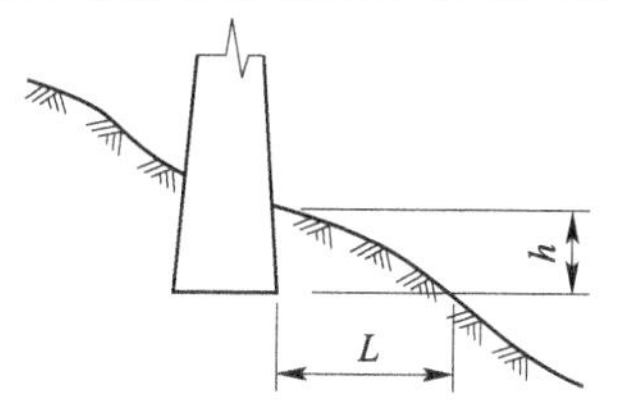
一般硬质岩石	0.6	0.6～1.5	
软质岩石	1.0	1.0～2.0	
土质	≥1.0	1.5～2.5	

对于土质地基，基础埋置深度应符合下列要求：

无冲刷时，应在天然地面以下至少 1m。

有冲刷时，应在冲刷线以下至少 1m。

受冻胀影响时，应在冻结线以下不少于 0.25m。当冻深超过 1m 时，采用 1.25m，但基底应夯填一定厚度的砂砾或碎石垫层，垫层底面亦应位于冻结线以下不少于 0.25m。

碎石、砾石和砂类地基，不考虑冻胀影响，但基础埋深不宜小于 1m。

当挡土墙位于地质不良地段，地基土内可能出现滑动面时，应进行地基抗滑稳定性验算，将基础底面埋置在滑动面以下，或采用其他措施，以防止挡土墙滑动。

3）排水设施

挡土墙应设置排水措施，以疏干墙后土体和防止地面水下渗，防止墙后积水形成静水压力，减少寒冷地区回填土的冻胀压力，消除黏性土填料浸水后的膨胀压力。

挡土墙常用的排水措施可以分为地面排水和墙身排水两部分。

地面排水主要是防止地表水渗入墙背土体或地基。防止地表水渗入墙后土体的主要措施有:在墙后地面设置排水沟,引排地面水;夯实回填土和地表松土,防止雨水及地面水下渗,必要时还需采取封闭处理等。防止地表水渗入地基的主要措施有:加固边沟(路堑墙)或在适当位置设置排水沟。

墙身排水主要是为了迅速排除土内积水。其方法是在浆砌块(片)石墙身的适当高度处设置一排或数排泄水孔,如图4-3-13所示。泄水孔的尺寸一般为5cm×10cm、10cm×10cm、15cm×20cm的方孔或直径为5~10cm圆孔。孔眼间距一般为2~3m,对于浸水挡土墙孔眼间距一般1.0~1.5m,干旱地区可适当加大,孔眼上下错开布置。下排排水孔的出口应高出墙前地面0.3m;若为路堑墙,应高出边沟水位0.3m;若为浸水挡土墙,应高出常水位0.3m。为防止水分渗入地基,下排泄水孔进水口的底部应铺设30cm厚的黏土隔水层。泄水孔的进水部分应设置粗粒料反滤层,以免孔道堵塞。当墙背填土透水性不良或可能发生冻胀时,应在最低排泄水孔至墙顶以下0.5m的范围内铺设厚度不小于0.3m的砂卵石排水层。

干砌挡土墙因墙身透水,可不设泄水孔。

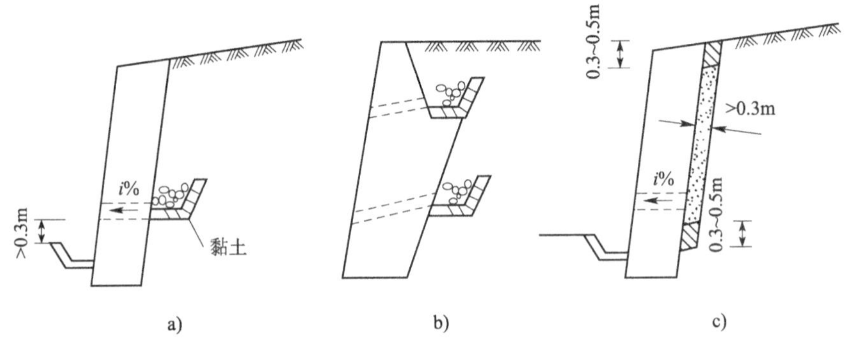

图4-3-13 挡土墙的泄水孔及排水层

4)沉降缝与伸缩缝

为避免因地基不均匀沉陷而引起墙身开裂,需根据地质条件的变异和墙高、墙身断面的变化情况设置沉降缝。为了防止圬工砌体因收缩硬化和温度变化而产生裂缝,应设置伸缩缝。设计时,一般将沉降缝与伸缩缝合并设置,沿路线方向每隔10~15m设置一道,兼起两者的作用,缝宽2~3cm,缝内一般可用胶泥填塞,但在渗水量大,填料容易流失或冻害严重地区,则宜用沥青麻筋或涂以沥青的木板等具有弹性的材料,沿内、外、顶三方填塞,填深不宜小于0.15m,当墙后为岩石路堑或填石路堤时,可设置空缝。

干砌挡土墙,缝的两侧应选用平整石料砌筑,使成垂直通缝。

三、预应力锚索

1. 锚固原理

锚索是通过外端固定于坡面,另一端锚固在滑动面以内的稳定岩体中穿过边坡滑动面的预应力钢绞线,直接在滑面上产生抗滑阻力,增大抗滑摩擦阻力,使结构面处于压紧状态,以提高边坡岩体的整体性,从而从根本上改善岩体的力学性能,有效地控制岩体的位移,促使其稳定,达到整治顺层、滑坡及危岩、危石的目的(图4-3-14)。

2. 预应力锚索结构

锚索结构一般由内锚头、锚索体和外锚头三部分共同组成。

内锚头又称锚固段或锚根，是锚索锚固在岩体内提供预应力的根基，按其结构形式分为机械式和胶结式两大类。胶结式又分为砂浆胶结式和树脂胶结式两类；砂浆胶结式又分二次灌浆式和一次灌浆式。

外锚头又称外锚固段，是锚索借以提供张拉吨位和锁定的部位，其种类有锚塞式、螺纹式、钢筋混凝土圆柱体锚墩式、墩头锚式和钢构架式等。

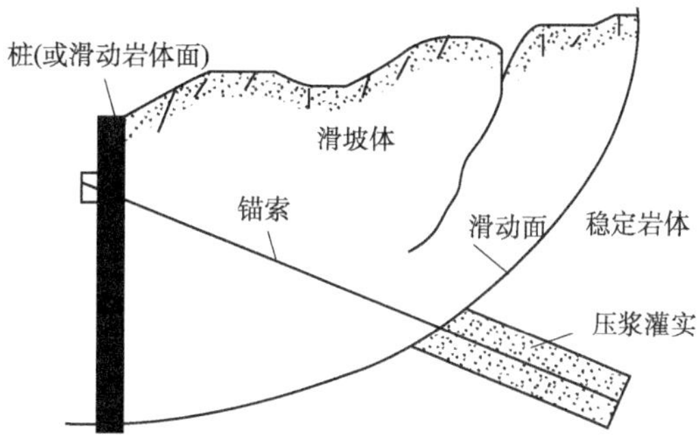

图 4-3-14　锚索示意图

锚索体，是连接内外锚头的构件，也是张拉力的承受者，通过对锚索体的张拉来提供预应力；锚索体由高强度钢筋、钢绞线或螺纹钢筋构成。

3. 预应力锚索适用条件

在边坡工程中，当潜在滑体沿剪切滑动面的下滑力超过抗滑力时，将会出现沿剪切面的滑移和破坏。在坚硬的岩体中，剪切面多发生在断层、节理、裂隙等软弱结构面上。在土层中，砂性土的滑面多为平面，黏性土的滑面一般为圆弧状。有时也会出现沿上覆土层和下卧基岩间的界面滑动。为了保持边坡的稳定，一种办法是采用大量削坡直至达到稳定的边坡角，另一种办法是设置支挡结构。在许多情况下，单纯采用削坡或挡墙往往是不经济的或是难以实现的。这时，可采用预应力锚索加固边坡（图 4-3-15）。

图 4-3-15　预应力锚索防护边坡

四、预应力土层锚杆

预应力土层锚杆是一种设置于钻孔内、端部伸入稳定土层中的钢筋或钢绞线与孔内注浆体组成的受拉杆体，它一端与工程构筑物相连，另一端锚固在土层中，通常对其施加预应力，以承受由土压力、水压力或风荷载等所产生的拉力，用以维护构筑物的稳定。

土层锚杆在我国深基坑支挡、边坡加固、滑坡整治、水池抗浮、挡墙锚固和结构抗倾覆等工程中的应用日益广泛。

土层锚杆由锚头、拉杆、锚固体等组成。

土锚杆根据滑动面分为锚固段和非锚固段。其承载能力受拉杆强度、拉杆与锚固体之间的握裹力、锚固体和孔壁之间的摩阻力等因素的影响。

土层锚杆是一种承拉杆件，它的一端和挡土桩、挡土墙或工程构筑物连接，另一端锚固在土层中，用以维持构筑物及所支护的土层的稳定。土层锚杆能简化基础结构，使结构轻巧、受力合理，并有少占场地、缩短工期、降低造价等优点。可以用作深挖基坑坑壁的临时支护，也可以作为工程构筑物的永久性基础。在房屋基坑的挡土结构上使用,可以有效地阻止周围土层坍塌、位移和沉降。在基坑坑壁无法采用横向支护情况下,土层锚杆技术更为有效。

任务实施

一、抗滑桩施工

1. 抗滑桩的布设

(1)抗滑桩的平面布置

抗滑桩的平面布置指的是桩的平面位置和桩间距。一般根据边坡的地层性质、推力大小、滑动面坡度、滑动面以上的厚度、施工条件、桩型和桩截面大小以及可能的锚固深度以及锚固段的地质条件等因素综合考虑决定。

对一般边坡工程,根据主体工程的布置和使用要求而确定布桩位置。

对滑坡治理工程,抗滑桩原则布置在滑体下部,即在滑动面平缓、滑体厚度较小、锚固段地质条件较好的地方,同时也要考虑到施工的方便。对地质条件简单的中小型滑坡,一般在滑体前缘布设一排抗滑桩,桩排方向应与滑体垂直或近垂直。对于轴向很长的多级滑动或推力很大的滑坡,可考虑将抗滑桩布置成两排或多排,进行分级处治,分级承担滑坡推力;也可考虑在抗滑地带集中布置 2 ~ 3 排、平面上呈品字形或梅花形的抗滑桩或抗滑排架。对滑坡推力特别大的滑坡,可考虑采用抗滑排架或群桩承台。对于轴向很长的具有复合滑动面的滑体,应根据滑面情况和坡面情况分段设立抗滑桩,或采用抗滑桩与其他抗滑结构组合布置方案。

(2)抗滑桩的间距

抗滑桩的间距受滑坡推力大小、桩型及断面尺寸、桩的长度和锚固深度、锚固段地层强度、滑坡体的密实度和强度、施工条件等诸多因素的影响,目前尚无较成熟的计算方法。合适的桩间距应该使桩间滑体具有足够的稳定性,在下滑力作用下不致从桩间挤出。可按在能形成土拱的条件下,两桩间土体与两侧被桩所阻止滑动的土体的摩阻力不少于桩所承受的滑坡推力来估计。一般采用的间距为 6 ~ 10m。当桩间采用了结构连接来阻止桩间楔形土体的挤出,则桩间距完全决定于抗滑桩的抗滑力和桩间滑体的下滑力。

当抗滑桩集中布置成 2 ~ 3 排排桩或排架时,排间距可采用桩截面宽度的 2 ~ 3 倍。

(3)桩的锚固深度

桩埋入滑面以下稳定地层内的适宜锚固深度,与该地层的强度、桩所承受的滑坡推力、桩的相对刚度以及桩前滑面以上滑体对桩的反力等因素有关。原则上由桩的锚固段传递到滑面以下地层的侧向压应力不得大于该地层的容许侧向抗压强度、桩基底的压应力不得大于地基的容许承载力来确定。

锚固深度是抗滑桩发挥抵抗滑体推力的赖以生存的前提和条件,锚固深度不足,抗滑桩不足以抵抗滑体推力,容易引起桩的失效。但锚固过深则又造成工程浪费,并增加了施工难度。可采取缩小桩的间距,减少每根桩所承受的滑坡推力,或增加桩的相对刚度等措施来适当减少锚固深度。

当锚固段地层为土层及严重风化破碎岩层时,桩身对地层的侧压力应符合相应条件。

(4)抗滑桩的断面

抗滑桩的桩身断面有圆形、方形、矩形、工字形等,应根据作用在桩背上下滑力的大小施工要求、土石性质和水文等条件来选定。一般采用矩形断面，其尺寸以 1.5m × 2.0m 及 2.0m × 3.0m 两种截面居多。

(5)抗滑桩成孔的施工工艺流程

抗滑桩施工多采用机械成孔或人工成孔。抗滑桩人工挖孔施工工艺流程，如图 4-3-16 所示。

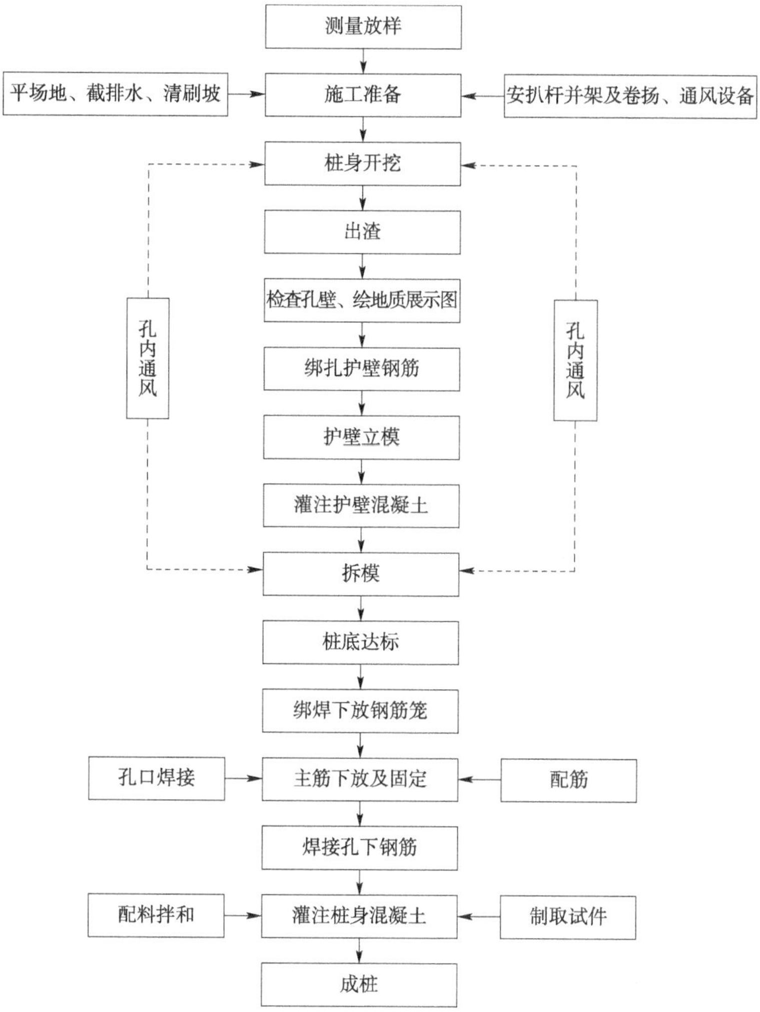

图 4-3-16 抗滑桩人工挖孔施工工艺流程

2. 施工要求

1) 抗滑桩施工准备

(1)施工宜在旱季进行。雨季施工时，孔口应搭雨棚，做好锁口，孔口地面上加筑适当高度的围埂。

(2)应备好各项工序的机具、器材和井下排水、通风、照明设施，落实人员配备、施工组织计划。

(3)应整平孔口地面，设置地表截、排水及防渗设施。

(4)应对滑坡变形、移动进行监测。

2)开挖及支护

(1)应分节开挖，每节高度宜为 0.6 ~ 2.0m，分节不宜过长，不得在土石层变化处和滑动面处分节，挖一节立即支护一节。

(2)护壁应经过设计计算确定，应考虑到各种不利情况。护壁混凝土应紧贴围岩灌注，灌注前应清除孔壁上的松动石块、浮土。围岩较松软、破碎、有水时,护壁宜设泄水孔。

(3)开挖应在上一节护壁混凝土终凝后进行,护壁混凝土模板的支撑应在混凝土强度达到能保持护壁结构不变形后方可拆除。

(4)在围岩松软、破碎和有滑动面的节段,应在护壁内顺滑动方向用临时横撑加强支护,并经常观察其受力情况,并及时进行加固。

(5)开挖桩群应从两端沿滑坡主轴间隔开挖,桩身强度不低于75%时可开挖邻桩。

(6)弃渣严禁堆放在滑坡范围内。

3)灌注桩身混凝土

(1)灌注前,应检查断面净空、清洗混凝土护壁。

(2)钢筋笼搭接接头不得设在土石分界和滑动面处。

(3)灌注必须连续进行。

二、挡土墙施工

下面以常见的浆砌重力式挡土墙的施工为例,介绍挡土墙的施工。

1. 重力式挡土墙的施工工艺流程

浆砌片(块)石重力式挡土墙施工工序主要有基坑开挖、基底处理与检测、砂浆配合比设计与拌制、基础砌筑、墙身砌筑、墙背填料填筑与压实等。其施工工艺流程,如图4-3-17所示。

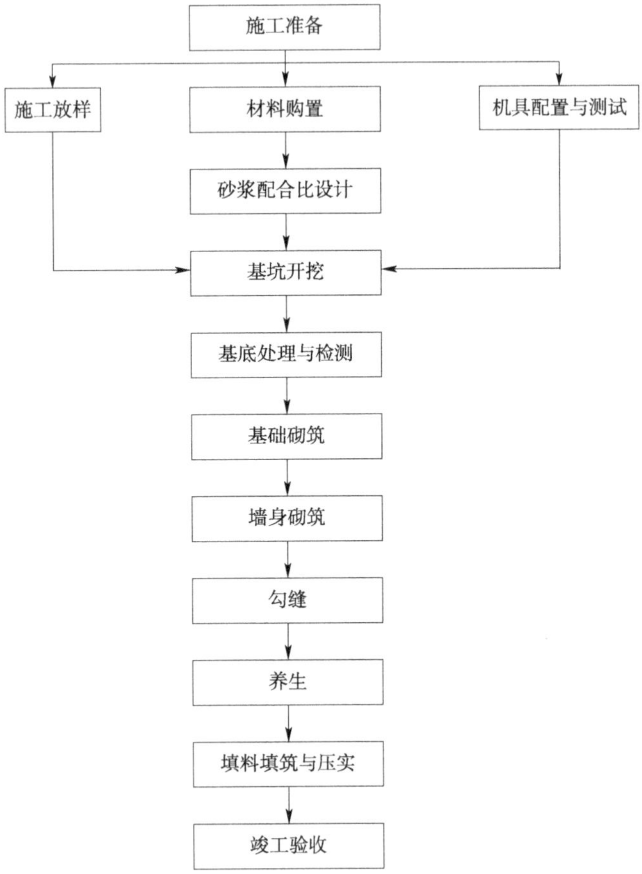

图4-3-17　浆砌重力式挡土墙施工工艺流程

2. 挡土墙的布置

挡土墙的布置是挡土墙设计的一个重要内容，通常是在路基横断面图和墙趾纵断面图上进行，个别复杂的挡土墙尚应进行平面布置。

(1)横向布置

横向布置主要是在路基横断面图上进行，其内容有：选择挡土墙的位置，确定断面形式，绘制挡土墙横断面图等。

①挡土墙的位置选择。路堑挡土墙，大多设置在边沟的外侧。路肩墙应保证路基宽度布设；路堤墙应与路肩墙进行技术经济比较，以确定墙的合理位置。路堤墙与路肩墙的墙高或圬工数量相近，其基础情况亦相仿时，宜做路肩墙，因为采用路肩墙可减少填方和占地；但当路堤墙的墙高或圬工数量比路肩墙显著降低，且基础可靠时，则宜做路堤墙。浸水挡土墙应结合河流情况布置，以保持水流顺畅，不致挤压河道而引起局部冲刷。山坡挡土墙应考虑设在基础可靠处，墙的高度应保证设墙后墙顶以上边坡的稳定性。

②确定断面形式。绘制挡土墙横断面图不论是路堤墙，还是路肩墙，当地形陡峻时，可采用俯斜式或衡重式；地形平坦时，则可采用仰斜式。对路堑墙来说，宜用仰斜式或折线式。

③挡土墙横断面图的绘制。选择在起讫点、墙面最大处、墙身断面或基础形式变异处，以及其他必需桩号处的横断面上进行。根据墙身形式、墙高和地基与填料的物理力学指标等设计资料，进行设计或套用标准图，确定墙身断面尺寸、基础形式和埋置深度，布置排水设计，指定墙背填料的类型等。

(2)纵向布置

纵向布置主要在墙址纵断面图上进行，布置后绘制挡土墙正面图，如图 4-3-18 所示。

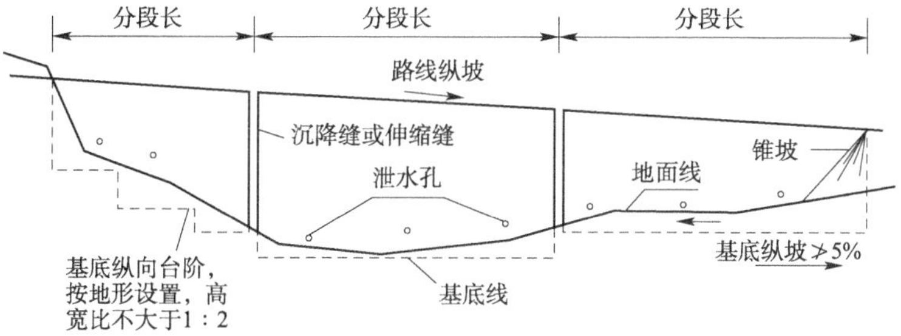

图 4-3-18　挡土墙的正面图

确定挡土墙的起讫点和墙长，选择挡土墙与路基或其他结构物的连接方式。

路肩墙与路堑连接应嵌入路堑中 2～3cm；与路堤连接采用锥坡和路堤衔接；与桥台连接时，为了防止墙后回填表土从桥台尾端与挡土墙连接处的空隙中溜出，应在台尾与挡土墙之间设置隔墙及接头墙。

路堑挡土墙在隧道洞口应结合隧道洞门、翼墙的设置情况平顺衔接；与路堑边坡衔接时，一般将墙顶逐渐降低到 2m 以下，使边坡坡脚不至于伸入沟内，有时也可用横向端墙连接。

按地基及地形情况进行分段，布置沉降伸缩缝的位置。

布置各段挡土墙的基础。沿挡土墙长度方向有纵坡时，挡土墙的纵向基底宜做成不大于 5% 的纵坡。当墙趾地面纵坡不超过 5% 时。基底可按此纵坡布置；若大于 5%，应在纵向挖成台阶，台阶的尺寸随地形而变化，但其高宽比不宜大于 1:2。地基为岩石时，纵坡虽不大于 5% ,为减少开挖,也可在纵向做成台阶。

布置泄水孔和护栏(或护桩、护墙)的位置,包括数量、尺寸和间距,如图 4-3-18 所示。

标注各特征断面的桩号,及墙顶、基础、冲刷线、冰冻线和设计洪水位的高程等。

(3)平面布置

对于个别复杂的挡土墙,如高的、长的沿河挡土墙和曲线挡土墙,除了横、纵向布置处,还应平面布置,并绘制平面布置图。

在平面图上,应标示挡土墙与路线平面位置的关系,与挡土墙有关的地物、地貌等情况,沿河挡土墙还应标示河道及水流方向,以及其他防护、加固工程等。

在挡土墙设计图纸上,应附有简要说明,说明选用挡土墙设计参数的依据,主要工程数量,对材料和施工的要求及注意事项等,以利指导施工。

3. 砌筑工艺方法

浆砌原理是利用砂浆胶结砌体材料使之成为整体的人工构筑物,一般砌筑方法有下列几种。

(1)坐浆法:又叫铺浆法,砌筑时先在下层砌体面上铺一层厚薄均匀的砂浆,压下砌石,借助石料自重将砂浆压紧,并在灰缝上加以必要的插捣和用力敲击,使砌石完全稳定在砂浆层上,直至灰缝表面出现水膜。

(2)抹浆法:用灰板在砌石面上用力涂上一层砂浆,尽量使之贴紧。然后将砌石压上,辅助以人工插捣或用力敲击,使浆挤后灰缝平实。

(3)挤浆法:综合坐浆法和抹浆法的砌筑方法。

(4)灌浆法:把砌石分层水平铺放,每层高度均匀,空隙间填塞碎石,在其中灌以流动性较大的砂浆,边灌边捣实,直至砂浆不能渗入砌体空隙为止。

4. 施工注意事项

(1)基础施工应符合下列规定

①应将基底表面风化、松软土石清除。

②硬质岩石基坑中的基础,宜满坑砌筑。

③雨季在土质或易风化软质岩石基坑中砌筑基础时,应在基坑挖好后及时封闭坑底。当基底设有向内倾斜的稳定横坡时,应采取临时排水措施,辅以必要坐浆后安砌基础。

④采用台阶式基础时,台阶与墙体应连在一起同时砌筑,基底及墙趾台阶转折处不得砌成垂直通缝,砌体与台阶壁间的缝隙砂浆应饱满。

⑤基坑应随砌筑分层回填夯实,并在表面留 3% 的向外斜坡。

(2)墙身施工应符合下列规定

①墙身要分层错缝砌筑,砌出地面后基坑应及时回填夯实,并完成其顶面排水、防渗设施。

②伸缩缝与沉降缝内两侧壁应竖直、平齐,无搭叠;缝中防水材料应按设计要求施工。

③泄水孔应在砌筑墙身过程中设置,确保排水畅通,并应保证墙背反滤、防渗设施的施工质量。

④当墙身的强度达到设计强度的 75% 时,方可进行回填等工作。在距墙背 0.5 ~ 1.0m 以内,不宜用重型振动压路机碾压。

(3)砌体挡土墙施工质量

砌体挡土墙施工质量,应符合表 4-3-2、表 4-3-3 的规定。

浆砌挡土墙施工质量标准 表 4-3-2

序号	检测项目	允许偏差		检测方法和频率
1	砂浆强度(MPa)	不小于设计强度		每1工作台班2组试件
2	平面位置(mm)	50		经纬仪:每20m检查墙顶外边
3	顶面高程(mm)	±20		水准仪:每20m检查2点
4	垂直度或坡度(%)	不小于设计		吊垂线:每20m检查4点
5	断面尺寸	不小于设计		尺量:每20m量4个断面
6	底面高程(mm)	±50		水准仪:每20m检查2点
7	表面平整度(mm)	混凝土块、料石	10	2m直尺:每20m检查5处,每处检查竖直和墙长两个方向
		块石	20	
		片石	30	

干砌挡土墙施工质量标准 表 4-3-3

序号	检测项目	允许偏差	检测方法和频率
1	平面位置(mm)	50	经纬仪:每20m检查5点
2	顶面高程(mm)	±30	水准仪:每20m检查5点
3	垂直度或坡度(%)	0.5	吊垂线:每20m检查4点
4	断面尺寸	不小于设计	尺量:每20m量4个断面
5	底面高程(mm)	±50	水准仪:每20m检查2点
6	表面平整度(mm)	50	2m直尺:每20m检查5处,每处检查竖直和墙长两个方向

三、预应力锚索施工

1. 施工工艺流程

预应力锚索施工的工艺流程,如图4-3-19所示。

(1)钻孔

钻孔是锚索施工中控制工期的关键工序。为确保钻孔效率和保证钻孔质量,采用潜孔冲击式钻机。钻机钻井时,按锚索设计长度将钻孔所需钻杆摆放整齐,钻杆用完,孔深也恰好到位。钻孔深度要超出锚索设计长度0.5m左右。

钻孔结束,逐根拔出钻杆和钻具,将冲击器清洗好备用。用一根聚乙烯管复核孔深,并以高压风吹孔;待孔内粉尘吹干净,且孔深不少于锚索设计长度时,拔出聚乙烯管,塞好孔口。两种特殊情况可进行如下处理:

①渗水的处理。在钻孔过程中或钻孔结束后吹孔时,从孔中吹出的都是一些小石粒和灰色或黄色团粒而无粉尘,说明孔内有渗水,岩粉多贴附于孔壁。这时,若孔深已够,则注入清水,以高压风吹净,直至吹出清水;若孔深不够,虽冲击器工作,仍有进尺,也必须立即停钻,拔出钻具,洗孔后再继续钻进,如此循环,直至结束。有时孔内渗水量大,有积水,吹出的是泥浆和碎石,这种情况岩粉不会糊住孔壁,只要冲击器工作,就可继续钻。如果渗水量太大,以至淹没了冲击器,冲击器会自动停止工作,应拔出钻具进行压力注浆。

②塌孔、卡钻的处理。当钻孔穿越强风化岩层或岩体破碎带时,往往发生塌孔。塌孔的

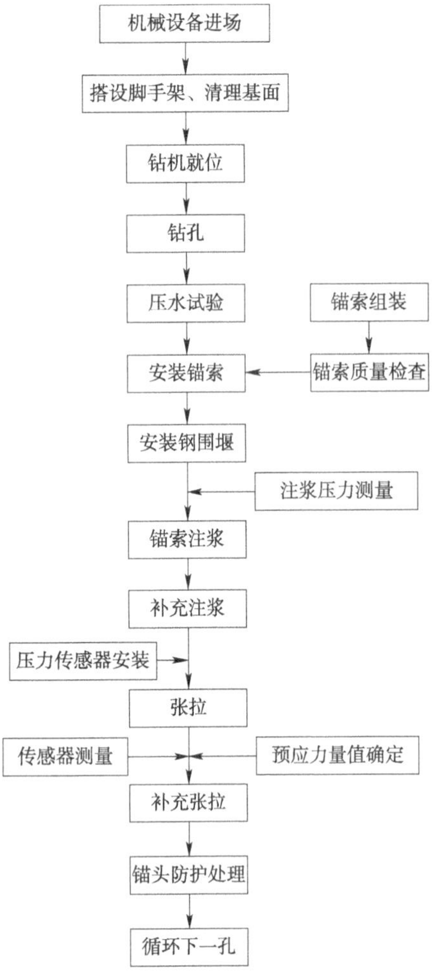

图 4-3-19　预应力锚索施工工艺流程

主要标志是从孔中吹出黄色岩粉，夹杂一些原状的（非钻头碎的、非新鲜的、无光泽的）石块。这时，不管钻进深度如何，都要立即停止钻进，拔出钻具，进行固壁注浆；注浆压力采用 0.4MPa，浆液为水泥砂浆和水玻璃的混合液，24h 后重新钻孔。雨季，常常顺岩体破碎带向孔内渗流泥浆，固壁注浆前，必须用水和风把泥浆洗出（塌入钻孔的石块不必清除）；否则，不仅固壁注浆效果差，还容易造成假象。

（2）锚索制作

预应力锚索制作，如图 4-3-20 所示。锚索在钻孔的同时于现场进行编制，内锚固段采用波纹形状，张拉段采用直线形状。钢纹线下料长度为锚索设计长度、锚头高度、千斤顶长度、工具锚和工作锚的厚度以及张拉操作余量的总和。正常情况下，钢绞线截断余量取 50mm。将截好的钢绞线平顺地放在作业台架上，量出内锚固段和锚索设计长度，分别做出标记；在内锚固段的范围内穿对中隔离支架，间距 60 ~ 100cm，两对中支架之间扎紧固环一道；张拉段每米也扎一道紧固环，并用塑料管穿套，内涂黄油；最后，在锚索端头套上导向帽。

（3）锚索安装

预应力锚索安装，如图 4-3-21 所示。向锚索孔装索前，要核对锚索编号是否与孔号一致，确认无误后，再以高压风清孔一次，即可着手安装锚索。安装下倾锚索比较简单，没有更多的技术问题。安装上倾和水平锚索时要注意以下几点：检查定位止浆环和限浆环的位置，损坏的，按技术要求更换；检查排气管的位置和畅通情况；锚索送入孔内，当定位止浆环到达孔口时，停止推送，安装注浆管和单向阀门；锚索到位后，再检查一遍排气管是否畅通，若不畅通，拔出锚索，排除故障后重新送索。

图 4-3-20　预应力锚索制作

(4)锚固法注浆

锚固法注浆(图4-3-22)采用排气注浆法施工。下倾的孔,注浆管插至孔底,砂浆由孔底注入,空气由锚索孔排出;上倾和水平锚索孔,砂浆由孔口注入,空气压向孔底,由孔底进入排气管排出孔外(水平锚索,空气经限浆环进入排气管)。

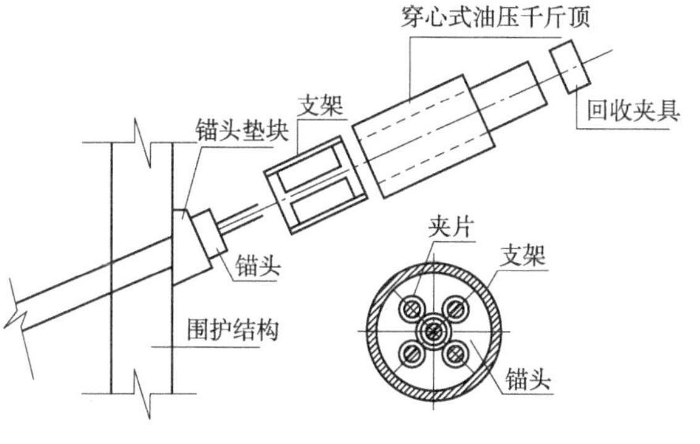

图4-3-21 预应力锚索回收设备及安装示意图

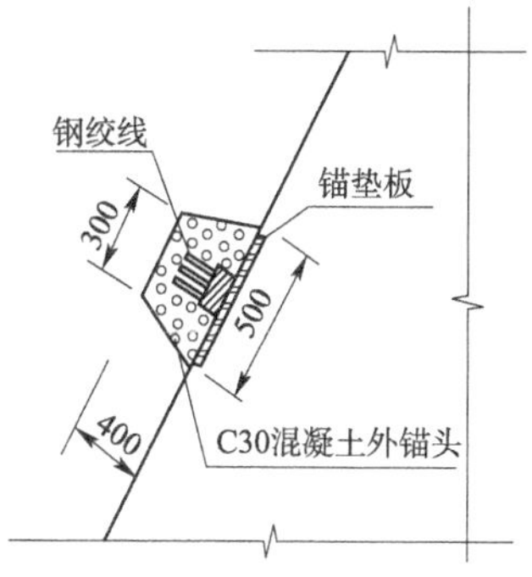

图4-3-22 混凝土封锚(尺寸单位:mm)

上倾和水平锚索孔注浆过程中,当排气管不再排气,且有稀水泥浆从排气管压出时,说明注浆已满;对于下倾锚索注浆,采用砂浆位置指示器控制注浆位置。锚索孔注浆采用注浆机,注浆压力保持在0.3~0.6MPa。

(5)立锚墩

锚墩的作用是把锚具的集中荷载传递到岩面和调整岩面受力方向。为了使锚墩上表面与锚索轴线垂直,预先将一根外径与钻头直径相同的薄壁钢管和垫板正交焊牢,浇筑锚墩前将钢管的另一端插入钻孔即可。

(6)锚索的张拉

张拉锚索前需对张拉设备进行标定。标定时,将千斤顶、油管、压力表和高压油泵连接好,在压力机上用千斤顶主动出力的方法反复试验3次,取平均值,绘出千斤顶出力(kN)和压力表指示的压强(MPa)曲线,作为锚索张拉时的依据。因国产压力表初始起动压强不完全相同,所以,标定曲线上必须注明标定时的压力表号,使用中不得调换。压力表损坏或拆装千斤顶后,要重新标定。

若锚索是由少数钢绞线组成,可采用整体分级张拉的程序,每级稳定时间2~3min;若锚索是由多根钢绞线组成,组装长度不会完全相同,为了提高锚索各钢绞线受力的均匀度,采用先单根张拉,3d后再整体补偿张拉的程序。

(7)封孔注浆

补偿张拉后,立即进行封孔注浆。对于下倾锚索,注浆管从预留孔插入,直至管口进到锚固段顶面约50cm;对于上倾和水平锚索,通过预留注浆管注浆。孔中的空气经由设在定位止浆环处的排气管排出。

(8)外部保护

封孔注浆后,从锚具量起留50mm钢绞线,其余的部分截去,在其外部包覆厚度不小于50mm的水泥砂浆保护层。

为保质保量地按期完成施工任务,工地必须自始至终每个阶段坚持采用科学的工作方法,制定一系列对策和实施办法,及时改善锚索体结构,积极改进施工工艺,采用先进的网络技术组织施工,尽量做到均衡生产,使钻孔、注浆、张拉、封锚等工序互不延误,交叉进行,并按统一表格做好施工记录。

2. 预应力锚索施工基本要求

预应力锚索施工质量的好坏将直接影响锚杆的承载能力和边坡稳定安全。因此,在正式施工前,应根据工程施工条件和地质条件选择适宜的施工方法,编制详细的施工组织设计,对施工人员进行技术培训,确保施工质量达到要求。

3. 预应力锚索施工要点

(1)严禁使用有机械损伤、电弧烧伤和严重锈蚀的钢绞线。严禁将钢绞线及锚索直接放在地面或露天储存,避免受潮、受腐蚀。

(2)施工前应按设计要求进行预应力锚索的锚固性能基本试验,确定施工工艺。

(3)锚索束制作安装应符合下列规定:

①锚索束制作宜在现场厂棚内进行。

②下料应采用机械切割,严禁用电弧切割。

③普通锚索束必须进行清污、除锈处理。

④锚固段锚索束应按设计安装。

⑤在锚索入孔前,必须校对锚索编号与孔号是否一致,做好标记。

⑥锚索束必须顺直地安放在钻孔中心。

(4)锚固端灌浆应符合下列规定:

①放入锚索束后应及时灌浆。

②无黏结锚索孔灌浆宜一次注满锚固段和自由段。

③灌浆应饱满、密实。

(5)锚索张拉应按设计要求进行,并应符合下列规定:

①张拉设备必须按规定配套标定,标定间隔期不宜超过6个月。拆卸检修的张拉设备或压力表经受强烈撞击后,都必须重新标定。

②孔内砂浆的强度未达到设计强度的75%时,不得进行张拉。

③锚索张拉采用张拉力和伸长值进行控制,用伸长值校核应力,当实际伸长值大于计算伸长值的10%或小于5%时,应暂停张拉,查明原因并处理后,可继续张拉。

④锚索锁定后,在48h内若发现有明显的预应力松弛时,应进行补偿张拉。

(6)封孔应符合下列规定:

①封孔灌浆应在锚索张拉、检测合格、锁定后进行。

②封孔灌浆时,进浆管必须插到底,灌浆必须饱满。

③封孔灌浆后,锚头部分应涂防腐剂,并按设计要求及时进行封闭。

四、预应力土层锚杆施工

1. 施工工艺

预应力土层锚杆的施工过程包括成孔、安放拉杆、灌浆和张拉锁定等工序。

(1)定位

一般采用修筑坡道靠钻机自身行走就位,若无法修坡道时,亦可用吊机吊运。

(2)成孔

土层锚杆的成孔可采用螺旋式钻孔机、旋转冲击式钻孔机和冲击式钻孔机。应用较多的是压水钻进法成孔工艺。它可把成孔过程中地钻进、出渣、清孔等工序一次完成。当土层无地下水时，亦可用螺旋钻干作业法成孔。

钻机开始钻孔时，应按设计位置先放出锚杆孔的位置并做好标记。

当钻孔至底部时，稍微延长套管的转动时间，使孔底冲水充分，将悬浮土冲得比较干净，有利于放置锚杆和保证锚杆根部形成比较理想的水泥浆凝固体，从而提高锚杆的承拉力。

钻孔的主要工作量在于接装钻杆和套管。钻杆和套管一般为1.5m的标准节，节间以丝扣连接。因此，操作时保护丝扣和及时涂抹掺石墨的润滑油是一项关键性的工作。

在土层锚杆施工现场常有大量含泥沙和水泥浆的泥浆水，对这部分泥浆水要及时予以处理。一般做法是使其经排水沟流至集水井，清水用水泵从上面抽走，下面的泥沙及时挖出，用专用的罐车运送到大容积的沉淀池，定期抽出池内上层浮水，再按计划处理下面的稀泥。

(3)安放拉杆

拉杆在使用前要除锈，钢绞线要清除油脂。土层锚杆的全长一般在10m以上，长的达到30m。

当锚杆抬运到位时，施工人员应检查一遍注浆塑料管是否完好，发现损坏应及时修理。把锚杆尖端对准管口，再将锚杆徐徐放入套管内，孔口处要有人再次检查注浆塑料管是否有破损，发现问题应及时处理。

露出孔外的锚杆钢索要有足够的长度，根据现有张拉设备和锚固构造要求确定，一般不小于2m。遇有钻孔超过设计深度时，要采取措施将钢索拴住，直至第一次注浆的浆体达到一定强度后再松开，以防止锚杆顺坡下滑。

(4)灌浆

灌浆是土层锚杆施工中的一个关键工序。锚杆灌浆一般用纯水泥浆，水泥常用普通硅酸盐水泥，地下水如有腐蚀性，宜用防酸水泥。水灰比多用0.4左右，其流动度要适合泵送，为防止泌水、干缩和降低水灰比，可掺加0.3%的木质素磺酸钙。常用的灌浆方法为一次灌浆法，即利用压浆泵将水泥浆经胶管压入拉杆内，再由拉杆管端注入锚孔，灌浆压力为0.4MPa。待浆液流出孔口时，用水泥袋纸塞入孔内，用湿黏土堵塞孔口，严密捣实，再以400～600kPa的压力进行补灌，稳压数分钟即告完成。

(5)张拉和锁定

土层锚杆灌浆后，预应力锚杆还需张拉锁定。张拉锁定作业在锚固体及台座的混凝土强度达15MPa以上时进行。

2. 施工注意事项

(1)为保证施工质量，应加强技术管理工作，建立质量保证体系，制定岗位职责及工序检验制度，以确保按设计要求及施工技术规范施工。当施工过程中出现异常情况需变更设计时，应履行设计变更审批手续。

(2)认真填写施工原始记录，按要求办理检验签认手续并妥善保管，作为竣工档案资料。

(3)搞好施工现场的组织管理工作及试验检测工作。注浆时按要求制取试件并在标准条件下养生28d试压，作为灰浆强度的凭证。

(4)在锚杆张拉前，应对张拉设备进行标定，符合要求后方可用于张拉作业。张拉时应严格按张拉程序及设备操作规程操作，并及时填写施工记录，发现问题及时与施工技术负责人联系解决。

(5)重视施工安全工作，除建立安全施工措施外，应确保在施工过程中落实。这里强调预应力张拉施工的安全，也包括施工脚手架搭设牢固，防止钻机设备倾斜、掉落，及高压注浆的安全。

任务工作单

学习情境四　路基防护工程施工 工作任务三　路基防滑防护	班级			
	姓名		学号	
	日期		评分	

一、任务内容

分组讨论路基防滑防护的方法。

二、基本知识

1. 抗滑桩主要承受______荷载，使用抗滑桩，土方量______，工期______。

2. 抗滑桩按结构形式分类，有________、________、________和________。

3. 公路滑坡的防护主要应根据滑裂面情况，采取防滑加固措施。一般公路滑坡防护常用的方法有________、________、预应力锚索、预应力土层锚杆等。

三、任务实施

挡土墙是路基防滑防护中的一种墙式构造物，分组掌握其施工方法及要求。

1. 挡土墙有哪几种分类方法？

2. 挡土墙按设置位置不同，都有哪些用途？

3. 重力式挡土墙适用范围及其优缺点有哪些？

4. 请填写重力式挡土墙施工工艺流程。

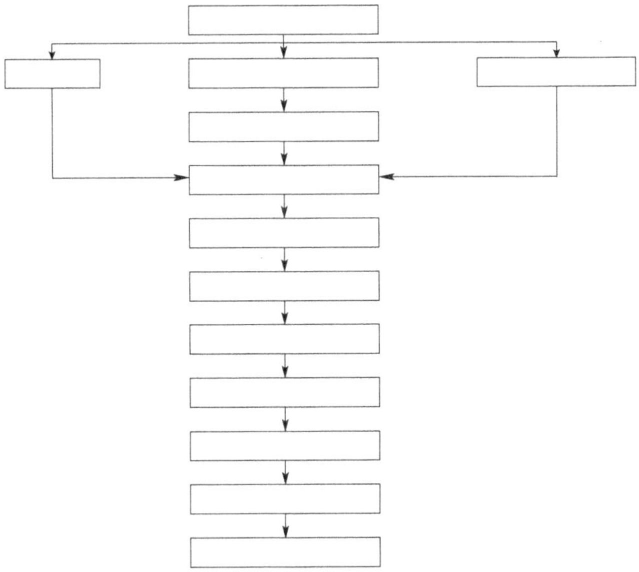

四、任务小结

通过此工作任务的实施，各小组集中完成下述工作：

你认为本次任务实施是否达到预期目的？还有什么意见和建议？

参考文献

[1] 刘志. 路基施工技术[M]. 北京:人民交通出版社,2011.
[2] 于国峰. 路基工程施工[M]. 北京:人民交通出版社,2009.
[3] 俞高明. 公路施工技术[M]. 北京:人民交通出版社,2002.
[4] 罗竟,邓廷权. 路基工程现场施工[M]. 北京:人民交通出版社,2004.
[5] 宋金华. 高等级道路施工技术与管理[M]. 北京:中国建材工业出版社,2005.
[6] 王晓谋,袁怀宇. 高等级公路软土地基路堤设计与施工技术[M]. 北京:人民交通出版社,2001.
[7] 高速公路丛书编委会. 高速公路路基设计与施工[M]. 北京:人民交通出版社,1998.
[8] 孙家驷,李松青. 道路设计资料集 3 路基设计[M]. 北京:人民交通出版社, 2001.
[9] 交通部公路司. 降低造价公路设计指南(2005 版)[M]. 北京:人民交通出版社,2005.
[10] 栗振锋,李素梅,文德云. 路基路面工程[M]. 北京:人民交通出版社,2005.
[11] 张起森. 高等路面结构设计理论与方法[M]. 北京:人民交通出版社,2005.
[12] 尤晓伟. 现代道路路基路面工程[M]. 北京:北京大学出版社,2004.
[13] 孙德栋,彭波. 沥青路面设计与施工技术[M]. 河南:黄河水利出版社,2003.
[14] 黄晓明,朱湘. 沥青路面设计[M]. 北京:人民交通出版社,2002.
[15] 宋采华,张彩利,张雪华. 路基路面工程[M]. 北京:人民交通出版社,2006.
[16] 夏连学,赵卫平. 路基路面工程[M]. 北京:人民交通出版社,2005.
[17] 梁富权,刘毓栋. 路基路面工程[M]. 北京:人民交通出版社,1994.
[18] 胡长顺,黄辉华. 高等级公路路基路面施工技术[M]. 北京:人民交通出版社,1994.
[19] 资建民. 路基路面工程[M]. 广州:华南理工大学出版社,2002.
[20] 万德臣. 路基路面工程[M]. 北京:高等教育出版社,2005.
[21] 杨晓丰,李云峰. 路基路面检测技术[M]. 北京:人民交通出版社,2004.
[22] 张超,郑南翔,王建设. 路基路面试验检测技术[M]. 北京:人民交通出版社,2004.
[23] 栗振锋,李素梅,文德云. 路基路面工程[M]. 北京:人民交通出版社,2005.
[24] 钟阳. 路基路面工程[M]. 北京:科学出版社,2005.
[25] 卿三惠. 路基路面工程[M]. 北京:中国铁道出版社,2013.
[26] 中华人民共和国行业标准. JTG/T D32—2012 公路土工合成材料应用技术规范[S]. 北京:人民交通出版社,1999.
[27] 中华人民共和国行业标准. JTG/T D33—2012 公路排水设计规范[S]. 北京:人民交通出版社,2012.
[28] 中华人民共和国行业标准. JTG B01—2014 公路工程技术标准[S]. 北京:人民交通出版社,2014.
[29] 中华人民共和国行业标准. JTG F80/1—2012 公路工程质量检验评定标准[S]. 北京:人民交通出版社,2012.

[30] 中华人民共和国行业标准. JTG E60—2008 公路路基路面现场测试规程[S]. 北京:人民交通出版社,2008.
[31] 中华人民共和国行业标准. JTG D30—2004 公路路基设计规范[S]. 北京:人民交通出版社,2004.
[32] 中华人民共和国行业标准. JTG F10—2006 公路路基施工技术规范[S]. 北京:人民交通出版社,2006.
[33] 中华人民共和国行业标准. JTG E40—2007 公路土工试验规程[S]. 北京:人民交通出版社,2007.